칸트를 알면 자유가 보인다

칸트를 알면 자유가 보인다

강영계 지음

서광사

칸트를 알면 자유가 보인다

강영계 지음

펴낸이 | 이숙
펴낸곳 | 도서출판 서광사
출판등록일 | 1977. 6. 30.
출판등록번호 | 제 406-2006-000010호

(10881) 경기도 파주시 회동길 77-12 (문발동)
대표전화 (031) 955-4331 팩시밀리 (031) 955-4336
E-mail: phil6060@naver.com
http://www.seokwangsa.co.kr | http://www.seokwangsa.kr

제1판 제1쇄 펴낸날 — 2024년 11월 30일

ISBN 978-89-306-1056-8   93160

임마누엘 칸트(Immanuel Kant, 1724-1804)의 초상화.
요한 고틀리프 베커(Johann Gottlieb Becker), 1768년 작.

현재 러시아 칼리닌그라드(옛 프로이센왕국 쾨닉스베르크)에 있는 임마누엘 칸트 발틱연방대학교(본래 쾨닉스베르크대학교였다가 2차 세계대전 후 칼리닌그라드 국립대학교로, 2010년 현재의 이름으로 변경) 교정의 칸트 기념상.

칸트와 친구들. 에밀 되르스틀링(Emil Doerstling) 작.

쾨닉스베르크에서 평생을 보낸
칸트의 저택 소묘. *Illustrirte
Zeitung* 지에 실린 삽화.

칸트의 『순수이성비판』 초판(1781) 표제지

쾨닉스베르크 대성당에 있는 칸트의 무덤. 1924년 준공.

이 책은 소위 칸트 전문가들을 위한 것이 아니다. 대학 강단에서 칸트 철학을 외어서 강의하는 강사나 교수는 보다 더 충실한 칸트 전문가가 되기 위해서 독일어 원전 칸트 전집을 열심히 읽기 바란다.

이 책은 일종의 칸트 비빔밥이다. 우선 비빔밥을 위해서 철학의 여러 재료들을 조심스레 고를 것이고, 이 재료들을 칸트철학이라는 주요재료와 함께 내 나름대로 재주껏 비벼 보려고 한다.

서양 문화의 그리고 서양 철학의 특징은 완전성과 절대성의 결합이다. 플라톤의 이데아의 완전성과 기독교 신의 절대성의 결합은 오늘날의 IT, AI에서도 엿볼 수 있다. 현대인은 누구를 막론하고 완전하고 절대적인 삶의 향유를 궁극 목적으로 삼고 있다. 이것이 바로 일차원적 삶의 특징이다.

칸트는 바로 자기 이전의 합리론과 경험론을 분석하고 비판한다. 그는 삶의 완전성과 절대성의 근거를 제시한 전통적인 독단론을 분석하고 비판함으로써 보편필연적인 근거를 자신 있게 제시하려고 했다.

칸트 비빔밥의 특징은 분석, 비판 그리고 종합에 있다. 나는 이러한 칸트의 정신을 받아들이면서 다양한 재료들을 함께 섞어서 새로운 비비빔밥을 만들고자 한다. 그 맛은 내 비빔밥을 맛보는 사람들 각자의 입맛에 맡긴다.

이 책을 쓰는 데 주로 참고하고 인용한 책들은 다음과 같다.

1. 칸트 전집: *Kant's Gesammelte Schriften*. herausgegeben von der Königlich Preußischen Akademie der Wissenschaften, Berlin, 1912.

2. Schulz, Uwe: *Kant*, Hamburg, 1984.

3. Copleston, F. S. J.: *A History of Philosophy*, vol. vi, Westminster, 1961.

이 책의 출판은 전적으로 서광사 이숙 사장과 편집진의 헌신적인 도움에 의해서 가능했음을 밝힌다.

2024년 가을

강영계

책머리에 … 5
프롤로그 … 11

1. 칸트는 어떤 인물인가
    1) 칸트의 어린 시절 … 17
    2) 청소년 시절의 수업 … 24
    3) 대학생 칸트와 크누첸 교수 … 26
    4) 학자의 길과 가난 … 29
    5) 시간강사 칸트 … 31
    6) 비판적 고찰 … 34

2. 칸트 정교수가 되다
    1) 대기만성의 예를 보여준 칸트 … 37
    2) 정교수가 된 후 10년간의 침묵 … 40
    3) 철저한 시간 생활과 여성 관계 … 44
    4) 철학을 배제한 즐거운 점심 식사 … 46
    5) 생각의 결과보다 과정이 중요하다 … 48
    6) 칸트의 말년과 장례식 … 53
    7) 비판적 고찰 … 55

3. 칸트의 사람 됨됨이
    1) 작은 거인 칸트 … 59
    2) 가난한 집안과 칸트의 절약정신 … 63
    3) 칸트의 진한 우정 … 66
    4) 칸트는 왜 한평생 고향 쾨닉스베르크를 떠나지 않았는가 … 68

5) 59세에 자택을 구입하다 ··· 70

6) 음악과 미술에 문외한이었던 칸트 ··· 73

7) 비판적 고찰 ··· 75

4. 칸트의 글쓰기

1) 예비적 지식 ··· 79

2) 진리추구와 이성의 힘 ··· 105

3) 신존재는 증명할 수 있는가 ··· 111

4) 아름다움과 숭고함의 감정 ··· 116

5) 심령술사의 꿈 ··· 120

6) 감각세계와 정신세계 ··· 125

7) 비판적 고찰 ··· 135

5. 우리는 무엇을 알 수 있는가 (1)

1) 장미꽃 한 송이 그리고 감각세계의 현상 ··· 139

2) 시간과 공간 그리고 자연과학의 세계 ··· 142

3) 미인 한 사람 그리고 개념 ··· 143

4) 독단적 지성과 비판적 지성 ··· 148

5) 공간과 시간 ··· 151

6) 전통 형이상학의 문제점 ··· 158

7) 비판적 고찰 ··· 159

6. 우리는 무엇을 알 수 있는가 (2)

1) 과거 학문의 여왕의 정체를 밝히자 ··· 161

2) 칸트가 말하는 비판의 뜻 ··· 164

3) 코페르니쿠스적 혁명 ··· 167

4) 판단의 종류와 범주 ··· 170

5) 사물 자체의 뜻 ··· 186

6) 영혼과 세계와 신 ··· 189

7) 비판적 고찰 ··· 200

7. 우리는 무엇을 행해야만 하는가 (1)

1) 칸트가 말하는 이성의 뜻 ··· 207
2) 이론이성의 한계와 실천이성 ··· 212
3) 자유 ··· 217
4) 선한 의지란 무엇인가 ··· 221
5) 도덕의 준칙과 도덕의 원리 ··· 224
6) 정언명법 ··· 227
7) 비판적 고찰 ··· 234

8. 우리는 무엇을 행해야만 하는가 (2)

1) 의지는 실천이성이다 ··· 239
2) 목적의 왕국 ··· 244
3) 자유의 이념 ··· 246
4) 선택과 결단의 자유 ··· 251
5) 영원한 평화 ··· 258
6) 칸트의 종교관 ··· 265
7) 비판적 고찰 ··· 269

9. 우리는 무엇을 희망해도 되는가

1) 자연으로부터 자유로의 이전 ··· 273
2) 인지능력, 판단력 그리고 욕구능력 ··· 276
3) 미적 판단력 비판 ··· 279
4) 아름다움과 숭고함의 분석 ··· 282
5) 예술적 천재 ··· 289
6) 목적론적 판단력 비판 ··· 292
7) 비판적 고찰 ··· 297

에필로그 ··· 301
찾아보기 ··· 311

철학은 뭐냐? 철학은 지혜에 대한 사랑이다. 그런데 이러한 답은 그
럴듯하지만 너무 막연하고도 애매한 답이다. 대부분의 철학과 학부
생, 대학원생, 강사, 교수도 이 질문에 부딪히면 당황한다. 왜 그럴
까? 그들은 철학사만 암기하고 철저한 자기반성으로서의 철학함의
체험을 결여하고 있기 때문이다.

　플라톤, 칸트, 헤겔이나 공자, 맹자, 퇴계, 율곡이나 금강경, 화엄경
등을 쉬지 않고 외우면서 내가 이 분야에서는 최고라는 자부심에 가
득 차서 가슴 뿌듯한 사람들은 사실 철학과는 거리가 너무 멀고 일종
의 사이비 신앙의 신도들에 지나지 않는다.

　예컨대 니체학회의 회원들은 니체의 한마디 한마디가 모두 금은보
화이며 니체의 사상은 영원불멸하는 신앙의 대상이고 니체야말로 철
학의 신이다. 칸트학회도 사정은 비슷하다. 회원 누구나 '나는 독일에
서, 또는 나는 한국에서 칸트로 박사학위를 땄으니 적어도 칸트의 이
분야에서는 내가 최고다'라고 자부한다. 칸트학회 회원들은 칸트교의
신자들이다.

　칸트는 여러 저술들에서 철학(특히 앎과 존재 및 행위의 문제에 대

한 이론들)을 분석하고 비판하며 종합하기를 강조하고 철학사에 집착하기를 버리라고 주장하였다. 하이데거는 철학에 종사하는 학자들 중에는 전문가와 사상가의 두 부류가 있다고 말하였다. 이러한 말은 철학 및 철학자에 대한 칸트의 생각과 일치한다. 그렇지만 나는 여기에서 칸트나 하이데거가 플라톤의 현상과 이데아를 과연 얼마나 분석하고 비판했으며 또한 극복했는가를 곰곰이 되씹어 보지 않을 수 없다. 왜냐하면 그들은 여전히 플라톤의 현상과 이데아를 벗어나지 못하고 있는 느낌을 주기 때문이다.

철학이란 사물의 존재나 사태를 앎의 분야에서(인식론), 인간 행위를 도덕의 분야에서(윤리학), 사물의 본질이나 원리를 존재론의 분야에서(형이상학), 그리고 아름다움의 문제를 느낌의 분야에서(미학) 분석적, 비판적으로 탐구하는 학문이다. 여기에 두 분야를 더 보태자면 논리학과 철학사가 있다. 논리학은 추리에 관한 학문으로 경험적인 귀납논리학과 합리적인 연역논리학으로 나뉜다. 철학사는 철학자들의 이론(사상)으로서 철학의 각 분야를 탐구하는 데 참고 자료가 된다.

나는 '책머리에'에서 이 책의 목적은 칸트철학을 주재료로 삼아서 철학 비빔밥을 비비는 데 있다고 했다. 물론, 칸트철학과 아울러 필요한 동서고금의 철학 재료들(철학사의 단편들)을 비빔밥의 재료로 삼되 분석과 비판의 요리 정신은 잊지 않을 것이다. 그리고 나는 가능한 한 누구나 읽고 이해하기 쉬운 일상 용어를 사용하도록 애쓰려고 한다.

1970년대 중반 나의 독일 유학 시절 당시, 어느 날 집주인 독일 아주머니가 내 방문을 두드리고 방으로 들어와서 나에게 물었다. "무슨 책을 그렇게 쌓아 놓고 정신없이 읽고 있어요?" "예. 칸트와 셸링 아

시죠? 칸트와 셸링을 어느 정도 읽은 후 헤겔 전집을 빨리 읽으려고
해요." "독일 사람도 칸트, 헤겔은 너무 어려워서 읽기 힘들어요. 셸
링은 누구예요? 나는 셸링을 처음 들어보는데요."

소위 철학이라는 학문에 종사하는 사람들은 피눈물 나는 자기비판
과 자기반성을 하지 않는다면 일생 동안 공리공담 속에서 허우적거리
면서 그러한 삶이 가장 가치 있다고 헛소리를 지껄일 수 있다.

예수, 소크라테스, 석가모니 그리고 공자 등 사대성인이라는 사람
들은 일생 동안 대중이 쉽게 이해할 수 있는 일상 용어를 말하면서 사
람들의 심금을 울리는 뜻깊은 삶의 뜻을 널리 전하였다. 여기에서 잠
깐 프로이트와 에이어(A. J. Ayer)의 철학에 대한 신랄한 표현을 살펴
보자.

프로이트는 대강 다음과 같은 말을 하였다. "문화에는 노이로제(정
신병)에 해당하는 분야들이 있는데 예술, 철학, 종교가 그것들이다.
예컨대 화가는 푸른 하늘을 빨간색으로 칠하며 초록색 나뭇잎을 황금
빛으로 칠한다. 제정신이 아니다. 그러나 예술가는 인간의 삶에 해를
끼치지 않고 사람들을 기쁘게 하므로 그냥 내버려 두어도 된다.

그런가 하면 소위 철학자라고 일컬어지는 소수의 사람들이 스스로
엄청나게 난해한 개념들을 만들고, 그것들이 마치 다이아몬드보다도
더 소중한 듯 자기들끼리만 으슥한 곳에 모여서 아주 나지막한 목소
리로 형이상학, 물자체, 정신의 자기전개, 힘에의 의지, 직관형식,
세계-내-존재… 등 일반인이 도저히 이해하기 어려운 개념들을 곱씹
는다. 그래도 철학은 사회에 큰 해를 끼치지 않으니 내버려 두어도
된다.

그러나 종교는 삼위일체, 구원론, 은총설, 원죄설 등을 인간의 정신
에 강제로 주입하여 인간의 정신을 병들게 하므로 가장 해로운 문화

의 분야니까 종교는 가장 시급한 치료 대상이다."

에이어는 대강 다음처럼 말한다. "철학은 일상언어를 사용하여야 하며 검증 원리를 기본으로 삼아야 한다. 데카르트의 '나는 생각한다. 그러므로 나는 존재한다'라는 명제는 철학적 발언이 아니고 일종의 시적 표현이다. 데카르트나 헤겔의 철학적 표현들은 대부분 철학과는 상관없는 기분의 표현이거나 아니면 일종의 시이다."

에이어의 비판을 확장할 것 같으면 플라톤을 비롯해서 데카르트, 스피노자, 라이프니츠 그리고 칸트, 헤겔, 하이데거 등의 철학은 철학이라기보다는 일종의 감정 표현으로서의 시일 것이다. 게다가 노자, 장자 등과 맹자, 주희, 퇴계와 율곡 등의 도나 이기론 등 소위 형이상학은 어떻게 보면 일상인이 도저히 이해하기 어려운 황당한 측면이 있는 것이 사실이다. 대부분의 사상가들이나 철학자들은 마치 전지전능한 인간인 양 각자가 모르는 것이 없고 절대 진리를 알고 있는 듯이 으스댄다. 소크라테스는 "나는 내가 모른다는 것을 안다"고 했으니 그야말로 모든 것을 꿰뚫어 알고 있다는 자신만만한 자세가 아닌가? 칸트 역시 소크라테스와 유사한 부류에 속하는 철학자일 것이다.

나는 이 책을 전부 9장으로 나누었다. 칸트의 꽤 지루한 형식적(?) 철학에 관심이 없는 독자라면 앞에 네 장들(1. 칸트는 어떤 인물인가, 2. 칸트 정교수가 되다, 3. 칸트의 사람 됨됨이, 4. 칸트의 글쓰기)만 읽어도 인간 칸트와 그의 사상을 짐작하여 나름대로의 비빔밥을 만들 수 있을 것이다. 뒤의 다섯 장들은 이론적 앎, 실천적 행위의 자유, 그리고 이론적 앎의 대상인 자연 현상과 실천적 행위의 자유를 연결지어 주는 고리인 판단력을 이해하고 분석하며 비판하는 데 주안점을 두었다.

나는 각 장의 끝 부분에 비판적 고찰이라는 절을 마련하여, 칸트철학을 어떻게 분석하고 비판하면 나 나름대로의 창의적인 비빔밥 철학을 비벼볼 수 있을까 하고 궁리하여 보았다. 이 책을 읽는 독자가 이 책 안에서 싱싱하고 맛있는 재료들을 골라서 자신의 입맛에 맞는 요리를 준비할 수 있었으면 한다. 비트겐슈타인은 『논리철학논고』 끝머리에서 다음과 같은 말을 한다. "이 글을 다 읽은 사람은 지금까지 올라온 사다리를 걷어차 버려라." "말할 수 없는 것에 대해서는 침묵하자." 스피노자는 『에티카』의 맨 끝 문장을 다음처럼 장식한다. "그러나 모든 고귀한 것은 힘들 뿐만 아니라 드물다 Sed omnia praeclara tam difficilia, quam rara sunt."

1

칸트는 어떤 인물인가

1. 칸트의 어린 시절

게르만 민족의 통일 독일제국이 성립된 것은 1871년이었다. 임마누엘 칸트(1724~1804)가 출생한 18세기 초만 해도 약 30개에 달하는 게르만 민족의 봉건국가들이 종합과 통일을 위해서 서로 경쟁하고 있었으며, 1871년 독일제국 탄생 시 합쳐진 봉건국가들(공국들과 대공국들)은 모두 25개였다. 민족 대이동 이후 9~10세기 당시 게르만 민족의 봉건국가들은 200개 이상이었다. 게르만 민족은 약 1천 년에 걸쳐서 수많은 봉건국가들을 종합하고 통일하기 위해서 엄청난 피를 흘리고 수많은 전쟁을 치르지 않으면 안 되었다. 독일인에게는 종합과 통일의 정신이 진하게 깃들어 있음을 알 수 있다.

칸트는 프로이센 왕국의 수도 쾨닉스베르크에서 출생하여 80 평생 동안 한 번도 고향 도시를 떠나지 않고 같은 도시에서 어린 시절을 보내고 초·중고등학교와 대학을 다니고, 쾨닉스베르크대학에서 강사와 교수가 되었고, 그곳에서 강의하고 저술하다가 만 80세에 사망하였다. 칸트는 막말로 좀생이, 꽁생원 그리고 책벌레, 공부벌레 및 글쓰기벌레였다. 어떻게 보면 한마디로 재미없고 지루한 인생을 살다 간 인물이었다고 할 수 있다. 소크라테스, 키르케고르, 마르크스, 니체 등의 격동적이며 열정적인 삶에 비할 경우 칸트의 삶은 그야말로 사방이 적막하고 고요한 전원의 삶이었다.

칸트의 지루하고 적막한 일생을 부각시키기 위해서 나는 여기에서 아주 짤막하게 위에서 언급한 네 명 철학자들의 삶을 곁눈질하고자 한다.

소크라테스는 플라톤의 스승으로서 '너 자신을 알라: 그노티 세아우톤(Gnothi seauton)'이라는 말로 잘 알려져 있다. 이 말은 소크라테스가 한 말이 아니고, 그가 난관에 부딪힐 때마다 답을 찾기 위해 찾아갔던 델피신전 입구 문 위에 쓰여있던 말이었다.

소크라테스는 다부진 체격의 소유자로서 포티다이아, 암피폴리스, 델리온의 전투에 보병으로 참전했으며 델리온 전투에서는 크세노폰의 목숨을 구하였다. 포티다이아 전투에서 소크라테스는 죽음을 무릅쓰고 알키비아데스를 구출하였다.

말년의 소크라테스는 젊은이들을 타락시킨다는 죄명을 뒤집어쓰고 사형선고를 받아 71세의 나이로 독약을 마시고 사망하였다.

키르케고르(1813~1855)는 덴마크 코펜하겐대학에서 기독교 신학을 공부하고 신학 국가고시에 합격했으며, 박사학위논문으로는 소크라테스와 연관된 아이로니(반어) 개념에 관해 썼다. 그는 대학 시절 사귀던 레기네 올센과 약혼했으나 결혼을 망설이다가 '나 자신도 책임지지 못하는데 어떻게 또 다른 한 사람을 책임질 수 있겠느냐?'면서 파혼하고 베를린으로 철학 공부 하러 떠난다.

키르케고르는 베를린대학에서 피히테의 관념적인 철학 강의에 환멸을 느끼던 차, 그곳에 온 지 5개월째 되던 때 레기네 올센이 결혼한다는 소식을 듣는다. 여기까지는 많은 사람들이 알지만 그 후 이야기가 재미있다. 키르케고르는 "레기네, 그 결혼은 안 돼. 절대로 안 돼. 내가 달려갈게!" 하며 기차 타고, 마차 타고 며칠이나 걸려서 베를린으로부터 코펜하겐까지 달려갔으나 결혼식은 이미 끝난 후였다.

키르케고르의 30여 권에 달하는 전집은 모두 기독교 신앙 에세이이고 논리학, 인식론, 윤리학, 형이상학 및 미학에 관한 비판적 담론은 전혀 없다. 예컨대 『이것이냐, 저것이냐』는 기독교 신앙을 가질 것이냐 아니면 안 가질 것이냐를 결단해야 한다는 것을 주장한다. 『죽음에 이르는 병』에서 병은 기독교 하나님을 안 믿는 것이다. 키르케고르는 덴마크의 형식적 신앙 종교에 대립해서 진정으로 신앙의 삶을 살 것을 코펜하겐의 길거리에서 설파하다가 42세의 나이로 요절하였다.

마르크스는 노동자들의 이상향인 공산주의 사회, 곧 과학적 사회주의 사회의 실현을 위해서 일생 동안 투쟁하였다. 마르크스는 유태인으로서 베를린대학 법학과에서 법학 강의를 들었고, 철학 강의로는 논리학 한 과목만 들었다. 그러나 그는 학교 밖에서 '박사 클럽'에 가입해서 헤겔 철학에 심취하였다.

마르크스는 「데모크리토스와 에피쿠로스의 자연철학의 차이」를 써서 이 논문을 예나대학 철학과에 우편으로 보내면서 석·박사학위를 명확히 구분하지 않고 학위논문으로 제출하오니 학위만 주기 바란다는 편지를 동봉했다. 나는 베를린대학 법학과에 다니면서 법학 강의만 들은 마르크스가 김나지움(중고등학교) 때 배운 그리스어를 바탕으로 데모크리토스와 에피쿠로스를 정리해서 논문을 썼다는 것이 이해 가지 않는다. 마르크스의 의도는 무엇일까?

그는 베를린대학 철학과에 철학 논문을 제출할 수 없었다. 왜? 법학과에 등록해서 법학과 강의를 들었고 철학과와는 상관이 없었으니까. 그럼 예나대학 철학과에는 '에라 모르겠다. 석사를 주든지 박사를 주든지 아니면 아예 탈락시키든지 마음대로 해라!' 이런 심정으로 논문을 제출했을까? 여하튼 예나대학 철학과 학과장 왈, "참 이상한 학생도 다 있네. 이 학생은 이 논문으로 학위를 받아서 연관되는 직업을 택하지 않을 것 같고… 논문을 읽어보니 꽤 수준급이니 그냥 박사학위를 줍시다. 학과 교수들도 큰 문제 없지요?" 이렇게 엉뚱하게 박사학위를 받은 후, 마르크스는 약 1년간 라인신문 편집장을 지냈고, 프로이센 정부에 반항하여 공산주의를 선동하는 요주의 인물로 찍혀 파리로 도주했다가 다시 벨기에로 망명한 후, 마침내 런던으로 망명해서 그곳에서 공산주의 활동을 하고 저술 작업을 하다가 65세의 나이로 사망했다. 마르크스는 짧은 시간 라인신문 편집장으로 일한 것 이외에는 제대로 된 직업을 가지고 노동한 일이 없으며, 이십대 중반 이후부터 죽을 때까지 전적으로 엥겔스의 경제적 도움으로 자신과 가족의 생계를 유지했다. 그는 죽는 순간까지 노동자들의 공산주의 사회를 외쳤다.

니체는 목사의 아들로 태어났고 20세에 본대학에 등록해서 기독교신학과 고전언어학(주로 그리스어)을 공부했다. 그러나 다음 해 라이프치히대학으로 옮겨서 고전언어학을 공부했고 작은 논문을 한두 편 써서 대학 박물관 잡지에 게재하였다.

니체를 가르쳤던 프리드리히 빌헬름 리츨 교수는 스위스 바젤대학으로부터 고전언어학 교수를 추천해 달라는 부탁을 받았다. 당시 대학 박물관 잡지에 실린 논문을 좋게 본 그는 개인적으로 니체에게 소위 사적인 임시 박사학위증을 만들어주고 바젤대학에 추천했다. 25세의 나이에 니체는 스위스 바젤대학에 객원교수로 취직했고 이후 정식교수가 되었다.

니체는 고전 그리스 언어학을 가르쳤으나 본인 자신이 흥미가 없었을 뿐만 아니라 몸이 워낙 병약해서 몇 년 가르치지도 못하고 수시로 병 때문에 휴가를 냈지만 온몸을 불살라 시 형태의 저서들을 집필하고 출판하였다. 대부분의 그의 저서들은 문화 비판, 문명 비판을 내용으로 삼으며, 전통적인 인식론, 형이상학, 윤리학, 미학 등과는 거리가 멀다. 니체가 정식으로 몰두했던 철학 책은 그가 라이프치히대학 시절 식음을 전폐하고 보름 동안 읽은 쇼펜하우어의 『의지와 표상으로서의 세계』였다. 니체는 45세에 정신병에 걸려 광인이 되었으며 11년간 폐인으로 지내다가 1900년에 사망하였다. 좀 어처구니없는 것은 니체가 편지를 쓸 때 편지 끝에 박사 니체(DR. Nietzsche)라고 한 점의 부끄러움도 없이 썼다는 사실이다.

왜 나는 격동적이며 열정적인 이들을 짧게 소개했는가? 한 사람의 철학은 역사 전통, 현재 사회 등과 밀접히 연관되어 있으면서 동시에 한 인간의 삶과도 직결되어 있다. 적막하고 고요한 칸트의 삶은 형식적이고 체계적인, 그러면서도 다분히 관념적인 그의 철학을 예견하게 해준다.

칸트가 태어난 쾨닉스베르크는 영국, 네덜란드 및 폴란드와 무역 거래가 활발한 도시로서 상업이 발달했으며 시민들은 자유 정신에 물들어 있었다. 칸트는 지극히 평범한 가정에서 태어난 평범한 아이였고, 그의 유년기에 관한 상세한 기록은 전해지지 않고 있다.

유럽의 다른 나라들에 비해서 독일은 통일이 늦었을 뿐만 아니라 르네상스도 겪지 못했다. 중세에도 로마 병사들이 게르만족과 싸울

때, 게르만 여자들이 웃통을 벗고 창과 칼을 들고 짐승처럼 달려들자 교양을 갖춘 로마 병사들은 기겁을 하고 도망쳤다는 일화가 있다. 독일은 수많은 봉건국가들로 분열되어 통일을 위한 전쟁이 빈번했으므로 르네상스의 꽃을 피울 여유가 없었다. 그래도 라인강, 마인강 등의 협곡에 퍼져있던 중세 수도원들에서는 고대 그리스와 로마의 사상에 대한 연구가 끊임없이 이어지고 있었다.

17, 18세기로 접어들자 독일은 서서히 통일을 이루어 가면서 유럽의 이탈리아, 프랑스, 영국, 네덜란드 등에서 꽃피고 열매 맺은 결과를 쉽게 흡수할 수 있었다. 그래서 바하, 헨델, 베토벤 등의 음악가와 괴테, 실러 등의 문학가 그리고 라이프니츠, 볼프, 칸트 등의 철학자들이 등장하면서 찬란한 독일 문화를 꽃피우게 되었다. 그러나 독일인들과 직접 함께 살아보면 그들에게 여전히 남아있는 야만적인 면모를 엿볼 수 있다. 비교적 엘리트층에 속하는 사람들만 음악, 문학, 철학 등에 조예가 깊고 일반인들은 매우 야만적이며 특히 독일 음식과 독일어는 여전히 거칠다. 독일 음식은 돼지고기, 감자, 양배추절임이 대표적이고, 독일어에는 아직도 남성, 여성, 중성이 엄연히 있어서 일상화가 훨씬 덜 된 거친 느낌을 준다.

칸트의 부친은 요한 게오르크 칸트(Johann Georg Kant)였으며 모친은 안나 레기나 로이터(Anna Regina Reuter)였다. 칸트의 부친은 마구 장인이었고 안나와의 사이에 11명의 남매를 두었다. 당시 마구 장인 업으로는 11명의 자식을 넉넉하게 키울 수 없었다. 그래서인지 11명의 자녀들 중에서 6명은 성인이 되기 전에 사망했으며, 자식들 중 넷째인 칸트는 중고등학교까지 근근이 학업에 임했고 대학 시절부터는 친구들의 도움을 많이 받았다. 대학 졸업 즈음해서는 만 10년에 걸쳐서 세 가정의 입주 가정교사 생활을 해야만 했다.

 칸트는 공부하랴, 생활하랴 바빠서 형제들과 연락도 제대로 못 하다가 66세 나던 해(1790년)에 이르러서야 남은 형제들과 인간적이고도 따뜻한 연락을 하며 지낼 수 있었다. 칸트보다 11세 아래인 막내동생 요한 하인리히 칸트(Johann Heinrich Kant)는 목사로 활동하다가 칸트보다 4년 먼저 사망했다. 3명의 여동생 중 2명은 칸트보다 먼저 사망했고 막내 여동생이 칸트의 임종을 돌보았다. 칸트의 세 여동생들은 모두 수공업자들과 결혼하였다.

 칸트는 성인이 되어 영국 경험론 철학자 흄(David Hume)의 영향을 받은 탓인지 자신의 선조 고향이 스코틀랜드라고 주장한 일이 있지만, 후에 이것은 사실이 아님이 밝혀졌다. 칸트가 「아름다운 것과 숭고한 것의 감정에 대한 고찰」(1764)에서 독일인을 극찬한 것에 비하면 다른 한편으로는 영국에 대한 부러운 감정을 속에 가지고 있었던 것 같다.

 칸트의 모친은 당시 쾨닉스베르크에서 종교국 평정관이자 설교사인 슐츠(Franz Albert Schulz)의 강의를 듣고 그의 추종자가 되어 경건주의 기독교에 심취하였으며 그것을 바탕으로 삼은 충분한 문학적 교양을 갖추고 넷째 아들 칸트를 극진히 보살피고 교육하였다. 후에 칸트는 부친보다는 모친에 대해서 마음 깊이 감사하는 감정을 진하게 표현하였다. 그는 모친이 자신에게 선한 씨앗을 심어주었고, 마음속 깊이 자연을 느끼게 해주었으며 생각을 깊게 하도록 함으로써 언제나 건강하게 삶을 치유하도록 해주었다고 회상하였다. 칸트는 8세 되던 해(1732년)까지 쾨닉스베르크시 외곽에 있는 병원 부설학교에 다니다가 일종의 중고등학교(오늘날의 김나지움)와 유사한 콜레기움 프리데리카눔으로 옮겼는데 이 학교의 교장이 슐츠였다. 그는 청소년 시절의 칸트에게 지대한 영향을 미친 인물이었다.

2. 청소년 시절의 수업

'될 성싶은 나무는 떡잎부터 다르다' 는 말이 있는가 하면 '세 살 버릇 이 여든까지 간다' 는 말이 있다. 21세기를 살아가는 한국인들은 인성 과 시민의식에 관해서 자주 말하면서 특히 교육의 중요성, 그것도 어 린 시절의 교육의 중요성에 관해서 말하는데, 사실 인성과 시민의식 뿐만 아니라 한 인간의 문화, 문명의 뿌리를 건강하게 키우기 위해서 는 어린 시절의 교육이 무엇보다도 중요하다. 콜레기움 프리데리카눔 시절 칸트의 행적에 대해서는 상세한 기록이 없지만 몇 가지 특기할 만한 점들이 있다.

칸트는 8세부터 16세까지(1732~1740년) 콜레기움 프리데리카눔 에서 교육받았다. 그 이전에는 시 외곽의 병원 부설학교를 다녔다. 총 명한 칸트는 9세 때부터 졸업할 때까지 반에서 수석을 차지하였다. 콜레기움 프리데리카눔은 예배당이 딸린 일종의 신학교였으며 학교 의 교훈은 '경건, 박식, 예의바름' 이었다.

콜레기움 프리데리카눔은 칸트의 모친이 존경하던 슐츠가 교장이 었는데, 슐츠는 이 학교의 명성을 한층 드높였다. 그는 자신이 친밀하 게 교제하던, 당시의 저명한 철학자 볼프를 흠모하여 기독교 경건주의 와 볼프의 독단론(독단주의) 철학을 결합해서 조화시키려고 하였다.

이 당시 칸트의 학업에 대해서 구체적으로 알려진 것은 별로 없고, 그는 여러 가지 교양과목을 열심히 배웠으며 특히 라틴어 학습에 집 중하였다. 루크레티우스가 지은 『사물들의 본성에 대해서』(*De rerum natura*)에 관한 고전언어학 선생 하이덴라이히(Heydenreich)의 해석 에 깊은 감명을 받은 칸트는 다른 두 명의 학우와 함께 장차 고전언어 학자가 되려는 결심을 하게 되었다. 나중에 칸트의 한 친구는 고전언어학 교수가 되었고 다른 친구는 김나지움 교장을 하다가 일찍 세상을 떠났다.

　고대 그리스어나 라틴어는 현재 사용되는 언어가 아니고 단지 학문적으로만 연구되고 있다. 나의 독일 유학 시절인 1970년대만 해도 박사논문을 쓰기 위해서는 고대 그리스어나 라틴어 중 하나를 필수로 택해서 시험에 합격해야만 했는데, 1980년부터는 이 제도가 없어졌고 독일에서 인문학으로 박사학위를 따는 일 자체가 큰 의미를 갖지 못하게 되었다. 철학을 포함하여 인문학 분야에서 1980년 이후에는 누구나 한국에서 독일어 원전을 구할 수 있었고 인터넷도 고도로 발달했으며, 무엇보다도 인문학을 가지고 독일에서 박사학위를 받아도 한국에서 밥벌이가 쉽지 않았기 때문일 것이다.

　프리데리카눔 신학교에서 칸트는 고전언어학자가 되려는 일념에서 자신의 이름을 칸티우스(Kantius)라고 라틴어식으로 고쳐보기도 했다. 그리고 그는 이 당시 키운 라틴어 실력을 가지고 대학 졸업 후 몇 개의 논문과 뒤늦은 교수취임논문 「감각세계와 정신세계의 형식과 원리들에 대하여」(De mundi sensibilis atque intelligibilis forma et principiis, 1770)를 라틴어로 작성하였다. 오늘날도 유식한 체하는 독일인들 중에는, 마치 우리나라의 잘난 체하는 노인들이 한문으로 고사성어를 자주 쓰는 것처럼 간단한 라틴어 단어들이나 짤막한 라틴어 문장을 큰 소리로 말하는 사람들이 간혹 있다. 괴테나 실러는 비록 칸트보다 약간 나이가 어렸으나 독일어를 가다듬는 데 앞장을 섰음에 비해 칸트는 라틴어 실력이 빼어난 철학자였다.

　프리데리카눔 신학교 시절 칸트는 시시때때로 기도드리고 자주 예배 보는 신앙 형식에 염증을 느꼈다. 그는 그러한 기독교 신앙 형식이 기만일 뿐만 아니라 위선이라고 생각하였다. 물론 칸트의 마음속에는 모친의 영향으로 인해서 경건한 신앙심이 깊이 뿌리박고 있었으나 종교적이며 형식적인 강제로 물들어 있는 기독교 신앙은 그의 마음에 들지 않았다. 그는 젊은이들을 형식적 종교의 노예로 만드는 예배나 기도에 염증을 느꼈기 때문에 일요일 교회 예배에는 전혀 참석하지 않았다.

나중에 헤겔도 그랬지만 칸트가 기독교를 철학화(도덕화)한 데에는 맹목적이고 형식적이며 강제적인 기독교 신앙에 대한 그의 염증이 큰 몫을 차지하였을 것이다.

3. 대학생 칸트와 크누첸 교수

훌륭한 스승 밑에는 훌륭한 제자가 있기 마련이다. 프리데리카눔 신학교 시절 슐츠는 칸트의 모친뿐만 아니라 칸트에게도 많은 영향을 미쳤다. 슐츠는 목사로서 학생들의 정신 발달에 온갖 힘을 기울였으며 또한 교장으로서 학생들의 물질적인 지원에도 신경을 썼다. 그는 볼프와 친교를 맺고 경건주의와 독단철학을 결합시켜서 조화를 찾고자 애썼다.

철학 분야에서 가장 두드러진 스승과 제자로는 소크라테스, 플라톤, 아리스토텔레스를 꼽을 수 있다. 플라톤은 자신보다 42세 많은 소크라테스의 제자이고, 아리스토텔레스는 자기보다 44세 많은 플라톤의 제자이다. 칸트의 첫 스승은 슐츠이고 두 번째 스승은 고전 라틴어 언어학자 하이덴라이히였다. 하이덴라이히는 특히 루크레티우스 카루스의 6권으로 된 『사물들의 본성에 대해서』의 해석으로 유명했다. 그런데 칸트는 스승 하이덴라이히를 통해서 루크레티우스 및 에피쿠로스나 데모크리토스의 원자론이나 부동심(ataraxia)의 윤리학을 깊이 배운 것이 아니라 라틴어 읽기와 쓰기를 주로 배웠으니 이 점은 많이 아쉬운 감이 있다.

한때 볼프는 슐츠에 대해서 '나를 이해한 사람이 있다면 그는 슐츠이다'라고 했을 정도이니 추측컨대 어린 칸트는 스승 슐츠를 통해서 이미 볼프의 독단주의 철학의 냄새를 맡았을 것 같다. 칸트는 16세 되던 1740년 쾨닉스베르크대학에 입학했다. 그는 당시 아비투어시험에 해당하는 입학시험을 치렀다. 칸트의 모친은 그가 14세 때(1738년) 사망했고, 부친은 그가 22세 때(1746년) 세상을 떠났으므로 그는 형제들과의 왕래가 소원해졌다. 물론 학업을 계속하는 데도 상당한 어려움이 따랐다.

대학 입학 후 칸트는 철학, 수학, 자연과학에 특히 열중할 수 있었으며, 대학에서 그에게 가장 큰 영향을 미친 스승은 마아틴 크누첸(Martin Knutzen)이었다. 콜레기움 프리데리카눔 학교에서 칸트는 프란츠 알버트 슐츠에게서 신학과 볼프 철학의 영향을 받았고, 고전 언어학자인 하이덴라이히 선생으로부터 라틴어 교육을 받았다. 그는 대학에 입학하기 전까지는 철학, 수학, 자연과학 등을 접할 수 없었다. 칸트가 다녔던 콜레기움 프리데리카눔은 말 그대로 신학원이었고, 이 학교에서는 중세풍 그대로 철학을 신학의 시녀(ancilla theologiae)로 여겼다.

요새 독일의 특정 김나지움(중고등학교)과 아울러 우리나라의 특정 신학대학들에서는 여전히 서양 중세처럼 신학이론을 보조하기 위한 수단으로 철학을 취급하는 경향이 있다. 대학생이 되어 마아틴 크누첸 교수의 강의를 열심히 들은 칸트는 아직 자신의 장래에 대한 구체적인 생각이 없었다. 크누첸은 가히 천재적인 학자로서 21세에 특임교수로 임명되어 논리학과 형이상학을 가르쳤다.

크누첸은 경건주의 기독교의 일부 중요한 사항을 볼프 철학으로 이끌어들이려는 시도를 하면서 기독교의 진리를 철학적으로 증명하려고 했다. 칸트가 라이프니츠-볼프의 영향을 받은 것은 크누첸을 통해서였다. 또한 칸트가 후에 인식론의 핵심 개념들로 부각시키는 시간·공간은 뉴턴 물리학의 영향을 받은 결과물인데, 칸트가 뉴턴 물리학에 대해서 알게 된 것도 크누첸의 영향 때문이다.

칸트의 모친은 칸트가 14세 때 사망했고, 칸트의 부친은 많은 자식들을 키우기에 경제적으로 어려움이 많았다. 칸트는 대학에 들어간 후 어린 나이에도 불구하고 생계를 위해서 가정교사를 할 수밖에 없었다. 17, 18세기 영국이나 독일, 프랑스 등에서 부유하거나 권력이 있는 가문에서는 자식들의 폭넓은 지식을 위해서 이름 있는 학자들을 입주 가정교사로 고용하는 관습이 있었다. 영국의 흄, 독일의 칸트, 피히테, 헤겔 등은 가정교사를 하면서 철학 연구에 몰두했던 대표적인 학자들이다.

칸트가 스물두 살 되던 1746년 부친이 사망하자 그는 경제적으로 한층 더 어려워져서 일단 대학을 떠났다. 그는 처음으로 「생명력의 참다운 평가에 대한 생각」이라는 논문을 썼다. 이 논문의 주제는 당시 유럽 기하학자들 사이에서 아직 해결되지 못하고 의견이 분분했던, 철학사에 등장하는 주제였다. 칸트는 데카르트주의자들과 라이프니츠주의자들 간의 갈등에서 조화를 찾으려고 했으나 이 논문은 하나의 시도로서 족하였다고 볼 수 있다.

4. 학자의 길과 가난

칸트는 부친의 벌이가 시원치 않았고 형제들이 모두 열한 명이었으므로 16세 되던 해 대학에 들어가서부터는 스스로 자신의 앞가림을 신경 쓰지 않으면 안 되었다. 앞에서도 잠시 말했듯이 친구들이 "칸트야, 너는 쬐꼬만 놈이 공부가 뛰어나니 딴생각하지 말고 공부나 열심히 해서 훌륭한 인물이 되어야 해!" 이렇게 부추기면서 모아주는 돈과 가정교사로 번 보수로 살아가지 않으면 안 되었다.

칸트가 22세 되던 1746년 대학을 휴학한 이유는 아마도 부친의 사망과 경제적 어려움이었을 것이다. 칸트는 어려서부터 특별한 재능이 있는 것도 아니고 그렇다고 부모가 부유해서 사업 뒷바라지를 해줄 수 있었던 것도 아니었다.

칸트의 모친은 장차 칸트가 훌륭한 목사가 되기를 바랐고 슐츠 교장이 칸트를 그렇게 이끌어주었으면 했다. 그러나 칸트는 경건주의 기독교 교회의 예배 형식에 치를 떨고 일요일 교회 예배에도 참석하지 않았다. 그렇긴 해도 칸트의 마음속 깊은 곳에는 모친의 영향으로 인해서 기독교 신앙이 진하게 자리 잡고 있었다는 것을 잘 알 수 있다. 왜냐하면 칸트의 성숙기 철학의 궁극적인 근거는 기독교의 하나님임을 부정할 수 없기 때문이다.

어려서부터 칸트는 예체능과는 거리가 멀었고 오로지 공부에 열심이었으며, 쾨닉스베르크대학에 들어가서도 비록 학자의 길을 걸어갈 마음이 있긴 했어도 집안이 너무 가난했으므로 마음을 굳힐 수 없었다.

칸트는 어느 정도 불안하고 불확실성에 찬 대학 생활을 보내면서 크누첸의 논리학, 물리학, 형이상학 강의를 들었고 대학에서 강의하는 슐츠의 신학 강의도 들었다. 대학 시절 칸트의 유일한 낙은 시간 여유 있을 때 당구 치는 것이었다. 칸트는 블뢰머, 하일스베르크 두 친구와 자주 당구 게임을 했는데 승부욕도 강했고 실력도 상당했던 것으로 알려지고 있다.

칸트는 십 년간(1746~1755년) 세 가정에서 가정교사 생활을 하였다. 17, 18세기 유럽의 알려진 몇몇 철학자들은 생활고나 다른 이유에서 가정교사로 귀족이나 부잣집 자녀를 가르치면서 철학 공부에 전념하였다. 고대 그리스의 아리스토텔레스는 가정교사의 원조라고 할 수 있다. 그는 알렉산드로스 대왕을 여러 해 가르쳤는데, 알렉산드로스는 철학에는 관심이 없고 세계 정복에만 관심이 있었던 것 같다.

1960년대 한국의 대학생들도 상당수가 시간제 가정교사나 입주 가정교사를 하면서 생활고를 해결하고 공부할 수밖에 없었다. 요새는 사방에 학원이 있어서 가정교사는 찾아보기 힘든 실정이다. 칸트는 늘 안정된 분위기 속에서 공부하려는 습관이 있었는지 쾨닉스베르크를 벗어나지 않고 가정교사를 하려고 했으므로 쾨닉스베르크 안에서 십 년간 세 가정의 가정교사가 되었다.

제일 처음 칸트는 다니엘 안더쉬 목사 집에서 세 아들을 4년간(1747~1751년) 가르쳤다. 두 번째로 그는 휠렌 가문에서 가정교사를 했으며, 세 번째로는 카이저링 백작 집에서 아이들을 가르쳤다. 카롤리네 샬롯데 아말리(카이저링 백작의 부인)에게서 칸트는 훌륭한 예절과 생활 태도를 배울 수 있었다. 백작부인은 1755년 칸트의 초상화를 그렸다.

칸트는 오랜 시간이 지난 후 가정교사 시절을 회고하면서 그다지 행복한 시절이 못 되었다고 털어놓았다. 대부분의 가정교사 생활은 동서고금을 막론하고 생활고 때문에 마지못해서 하는 것이므로 결코 즐겁고 행복한 기억을 남기기 힘들 것이다. 1960년대 초 내가 가정교사로 고3 학생을 가르치고 있을 때, 학생이 창밖의 달을 가리키면서 "선생님, 저 달이 왜 밝지요?"라고 물어서 내가 땅 꺼지게 한숨짓던 일이 생각난다.

　가정교사 생활 십 년간 칸트는 끊임없이 철학 연구에 매진했었을 텐데, 그리고 교수자격논문 작성도 준비했을 텐데 이런 것들에 대한 상세한 정보는 현재 알려져 있지 않다. 칸트는 서른한 살 나던 1755년 드디어 가정교사를 그만두고 본격적으로 교수 자격을 얻고 철학 교수가 되기 위해 철학 연구에 몸을 바친다.

5. 시간강사 칸트

칸트는 불에 관한 논문으로 오늘의 박사학위에 해당하는 마기스터학위를 취득했고(1755년), 같은 해 「형이상학적 인식의 제1원리에 대한 새로운 해명」으로 쾨닉스베르크대학의 시간강사가 되었다. 1756년 그는 「자연적 단자론에 관해서」를 발표함으로써 정교수 응모를 위한 자격을 획득하였다. 1749년 프로이센 왕국의 지시에 따라서 박사학위논문을 포함해서 모두 세 개의 논문을 발표하고 그것들을 각각 토론에 부쳐서 통과해야만 정교수에 응모할 수 있었다. 칸트는 1755년에 시간강사가 되고 꼬박 15년을 기다린 후 46세 나던 해인 1770년에 쾨닉스베르크대학의 정교수가 되었다.

　독일 대학에는 1970년대 초까지 시간강사(Privatdozent, 사강사) 제도가 있었는데 시간강사는 월급이 한 푼도 없었고 강의만 할 수 있었다. 시간강사는 오직 앞으로 정교수가 되기 위한 필수 과정이자 연

구 과정이었다. 칸트는 시간강사가 되자 연구와 강의에 전심전력을
다 쏟았다. 그는 매일 아침 7시에서 9시까지 두 시간 열강했고, 기운
이 넘칠 때는 일주일에 20시간까지 강의했다. 칸트가 10년간 가정교
사를 하면서 나름대로 여러 분야를 심도 있게 연구했다는 사실은 시
간강사 시절 그의 강의 주제를 보면 알 수 있다.

칸트는 축성술, 화공술을 비롯해서 신존재 증명 비판, 자연신학, 교
육학, 도덕철학, 논리학, 형이상학, 자연지리학, 인간학, 자연론, 수학
등 다방면에 걸쳐서 강의했다. 1755년부터 시간강사로 급료도 없이
연구와 강의에 몰두했던 칸트는 끈기와 인내로 15년을 버틴 후 정교
수가 될 수 있었다. 하긴, 후에 세계적인 학자나 사상가가 되긴 했지
만 쇼펜하우어, 키르케고르, 마르크스 등은 뛰어난 사상적 업적에도
불구하고 대학과는 관계가 없었던 인물들이다. 프로이트나 라캉과 같
은 정신분석학자들도 또 다른 이유에서 대학 강단에 설 수 없었다.

칸트가 시간강사가 되기 전인 1751년, 칸트의 스승 크누첸이 요절
한 후 수학·철학 교수 자리가 공석이 되었지만 당시 프로이센 정부는
앞으로 특임교수(원외교수)를 더 이상 채용치 않기로 결정했다. 칸트
가 사강사가 된 후 얼마 지나지 않아 1758년 논리학·형이상학 정교수
자리가 생겼고 칸트의 스승 슐츠가 칸트를 위해서 다방면으로 애썼
다. 그러나 칸트보다 먼저 시간강사가 되었던 부크가 칸트와 같이
응모해 채용되자 칸트는 아주 긴 시간을 다시 기다리지 않으면 안
되었다.

요새도 그렇지만 독일의 철학 정교수는 특별한 전공이 정해져 있지
않다. 예컨대 헤겔은 플라톤 전공도 아니고 인식론 전공도 아니다. 하
이데거는 칸트 전공도 아니고 윤리학 전공도 아니다. 독일의 철학 정
교수는 대강 어떤 분야를 주로 연구한다는 것이 정해져 있을 뿐이다.

칸트가 40세 되던 해인 1764년 시예술 교수 자리가 공석이 되고 대학은 칸트에게 정교수를 제의했으나 곰곰이 생각한 후 칸트는 단호히 거절했다.

칸트가 거절한 이유는 두 가지일 것이다. 첫째, 시예술은 음악과도 직접 연관되므로 시예술 담당 교수가 음악 연주에 참여해야만 할 때도 있을 것이고, 칸트는 시예술을 이론적으로 강의할 수는 있지만 음악이나 음악 연주에 문외한이었다. 둘째, 칸트는 논리학, 수학, 형이상학 담당 정교수 자리가 머지않은 장래에 생기리라 예견했으므로 자신이 자신 있게 연구하고 강의할 자리를 끈기 있게 기다리고 있었다. 드디어 1770년, 칸트가 46세 되던 해 그는 15년이라는 긴 시간 동안 인고의 세월을 견디며 기다렸던 논리학·형이상학 정교수 자리에 취임하게 되었다.

칸트는 교수가 되기 전 시간강사를 하면서 1766년 왕립도서관의 보조사서가 되어 안정된 생활을 위한 일정 봉급을 받았다. 쾨니스베르크대학의 정교수가 되기 1년 전(1769년) 칸트는 우선 독일 남부 에얼랑겐대학으로부터의 교수 초빙을 거절했고, 다음으로 예나대학으로부터의 교수 초빙도 거절했다. 칸트는 이미 사십대 중반의 나이였고 쾨니스베르크대학에서 거의 15년간 시간강사를 했으며 그가 보기에 조만간 그에게 논리학·수학·형이상학 정교수 초빙 제의가 올 것이 틀림없었다. 이상과 같은 칸트의 연구와 강의 태도, 그리고 흔들림 없이 안정된 삶에 대한 확신을 가진 기다림의 자세는 진한 감동을 자아낸다.

요새도 독일 대학에서는 정교수 취임 시 취임논문을 발표한다. 칸트의 교수취임논문은 「감각세계와 정신세계의 형식과 원리들에 대하여」이었다. 칸트는 이 논문을 쓰고 다시 한번 만 10년이라는 시간 동안 엄청난 사색의 시간을 거친 후 1781년『순수이성비판』을 출간함으로써 비판철학의 시대를 활짝 열어놓을 수 있었다. 「감각세계와 정신세계의 형식과 원리들」은 칸트의 본격적인 비판철학을 위한 준비 작업이다. 만 10년간의 길고도 엄밀한 사색 끝에 『순수이성비판』에서 칸트는 과감하게 「감각세계와 정신세계의 형식과 원리들」의 내용 대부분을 버리고 감각세계에 관한 일부 내용만을 받아들인다.

6. 비판적 고찰

사람이 어렸을 때 신체 건강이나 성격의 뼈대가 어느 정도 자리 잡히면 그것이 일생을 좌우하는 경우가 흔하다. 마르크스나 프로이트 같은 예를 보자면 그들은 어린 시절 유태인의 부정적인 처지를 뼛속 깊이 체험한다. 니체는 목사 아버지와 모친, 누이동생, 고모 셋 등 여자들 치맛자락에 파묻혀 자라면서 피아노 소리를 듣고 또 피아노를 치면서 어린 시절을 보냈다.

마르크스의 부친은 개신교로 개종하고 마르크스를 비롯해서 자식들이 어린 나이에 개신교 세례를 받게 하였다. 그는 독일 게르만족의 유태인 학대를 조금이라도 면해보려고 개신교 세례를 받았고 변호사 자격증까지 땄다. 유태인이어서 정작 법정에서 피고를 변호할 기회는 거의 없었지만 꽤 짭짤한 공증 비용을 받아서 중산층 정도의 생활을 유지할 수 있었다. 그래서 마르크스에게도 법학을 전공해서 변호사가 되기를 거의 강요하다시피 한 것이 마르크스의 부친이었다.

모르긴 해도 마르크스의 무의식 속에는 독일인과 아울러 부친에 대한 분노가 뒤끓고 있었을 것이고, 그러한 그의 심정이 어디로 튈지 모르는 대학 생활, 그리고 대학 졸업 후 사회 혁명에 대한 열정과 광기에 불을 질렀을 것이다. 프로이트 역시 독일 게르만족의 유태인 학대에 대한 트라우마를 어린 시절 직접 체험하고 그런 트라우마를 정신분석학 연구로 꽃피웠던 것이다. 니체 또한 어린 시절 음악에 대한 열정으로 10대 후반부터 20대 초반에 걸쳐 50여 곡의 기악곡, 성악곡을 작곡했고, 광인처럼 여러 작품들을 쓰다가 49세인 1889년 미쳐버리고 10년 동안 완전히 미치광이 폐인이 되어 가끔 '코지마, 나의 코지마!' 이렇게 바그너 부인의 이름을 외치다가 1900년 사망하고 말았다.

칸트는 말 그대로 무난하고 평탄한 어린 시절을 보냈다. 칸트 부친은 많은 자식들을 먹여 살리기 위해서 마구 장인의 일에 매달려야 했고, 모친은 자식들 뒷바라지에 정신없었지만 특히 똘똘한 임마누엘 칸트에게 자신이 획득한 교양과 경건주의 신앙을 따뜻한 마음으로 심어주었다. 소년 칸트는 지나치게 형식적인 경건주의 기독교의 예배와 기도를 싫어해서 교회의 일요 예배에도 참석하지 않았지만 그가 기독교 신앙 자체를 거부하고 부정할 이유는 없었다. 마르크스는 '종교는 아편이다'라고 했고 니체는 '신은 죽었다'고 했으며 프로이트는 '나는 유물론자이다'라고 했지만, 칸트에게는 누가 뭐라고 해도 신(하나님)은 완전하고도 절대적인 기독교의 신이었다.

나는 칸트가 청소년 시절에 고대 그리스의 데모크리토스나 에피쿠로스 등의 자연철학자들을 접할 수 있었다면 그의 사상의 출발점이 어떠했을까라고 자문해 본다. 또 칸트가 고대 그리스 비극이나 영국의 셰익스피어 또는 당시 유럽의 그림이나 음악을 직접 접했더라면 그의 사상이 어떠했을까도 생각해 본다.

칸트는 14세에 모친을 그리고 22세에 부친을 잃고 특히 경제적으로 어려웠지만 오뚝이처럼 일어나서 학문의 길을 계속 개척해 나아갔다. 그러면서도 그가 수학, 물리학, 논리학, 형이상학 등의 문제에만 관심을 가지고 몰두했고, 직접적이고 구체적인 경제 및 정치 현실에는 관심을 기울이지 않았다는 것이 이상하게 생각된다. 만일 칸트가 철학의 단단한 토대를 가지고 경제, 정치, 역사, 예술, 종교 등 직접적이고도 구체적인 삶의 분야를 철학적으로 탐구했더라면 그는 헤겔을 훨씬 능가하는 학자가 되지 않았을까 하는 생각이 든다. 헤겔이야말로 역사철학, 법철학, 종교철학, 미학 등 삶의 중요 분야들을 구체적으로 방대하게 연구한 대표적인 철학자지만 지나치게 관념론에 빠진 흠이 있다.

부차적인 지적이지만, 칸트가 청소년 시절이나 그 후에라도 동양의 불교, 도가사상 또는 유가사상에 관심을 가지고 그것들을 접할 수 있었다면 그의 사상은 지금 남아있는 것과 딴판의 것이 되었을 것이다. 불교 같은 경우 이미 4세기에 기본 사상이 유럽에 전파되었다는 기록이 있다. 뒤늦게나마 쇼펜하우어는 삶의 원천이 맹목적 의지이고 이 의지로 인해서 혼돈과 고통이 생기므로 의지를 부정하고 열반에 드는 것이 궁극적인 삶의 문제 해결이라고 『의지와 표상으로서의 세계』에서 강조하였다. 그러나 쇼펜하우어를 제대로 이해하는 사람들이 별로 없다는 것은 매우 애석한 일이다.

2

칸트 정교수가 되다

1. 대기만성의 예를 보여준 칸트

칸트는 31세 되던 1755년 불에 관한 논문으로 마기스터학위를 받은 후 같은 해 「형이상학적 인식의 제1원리에 대한 새로운 해명」이라는 논문을 발표하고 비로소 시간강사(사강사)가 되어 강의할 수 있었다. 한 해 뒤 칸트는 논문 「자연적 단자론에 관해서」(Monadologia physica)를 발표함으로써 정교수 응모 자격을 얻었다. 당시 프로이센 정부에서는 정교수 응모 자격으로 세 편의 논문을 공적으로 발표할 것을 요구하였다.

꼬박 14년간 시간강사를 하면서 칸트는 매우 많은 분야에 걸쳐 강의를 담당하였다. 오늘날 독일이나 프랑스에서 행해지는 강의를 볼 것 같으면 학과 교수들에게 정해진 특정 실러버스(강의계획서)가 없다. 정교수가 학기말에 다음 학기 강의 제목을 제출하면 모든 교수들의 강의들이 인쇄된 책이 발간되고 학생들은 이 강의록을 구입해서 수강 등록을 한다. 만일 베를린대학에 철학 정교수가 3명일 경우 이들은 다음 학기 강의 제목으로 '디지털문명과 미학'을 똑같이 내걸 수 있다. 그러면 학생들은 자기들이 원하는 교수의 강의를 수강하면 된다. 왜? 독일 대학에는 철학과가 없고, 예컨대 뷔르츠부르크대학에는 철학 제1연구소(정교수 야코비), 제2연구소(정교수 베를링거), 제3연구소(정교수 스페어)가 있다. 정교수 밑에는 대학교수들(강의전담교수), 조교, 비서 등이 있으며, 도서관과 연구실, 강의실을 갖춘 한 건물이 있다. 예컨대 동대문에 철학 제1연구실이 있고, 용산에 제2연구실 그리고 서대문에 제3연구실이 있는 셈이고 학생들은 원하는 교수의 강의를 수강할 수 있다.

　독일이나 프랑스의 철학 교수는 일생 동안 자신의 다양한 관심 분야를 연구하고 자기만의 고유한 철학 체계를 구성할 수 있고 또 자신의 철학을 후학들에게 전한다. 그래서 칸트학파니 헤겔학파니 하는 철학 조류가 생긴다. 한국 대학의 철학과에서는 교수 선발할 때부터 영국 경험론 전공, 독일 관념론 철학, 동양철학(유교철학이나 불교철학), 윤리학 등 특정 분야에서 박사학위를 딴 사람을 채용한다.

　독일에서는 박사학위를 따도 정교수의 조교 되기도 하늘의 별 따기다. 한국에서는 박사학위를 따면 거의 아무것도 모르면서도 교수로 채용되면 자기 전공 분야만 정년이 될 때까지 강의한다. 윤리학 담당 교수가 따로 있고 인식론 담당 교수가 따로 있어서 서로 침범하면 안 된다. 대강 5년 정도 강의하면 자기 분야에 빠삭해서 더 이상 공부하지 않게 된다. 중고등학교 교사와 대학 교수의 학문의 폭과 깊이가 그다지 차이 날 수 없다. 내가 아는 몇몇 철학 교수들은 30년 이상 철학 교수를 하면서 논문 한 편이나 두 편 쓰고 일생을 끄떡없이 버티다가

정년퇴직한 후 명예교수에, 고액의 연금까지 받으면서 축복받은 말년을 즐기고 있는 실정이다.

앞에서도 언급했듯이 칸트는 시간강사 14년 동안 다음처럼 광범위한 분야에 걸쳐서 심도 있는 강의를 하였다: 축성술과 화공술, 교육학, 철학적 백과전서, 자연신학, 도덕철학, 논리학, 형이상학, 자연지리학, 인간학, 자연론, 수학. 물론 칸트는 엄청난 독서를 통해서 이러한 분야들에 대한 지식을 축적할 수 있었다.

독일의 대학 도서관이 부러운 것은 한 도시에 하나의 대학이 있고 대학 도서관에는 중세 때부터 현대까지의 수많은 책들이 보관되어 있으며 학생과 시민이 함께 이용할 수 있는 점이다. 오스트리아도 마찬가지이다. 내가 프로이트의 『꿈의 해석』을 읽으면서 그가 『꿈의 해석』을 쓰기 위해서 참고한 책들을 보고 소스라치게 놀랐던 일이 있다. 프로이트는 고대로부터 프로이트 당시까지 출판된 엄청나게 많은 꿈에 관한 책들을 참고했다. 도서관이 있기 때문에 가능했을 것이다. 칸트가 만 14년간 시간강사를 하면서 강의한 많은 분야들을 보면 그의 독서량과 아울러 오랜 기간의 사색을 엿볼 수 있다.

칸트는 31세인 1755년 시간강사가 된 후 15년을 기다려서 우여곡절 끝에 쾨니스베르크대학의 철학 정교수가 되었다. 그는 46세에 정교수가 되어(1770년) 감각세계와 정신세계에 대한 교수취임 소논문을 발표한 후 다시 침묵을 지키면서 만 10년을 보낸다. 그렇지만 칸트는 정교수가 되어서도 시간강사 때처럼 온갖 정성과 열정을 기울여서 강의에 임했다. 그는 10년 동안 갈고 닦은 철학의 결실로 1781년 『순수이성비판』을 출판하였다.

2. 정교수가 된 후 10년간의 침묵

이름 있는 철학자들 중에는 요절한 천재형이 있는가 하면 칸트처럼 늦깎이 대기만성형도 있다. 키르케고르, 니체, 마르크스, 비트겐슈타인 등은 젊은 시절에 이미 자신의 사상 체계를 세운 인물들이다. 그런가 하면 플라톤, 칸트, 헤겔 등은 대기만성형이다.

독일 관념론 철학을 종합한 헤겔 역시 가정교사 생활을 했고 김나지움 교사도 했다. 그는 자기보다 5살이나 어린 셸링과 튀빙겐대학에서 함께 공부했다. 셸링은 28세에 뷔르츠부르크대학 정교수가 되었지만 헤겔 자신은 일자리를 찾기 힘들어서 자기보다 어린 셸링에게 철학자로서의 일자리를 부탁하기도 했다.

물론 헤겔이 김나지움 교사 시절이던 36세에 『정신현상학』을 출간해서 자신의 변증법 철학 체계를 완성한 점은 칸트철학의 성숙기보다 이른 것이다. 그래도 키르케고르, 마르크스, 니체 등이 20대 중반에 그들의 사상 체계를 완성한 것에 비하면 헤겔 역시 대기만성형이라고 할 수 있다.

칸트의 감각세계와 정신세계에 관한 교수취임논문은 앞으로 10년 후 나타날 비판철학의 내용과 체계를 위한 작은 단초라고 볼 수 있다. 이 논문에서 칸트는 『순수이성비판』에서 본격적으로 다룰 형이상학의 문제와 인식론의 기초를 확실히 제시하고, 특히 대상인식을 구체적으로 논의함으로써 자신의 인식론의 토대를 마련하기 시작한다. 물론 칸트는 이후 10년간 이 문제를 장고하면서 이 당시의 인식론의 상당 부분을 폐기처분하고 보다 설득력 있는 인식론을 구성하는 노력을 기울였다.

독일에서는 정교수로 취임할 경우 짧은 취임논문을 발표하고 또 총장으로 취임하면 매우 수준 높은 취임서를 읽는다. 이런 이야기는 왜? 취임논문이나 취임서를 얘기하다 보니까 한 철학자의 학문적 업적과 현실 사회적 행동이 일치하지 않는 경우가 종종 있다는 사실이 뇌리에 떠오른다. 물론 칸트는 이론적 학문과 현실 사회 행동이 조화로운 삶을 살았다고 볼 수 있다. 그러나 영국의 프랜시스 베이컨, 마르크스, 하이데거 등은 전혀 아니다.

영국 경험론의 시조로서 경험적 귀납법과 우상의 제거를 제시한 베이컨은 대법관 직에까지 올랐으나 부패 혐의로 런던탑에 갇히고 명예와 부를 깡그리 상실했다. 마르크스는 인간의 자유와 평등을 외치고, 모든 인간이 노동자가 되는 공산주의 사회의 실현을 위해 몸을 바쳤지만 자신은 전혀 노동하지 않고 20대 중반부터 65세에 사망할 때까지 전적으로 엥겔스로부터 경제적 지원을 받았다. 마르크스는 거의 구걸하다시피 엥겔스에게 급전을 부탁한 적도 있고 50대 후반부터는 엥겔스의 지원으로 넉넉한 삶을 지닐 수 있었다. 그럼에도 불구하고 그는 엥겔스의 모친이 사망했을 때 알면서도 장례식에 참석하지 않고 일생 동안 엥겔스에게 진심 어린 고마움을 표현한 적도 없었다. 내가 알기로 마르크스는 만나는 사람마다 적이 되고 원수가 되었다. 물론 마르크스의 사상에는 긍정적인 점도 있지만, 공산당을 만들면 사회의 계급이 철폐되기는커녕 엄청나게 많은 계급들이 생기는 엄연한 사실을 마르크스는 전혀 눈치조차 못 챘던 것 같다. 1970년대 중반 독일 유학 시절 동독 공산당에는 72개의 계급이 있다는 말을 듣고 나는 그것이 농담이겠거니 했는데 농담이 아니었다.

요새는 한국에 하이데거 전공자들이 거의 없지만 1960년대 박종홍 교수를 비롯해서 1990년대까지 하이데거 전공 교수들 내지 하이데거 광신자들이 꽤 있었다. 하이데거는 히틀러의 나치당에 의해서 프라이부르크대학 총장에 임명되어 나치 완장을 차고 대학 캠퍼스를 활보했다. 그는 총장 취임서에서 '교육, 연구, 국방' 을 강조했다. 보통 대학의 임무를 '교육, 연구, 봉사' 라고 하는데 그는 국방을 강조했으니 히틀러의 나치당과 합심해서 게르만 독일의 국방에 충실하자는 것이었다. 하이데거는 2차 세계대전이 끝나고 뮌헨의 군사재판에서 2차 대전 중 히틀러 나치당에 적극 협력해서 부역했다는 죄목으로 교수직 파면이 결정되었다. 그는 시간이 꽤 지난 후 제자들의 노력으로 복권되기도 했다. 한국 철학계의 거목으로 알려지고 있는 박종홍 교수는 어찌어찌해서 박정희 정권 시대 청와대 교육수석비서관이 되었다. 내가 본인에게서 직접 들은 이야기는 다음과 같다. "왜 내가 교육수석비서관을 수락했느냐고? 각하께서 잠을 안 자고 나라 걱정하는 것을 직접 보니 함께 일하면서 도와주지 않으면 안 되겠다는 생각을 한 것이네." 생각하기 나름인가?

칸트는 정교수가 된 후, 물론 그전에도 그랬지만 일편단심으로 강의에 모든 것을 바치면서 만 10년간 앞으로 나타날 자신의 거대한 비판철학의 체계를 차근차근 세워나가고 있었다. 10년간의 침묵 후에 계속해서 출간된 세 비판서들(『순수이성비판』[A판 1781, B판 1787], 『실천이성비판』[1788], 『판단력 비판』[1790])의 내용에는 아리스토텔레스와 플라톤의 이름과 연관된 이론들이 자주 간략히 언급되며 무엇보다도 흄, 로크 그리고 데카르트, 라이프니츠 및 볼프의 철학 이론들을 집중적으로 언급하고 있다.

이 책의 제4장 '칸트의 글쓰기' 와 5장 '우리는 무엇을 알 수 있는가(1)' 에서 요점을 간략히 살펴보겠지만, 칸트는 정교수가 되고 나서 10년 동안 자신의 고유한 비판철학 체계를 장고하면서 찬찬히 그 준비 작업을 하고 있었다.

칸트는 『순수이성비판』에서 볼프를 독단론자 그리고 흄을 회의론자라고 부르면서 양자의 장점을 취하고 단점을 버린다. 볼프로부터는 논리적 형식주의를 버리고 이성을 취하며, 흄으로부터는 의심을 버리고 감각지각을 받아들인다. 교수취임논문 「감각세계와 정신세계의 형식과 원리들에 대하여」에서 칸트는 이미 흄의 감각 인식과 볼프의 이성(정신) 인식을 받아들임으로써 감각 대상인 현상세계와 정신 대상인 본체(실체)세계를 확립했다. 이러한 인식론과 형이상학은 플라톤적이자 아리스토텔레스적이다.

칸트는 1770년부터 1781년에 이르는, 교수취임논문부터 『순수이성비판』 출간까지의 기간 동안 깊은 사색에 잠겨 영국 경험론과 대륙 합리론을 탐구하였다. 칸트철학의 특징들 중 하나를 경험론과 합리론의 종합이라고 한다. 이러한 종합은 무엇을 위한 것일까? 첫째는 형이상학의 기초닦기를 위한 것이고 둘째는 인식론 기초닦기(인식론 비판)를 위한 것이다. 간단히 말해서 칸트의 비판철학이란 형이상학 비판이자 인식론 비판이다. '비판'이란 칸트가 『순수이성비판』 각주에서 밝힌 것처럼, 철두철미한 기초닦기로서의 탐구이다.

플라톤, 아리스토텔레스를 비롯해서 라이프니츠, 볼프 등도 넓게 보면 이데아나 순수 형상 또는 신의 원자를 근본 전제로 삼고 신 중심의 형이상학과 인간의 신적 이성 중심의 인식론을 전개했다. 칸트는 흄의 회의론에 경악해서 감각지각을 중시하긴 했어도 결국 도덕법과 신을 인식할 수 없으므로 요청할 수밖에 없었다.

도덕법이나 신을 인식할 수 없으면 그것들을 무시하지 않고 인식이나 행위(자유로운)를 규제하기 위해서 도덕법이나 신이 당연히 있어야만 한다고 절규하면서 요청하는 태도는 매우 안타깝게까지 느껴진다. 칸트는 『순수이성비판』 각주에서 두꺼운 책은 내용이 신통치 않

다고 역설하면서도 884쪽에 달하는『순수이성비판』B판을 출간하고
또 그 후 상당 분량에 이르는『판단력 비판』도 출판했다.

칸트는 플라톤, 아리스토텔레스 이후 라이프니츠, 볼프에 이르는
독단적 형이상학을 깡그리 허물고 어느 누구도 감히 허물 수 없이 단
단한 보편·필연적인 형이상학을 구축하기 위해서 철저한 인식론, 윤
리학, 미학의 탐구에 온몸을 바쳤다. 그러나 아쉽게도 그의 형이상학,
인식론, 윤리학 그리고 미학 역시 거대담론으로 물들어 있으며, 따라
서 그가 타파하고자 했던 독단적 형이상학은 전혀 무너지지 않고 칸
트의 비판철학 속에 여전히 신 중심, 이성 중심의 독단적 형이상학으
로 견고하게 웅크리고 있다고 볼 수 있다.

3. 철저한 시간 생활과 여성 관계

칸트는 혼자 살면서 스스로 건강을 보살펴야 했고 독서와 집필 그리
고 강의에 몰두해야 했으므로 철저하게 시간을 지키는 생활을 하였
다. 교수가 되어 여유가 생기면서 칸트는 집안 살림을 집사 마아틴 람
페(Martin Lampe)에게 맡겼다. 람페는 뷔르츠부르크 출신으로 40년
이상 군대에서 사병으로 근무했기 때문에 그 역시 철저하게 시간을
지켰다.

새벽 5시만 되면 람페는 어김없이 칸트의 침실 앞에서 짧고 우렁차
게 "기상! 기상!" 외쳤다. 어느 날 람페는 칸트의 옷소매가 낡아서 구
멍 뚫린 것을 보고 자기 깐에는 고급 농담을 한답시고 칸트에게 나지
막하게 속삭였다. "교수님, 교수님 옷소매에 구멍이 났는데 제가 가만
히 쳐다보고 있으려니까 그 속으로부터 교수님의 고귀한 지식이 마구

쏟아져 나오는데요?" 칸트는 빙긋이 웃으면서 주저치 않고 답했다고 한다. "람페! 내가 옷소매 구멍으로 보자 하니 당신의 무식이 우글거리는군요."

칸트는 수요일과 토요일에는 아침 8~10시 동안 강의했고 일요일을 제외한 나머지 4일간은 매일 7~9시 동안 강의했다. 그리고 오후 1시까지 빠짐없이 철학 서적 독서, 사색 및 집필에 몰두했다. 칸트는 매우 영리한 사람이었으므로 자신의 연구와 건강에 특히 신경을 썼고, 따라서 점심 식사 시간을 힐링 시간으로 이용할 지혜를 가지고 있었다.

칸트는 거의 매일 점심에 집 근처에 사는 지인들과 친구들을 초대하였는데, 점심시간은 오후 1시 이후 음식이 마련되는 대로 식사와 담소가 느긋하게 이어지면서 오후 4시나 5시가 되어서야 끝났다. 칸트는 점심 식사 후 잠시 쉬다가 저녁 7시가 되면 정확한 시간에 동네 산책길에 나섰다. 동네 사람들이 칸트의 산책에 맞추어서 시계를 맞추었다는 얘기까지 있다. 어느 날 칸트는 루소의 『에밀』에 푹 빠져서 아차 하고 좀 늦게 산책길에 나섰고 마을 사람들은 저마다 시계를 틀리게 고쳐 맞추었다고 한다.

칸트의 여성 관계에 관해서는 심각하게 알려진 것이 별로 없다. 루소는 여러 여자와의 관계에서 아이들도 여럿 출생했지만 아이들은 모두 고아원에 보낸 것으로 전해지고 있다. 앞에서도 언급했지만 키르케고르는 레기네 올센과 약혼한 후 책임질 수 없을 것 같다고 파혼했으나 레기네가 다른 남자와 결혼한다는 소식에 화들짝 놀라서 베를린에서 코펜하겐으로 달려갔고 레기네는 이미 결혼식을 끝낸 후였다. 니체는 살로메와 코지마(바그너 부인)를 짝사랑했다. 러셀은 네 번인가 결혼했는데 그 이유를 물으니 '여자를 알고 싶어서였다'는 것이

답이었다.

칸트는 두 차례, 결혼하고 싶은 여성을 마음에 둔 적이 있었다고 한다. 두 여성 모두 칸트보다 더 풍채가 늠름하고 경제력 있는 남자들과 결혼했다고 한다. 한마디로 칸트가 차인 셈이다.

칸트가 집 근처에 사는 자기 마음에 드는 처녀 한 사람을 상당 기간 점심시간에 초대해서 이야기 손님으로 대했고 이 처녀는 이제나저제나 칸트의 프러포즈를 기다렸다. 칸트 역시 이 처녀에게 마음이 있었고 때가 되면 고백하려고 했으나 항상 강의와 연구에 몰두하느라 기회를 잡지 못하고 있었다. 처녀는 칸트가 자기를 결혼 상대 이성으로 좋아하지는 않는다고 생각하고 결국 다른 남자와 결혼했다. 칸트는 처녀의 결혼 소식을 듣고 잠시 한심한 자신을 탓했다고 한다. 나는 독일 유학 시절 베를링거 스승님께 물은 적이 있다. "교수님, 왜 결혼을 안 하신 거예요?" 스승님 말씀, "글쎄, 책 읽다 보니 그렇게 되었나?"

칸트는 70세가 되면서 갑작스레 건강이 약화되었고 철저히 지켰던 점심시간과 마을 산책은 더 이상 지속할 수 없었다.

4. 철학을 배제한 즐거운 점심 식사

대학생 때 칸트의 취미는 틈날 때마다 친구들과 당구 치는 것이었다. 비록 늦은 나이지만 정교수가 된 칸트의 낙은 소수의 지인들을 초대해서 점심 식사를 하고 식사 후 지인들과 담소하는 일과 저녁에 마을을 산책하는 일이었다. 칸트는 적을 때는 3인 그리고 많을 때는 9인의 지인들을 점심 식사에 초대했다. 초대받은 사람들은 다양한 직업을 가졌는데 전문적으로 철학에 관여하는 사람은 칸트의 초대에서 배제되었다. 왜냐하면 칸트는 점심시간을 자신의 몸과 마음을 힐링하기 위한 것으로 여겼기 때문이다.

칸트가 점심으로 주로 택한 요리 재료들은 굵은 완두콩, 작은 순무, 괴팅겐소시지, 대구살, 캐비아 등이었으며 양념으로는 겨자를 상비하였고, 음료로는 물과 포도주를 즐겼지만 배 나오고 살찌게 만든다고 믿은 맥주는 피하였다. 1970년대 중반 나의 독일 유학 시절, 1990년 독일 방문교수 시절, 2000년 프랑스 방문교수 시절 등을 돌아보면 독일과 영국의 음식은 한심할 지경이었다. 이탈리아, 스페인, 프랑스 등의 요리는 그런대로 먹을 만했다. 그러나 뭐니 뭐니 해도 음식은 한국 음식이 최고다. 젓갈만 해도 그 종류가 어마무시하게 많고, 김치 종류도 각 지방마다 다르고 배추김치, 갓김치, 깍두기, 열무김치, 총각김치, 부추김치… 야채 종류에 따라서 김치 종류가 수없이 많다.

영국에서 생선튀김, 감자튀김, 샐러드를 일주일간 점심으로 먹고 학질 뗀 적이 있다. 독일에서는 거의 6년간 돼지고기, 튀김, 소시지, 햄, 삶은 감자, 자우어크라우트(양배추를 잘게 썰어 식초에 발효시킴), 샐러드를 점심으로 먹었다. 칸트는 정교수라 좀 여유가 있었는지 평민보다 약간 낫게 점심을 먹은 것 같다.

칸트와 지인들은 보통 오후 1시 조금 지나서 식사를 하고 식사를 마친 후 음료를 마시면서 4시나 5시까지 담소하였다. 후식으로는 각자에게 반병의 포도주와 버터, 치즈 그리고 정원에서 딴 과일이 제공되었다. 칸트는 지인들과의 담소를 통해서 정치, 경제, 학문 등에 대한 온갖 소식들을 듣고 서로 자유롭게 담론할 수 있었다. 특히 프랑스혁명(1789년)이 일어났을 때 칸트는 지인들과의 모임에서 촉각을 곤두세웠고, 프랑스혁명 후 정치 발달에 민감하여 신문을 꼼꼼히 읽기까지 하였다.

그런데 점심 자리에 초대받은 지인들에게 금기된 사항이 하나 있었다. 만일 지인이 칸트에게 요새 어떤 인식론이나 형이상학 문제에 몰두하느냐고 묻거나 또는 전문적인 철학 문제에 대해서 물을 경우 칸트는 짜증을 내며 화까지 냈다. 칸트에게 오후 1시부터 4~5시까지의 시간은 그야말로 몸과 마음의 힐링 시간이었다. 그래서 칸트는 점심 손님으로 결코 철학 강사나 교수 등 전문 철학자를 초대하지 않았던 것이다. 칸트는 자신의 힐링 시간을 방해받고 싶지 않았다. 내 경우만 해도 대략 30분간 몰두해서 철학책을 읽거나 아니면 철학적 내용을 쓰다 보면 기진맥진해 버리고 만다. 바로 이때 누군가가 나에게 철학 내용에 대해서 대화하거나 토론하자고 한다면 나 역시 짜증날 것이 뻔하다.

5. 생각의 결과보다 과정이 중요하다

아우구스티누스는 시간을 신의 시간과 인간의 시간으로, 곧 영원한 시간과 과거·현재·미래의 시간으로 구분하였다. 신의 시간은 영원한 지금이다. 과거·현재·미래는 따로따로 있는 것이 아니라 지금 안에 영원히 녹아들어가 있다. 철학이란 생각의 학문이다. 철학적 생각은 과거·현재·미래를 지금 속으로 녹아들게 만드는 생각이다. 철학적 생각의 과정은 철학의 원인과 결과를 영원한 지금으로 녹이는 흐름이다. 이렇게 보면 아우구스티누스의 지금(nunc), 베르그송의 삶 자체(la vie même), 후설의 지금(Jetzt)은 모두 영원한 지금으로서의 과정일 것이다.

칸트는 시간강사 때부터 철저하고 성실하게 준비해서 학생들에게 강의하였다. 그는 학생들에게 철학적 배움의 결과가 아니라 과정의 중요함을 스스로 일깨우게 하려고 애썼다. 일반적으로 한국 대학(초, 중고등학교도 마찬가지지만)의 교육은 암기에 치중한다. 영어, 수학, 국어도 암기해야 한다. 영·수·국을 잘 외우는 학생이 일류 대학에 진학한다. 법에 관심 있는 학생이 법대 가지 않고, 영·수·국 암기 잘하는 학생이 나중에 판검사·변호사가 되어 고액 연봉을 받고 배 두드린다. 질병 치료와 생명 구조에 관심 있는 학생이 아니라 영·수·국 암기 잘하는 학생이 후에 의대를 졸업해서 의사가 되어 더 이상 의과대 학생을 증원해서는 안 된다고 핏대 세우면서, 자신은 고액 연봉을 고수하면서 배를 두드린다.

칸트는 학생들이 자신의 위치를 잘 알고, 과거 철학자의 이론을 달달 외우는 것을 집어치우고 특정한 주제나 문제에 대해서 근본적으로 사색하기를 가르쳤다. 끈기 있게 사유하고 증명하는 것이 그가 가르친 교육의 목표였다. 다시 말해서 탐구의 결과가 아니라 어디까지나 탐구 과정에 성실해야 한다는 것이다.

1970년대 중반 독일 유학 시절, 나는 저녁 철학 세미나 시간에 전혀 예상치 못한 충격적인 사건을 체험하지 않으면 안 되었다. 내 지도교수 루돌프 베를링거의 '셸링의 예술철학' 세미나 시간이었다. 어떤 독일 학생이 자신이 요약한 내용을 짧게 발표했다. 발표가 끝나자마자 베를링거 교수는 느닷없이 나를 가리키면서 "강, 셸링의 예술철학의 출발점은 무엇이라고 생각하는가?"라고 물었다. 내가 약간 당황하면서 "저…, 칸트의 견해에 따르면…" 여기까지 말하자 베를링거 교수는 갑자기 책상을 손바닥으로 내리치고 당신 앞에 놓여있던 책들을 가방에 쑤셔 넣더니 화가 엄청 난 얼굴로 강의실 밖으로 나가는 것이었다. 그 이후 베를링거 교수를 복도에서 만날 때마다 내가 공손히

인사해도 그는 나를 쳐다보지도 않고 갈 길을 갔다. 그가 다시 나를 따뜻하게 대해주고 함께 식사하기까지 두 달 넘게 걸렸다. 자발적이며 독창적인 사고야말로 철학함에 중요하다는 것을 뼈저리게 느낀 경험이었다.

시간강사 때부터 칸트의 철학적 사색의 바탕은 항상 수학, 논리학, 물리학 그리고 형이상학이었다. 칸트의 강의는 인기가 많아 수강생은 언제나 팔십 명 내지 백 명에 달했다. 학생들 및 일반인들에게 가장 인기 있는 그의 강의는 인간학과 자연지리학이었다. 그는 많은 독서를 통해서 인간학과 지리학에 대한 지식을 축적했으며 이렇게 쌓은 지식을 재치와 해학으로 가득 찬 강의로 풀어놓았다. 요새도 독일에는 한 도시에 하나의 대학이 있고, 유명한 교수의 강의는 학생들과 일반 시민들이 함께 수강할 수 있으며 언제나 자유롭게 질의응답할 수 있다. 칸트 당시에도 사정은 마찬가지였다.

그러나 하이데거는 강의 도중 전혀 질의응답을 허용하지 않았다. 내가 아주 가까이 지냈던 슈라더 여교수는 자주 입에 거품을 물면서 하이데거를 비난했다. "하이데거가 나치 완장을 차고 거들먹거리면서 돌아다니던 모습이 눈에 선해. 하이데거는 생긴 것처럼 강의실에 들어오면 강의 원고를 꺼내들고 학생들은 쳐다보지도 않고 백 분 동안 쉬지도 않으면서 지루하게 읽어댔어. 간혹 어떤 학생이 손 들고 질문하면 들은 척도 안 했지. 원고를 다 읽으면 학생들은 쳐다보지도 않고 강의실을 나가버렸어." 나는 오랜 기간 동안 헤겔 전집과 하이데거 전집을 죽기 살기로 거의 다 읽긴 했는데, 헤겔의 생각보다 하이데거의 생각이 훨씬 더 희미하고 몽롱하다는 느낌을 가지고 있다.

칸트의 사상 역시 헤겔과 하이데거의 대선배이므로 희미하고 몽롱한 점이 있긴 하지만 칸트 나름대로는 구체적이고 그리고 명쾌하게 철학적 사색을 전개하려고 애썼다. 칸트는 영리한 사람이었고 사람들과의 교제를 즐겼다. 예컨대 칸트는 열흘 후에 영국인과 만날 약속이 있을 경우 영국의 유명한 건축물에 관해서 빠삭하게 알 정도로 독서에 몰입했다. 영국 손님과 만나자 칸트는 런던의 웨스트민스터 다리의 역사, 건축공법, 재료, 구조 등에 관해서 상세히 설명했다. 칸트의 이런 버릇은 일종의 재미이자 취미였다.

헤르더(Johann Gottfried Herder)는 칸트가 시간강사 시절 칸트의 강의를 듣고 감명받은 소감을 대강 다음처럼 털어놓았다. "내게는 어떤 철학자를 스승으로 모실 행운이 있었다. 그는 쾌활하고 명랑했으며 그의 입에서는 사색으로 충만한 말이 흘러나왔고 농담과 해학으로 가득 찬 강의가 진행되었다. 그는 날카로운 정신력으로 라이프니츠, 볼프, 바움가르텐, 데카르트, 흄의 철학을 검토했다.

더 나아가서 그는 뉴턴, 케플러, 물리학자들의 자연법칙을 탐구했고 루소의 『에밀』과 『엘로이즈』를 읽고 소개했다. 그가 연구와 강의의 재료로 삼은 것들은 자연에 대한 지식과 인간의 도덕적 가치에 관한 것들이었다. 또한 인간사, 민족사, 자연사, 자연론과 경험 역시 그의 연구와 강의의 근거가 되었다. 그는 진리 탐구를 위해서 잔꾀를 부릴 줄 몰랐고, 분파에 가담하지도 않았으며 명예욕도 없었다. 그는 학문의 전제주의와 거리가 멀었고 자기 사유의 정신에 충실했다. 내가 진심으로 감사하고 존경하는 이 인물은 임마누엘 칸트이다." 헤르더는 칸트가 시간강사이던 1762~1764년에 걸쳐 칸트의 강의를 열심히 들었다.

나중에 헤르더는 시간과 공간은 마음속에 감각성질의 형식으로 경험에 앞서서(경험과 상관없이 본래부터) 있다는 칸트에 반대해서 시간, 공간은 경험에서 생긴다는 주장을 해서 칸트와 결별하였다.

칸트가 정교수가 되자 15년간 시간강사로서 성실하게 강의한 그의 명성이 알려지면서 학생들뿐만 아니라 교양과 사회적 지위를 가진 일반인 및 관료들도 칸트의 강의에 참석하였다. 칸트는 57세 때 『순수이성비판』(1781)을, 이어서 『프롤레고메나(학문으로 등장할 수 있는 미래의 모든 형이상학을 위한 입문)』(1783), 『윤리형이상학을 위한 기초닦기』(1785)를 출간하였다. 그는 쉬지 않고 온 힘을 다 기울여 『실천이성비판』(1788)을 출판했고 드디어 66세 때 『판단력 비판』(1790)을 출간하였다.

『판단력 비판』을 출판하고부터, 곧 칸트가 67세에 접어들면서부터 비록 정상적으로 강의하고 집필 활동을 하긴 했지만 그의 건강 상태는 극도로 쇠약해지기 시작했다. 이미 독일 철학계에 칸트의 명성은 널리 퍼져있었고 가끔 이름 있는 철학 교수들이 쾨닉스베르크를 방문해서 칸트의 강의를 청강하는 일이 있었다. 칸트의 뒤를 이은 철학자이고 피히테, 셸링, 헤겔로 이어지는 독일 관념론의 시초를 이루는 피히테는 1791년 쾨닉스베르크대학을 방문하여 칸트의 강의를 청강한 소감을 짤막하게 피력하였다. "나는 칸트 강의를 청강했는데 내 기대는 만족스럽지 못했다. 그의 강의는 나를 졸리게 했다." 왜? 중국의 현대 사상가 임어당은 다음처럼 말한 적이 있다. "칸트의 『순수이성비판』 반 페이지도 못 읽었는데 꾸벅꾸벅 졸고 있는 나 자신을 발견한다. 도대체 무슨 소리인지 이해할 수 없으니 졸 수밖에 없지 않은가?"

칸트철학은 경험론과 합리론을 종합하긴 했어도 결국 합리론에 기울었을 뿐만 아니라 관념론의 뿌리에 고착되어 있었으므로 피히테가 나올 수 있었고… 칸트는 졸게 하는 철학의 대변자들 중 한 사람이 될 수밖에 없었던 것일까?

6. 칸트의 말년과 장례식

70세(1794년) 이후 칸트의 건강은 급격히 나빠지기 시작했다. 칸트는
『오직 이성의 한계 내에서의 종교』(1793)를 출간하고 계속해서 『윤리
형이상학』(1797), 『실용적 관점에서의 인간학』(1798)을 집필했으나
1800년부터 거동이 불편해졌고 1803년 더 이상 건강 회복이 불가능
해졌다. 칸트는 80세 되던 해인 1804년 2월 제자 바지안스키와 막내
여동생이 돌보는 가운데 숨을 거두었다.

　칸트의 일생은 어떻게 보면 칸트 자신이 하고 싶은 것을 충실히 다
한 그러한 삶이었다. 무명인이나 유명인의 일생과 죽음을 살펴보면
그야말로 각양각색이다. 프로이트는 67세부터 83세까지 33번 구강암
수술을 견디면서 뼈와 피부만 남은 몰골로 죽기 직전 딸 안나 프로이
트와 함께 런던으로 망명 가서 해골처럼 책상에서 연구·집필하다가
사망했다. 라이프니츠는 명성과 달리 장례식에 지인 대여섯만 참석했
다고 한다. 데카르트는 스웨덴 여왕의 가정교사를 하다가 추운 스톡
홀름에서 감기 걸려서 죽었다. 니체는 완전히 미쳐서 가끔 "코지마!"
를 외치는 광인이 되었고 모친과 누이동생 엘리자벳이 10년간 니체를
간병했다. 예수와 소크라테스는 제자들이 간수를 매수해서 도망갈 길
을 다 마련했는데도 자청해서 사형을 받아들였다. 옛날 내가 어렸을
때 가끔 이런 생각을 했었다. "예수와 소크라테스가 제자들의 말을 따
라서 멀리 도망가서 자손이 번성하고 호의호식하는 삶을 살았다면 예
수나 소크라테스는 어떻게 되고 인류 역사와 문화는 또 어떻게 되었
을까?" 예수나 소크라테스 아닌 대부분의 인간들은 멀리 도망가서 잘
먹고 잘살려고 할 것이다. 칸트는 80 평생 동안 거의 한눈팔지 않고
진리 탐구에 온몸을 바쳤으며 연구와 강의 그리고 집필에 삶을 불태

왔다. 이유 여하를 막론하고 칸트의 삶 앞에 경탄과 존경의 마음을 금할 수 없다.

칸트는 70세가 되던 1794년부터 자신의 건강이 점차 쇠약해지는 것을 느끼고 공적인 강의와 학문 활동을 줄여나갔고, 1795년에는 한 강의만 하다가 결국 1797년 교수 활동을 마감하기로 했다. 그는 말년의 원고로 『자연 형이상학으로부터 물리학으로의 이행』을 작성하고 있었다.

칸트의 제자들 중 한 사람이며 동료였던 바지안스키(E. A. Ch. Wasianski)는 칸트의 말년에 병시중을 들었으며, 칸트의 막내 여동생 토이어린 부인(Frau Theuerin)과 함께 칸트의 임종을 지켰다. 칸트는 70세부터 건강이 급격하게 나빠지기 시작했는데 그 원인은 심한 과로도 아니고 특별한 중병도 아니었다. 워낙 약골이었으므로 자연히 노화로 인해서 기운이 떨어지고 있었던 것이다. 칸트는 철저한 시간 생활과 섭생에 신경 썼지만 살고 죽는 것은 다 하늘의 뜻인지 불쌍한 말년을 맞이할 수밖에 없었다.

칸트는 80세인 1804년 2월 12일에 사망하기 9일 전인 2월 3일. 당시 쾨닉스베르크대학 학장이던 저명한 의사가 칸트를 보살피기 위해서 병문안을 왔다. 제자 바지안스키가 동석한 자리에서 칸트는 정신을 차리고 의사를 향해서 다음처럼 말했다. "아주 좋아요. 인간성에 대한 감정이 아직 나를 떠나지 않았어요." 칸트는 나이가 들면서 시력이 좋지 않음에도 불구하고 안경이 걸리적거린다고 생각해서인지 안경을 쓰지 않았다. 말년의 칸트는 왼쪽 눈의 시력을 완전히 상실했다. 그리고 그는 계속 쇠약해져서 단 음식과 신 음식을 구분할 수 없었다.

칸트의 제자들 중 한 사람인 야하만(Reinhold Bernhard Jachmann)이 병석에 누워있는 칸트를 병문안 가서 이렇게 뵙게 되어 반갑다고,

곧 쾌차해서 다시 보자고 말했을 때 칸트는 전혀 알아보지 못하고 퀭한 눈으로 야하만을 바라보면서 낮은 목소리로 "당신은 누구시오?"라고 물었다. 1804년 2월 12일 오전 11시, 칸트는 제자 바지안스키와 막내 여동생이 지켜보는 가운데 임종했다. 칸트의 장례식은 1804년 2월 28일 오후 3시에 치러졌다. 쾨닉스베르크뿐만 아니라 근처의 단치히, 리타우엔의 시민들도 장례식에 참여했다. 쾨닉스베르크의 유명인사들, 대학생들, 감독관들과 원로원 의원들, 칸트의 친척들이 칸트의 관 뒤를 따라갔다.

　　칸트의 죽음을 언급하다 보니 고금동서의 무수한 인간들의 죽음 그리고 더 나아가서 헤아릴 수 없는 생물의 죽음에 대해서 또 죽음에 대한 인간의 생각에 대해서 다시 한번 짚어보게 된다. 예수는 꼿꼿하게 서서 죽었고 석가모니는 비스듬히 누워서 죽었다고 말한 어떤 학자의 언급이 떠오른다. 강가에 가면 크고 작은 오만가지 돌, 자갈, 모래들이 있다. 그것들 중 어떤 것이 가장 유명하고 고귀하며 값진 것일까? 또 산에 가면 크고 작은 나무들과 풀들이 있다. 그것들 중에 어떤 것이 가장 가치 있는 것인가? 이 세상 모든 것들이 "그렇고 그렇다"라고 말하며 이와 같은 주장이 진리라고 말하는 이들이 있다. 소위 영원불변하는 진리는 하나의 희망 사항이 아닐까? 칸트는 희망 사항의 끈을 차마 놓을 수 없어서 자유, 영혼불멸, 신을 결코 알 수 없지만 요청하지 않으면 안 된다고 힘없이 절규했던 것이 아닐까?

7. 비판적 고찰

칸트는 끈기와 인내심을 가지고 연구 태도를 유지하였으며, 경제적인 어려움에도 불구하고 수학, 물리학, 자연지리학, 형이상학, 논리학 등 다양한 영역에 대한 탐구를 이어갔다. 31세에 시간강사가 된 칸트는 40세 되던 1764년 쾨니스베르크대학의 시예술(Dichtkunst) 교수직 제의를 거절했다. 칸트는 비교적 성격이 꼬장꼬장했던 것 같다. 당시에는 철학 교수가 예술철학, 종교철학, 법철학 등을 광범위하게 연구하고 강의할 수 있었기에 웬만하면 시예술 교수직을 받아들였어도 별 큰 문제는 없었을 것이다.

칸트는 1769년 에얼랑겐대학과 예나대학으로부터 철학 정교수 초빙 제안이 들어왔지만 모두 거절했다. 내가 독일 유학 시 유럽 니체학회에서 일주일간 함께 지냈던 카울바하 교수가 에얼랑겐 출신으로 당시 마부르크대학 교수를 퇴임하고 에얼랑겐대학에서 강의하고 있었다. 에얼랑겐대학과 예나대학은 모두 철학으로 이름 있는 대학이었다. 그러나 칸트는 쾨니스베르크대학의 논리학, 형이상학 정교수 초빙 제안이 올 것을 확신하고 있었기 때문에 자신감을 가지고 꾸준히 기다렸다.

나는 항상 칸트의 의연한 학문적 자세와 광범위한 그의 종합 정신 그리고 조화로운 철학적 구상을 더없이 높게 평가하지만 그가 여전히 거대담론의 틀에 갇혀있는 것이 안타깝다. 이 책의 4장 '칸트의 글쓰기'에서부터 나 자신의 본격적인 견해를 제시하겠지만, 칸트는 자신이 붕괴시켰다고 믿은 독단적 철학(독단적 전통 형이상학) 안에 여전히 갇혀있다.

칸트가 도가철학이나 또는 불교철학에 접할 수 있는 기회를 가지지 못한 사실에 아쉬움을 금할 수 없다. 칸트는 확실히 비판 이전의 철학으로부터 점차로 자신의 철학의 문제점과 한계를 의식하고 어떻게 하면 설득력 있는 철학적 사유를 전개할 수 있을까에 대해서 심도 있게 연구함으로써 비판철학으로 나아갈 수 있었다. 그러나 그의 비판 정신은 분석, 검토, 비판이기 이전에 플라톤, 아리스토텔레스, 기독교 사상과의 타협 정신을 은연중에 전제로 삼고 있지 않았을까?

정신 줄 놓고 멍하니 내가 살고 있는 분당의 탄천 산책로를 걸어가다 보면 탄천변에 여러 종류의 키 작은 나무들과 오만가지 잡풀들이 눈에 띈다. 나는 속으로 칸트는 "어떤 풀일까, 나는 어떤 잡풀일까?" 이런 쓸모없는 생각을 떠올리다가 지워버린다.

3

칸트의 사람 됨됨이

1. 작은 거인 칸트

칸트의 제자 야하만이 전하는 바에 의하면 칸트의 키는 157센티미터
가 채 안 되었고, 골격이 튼튼하지 못했을 뿐만 아니라 근육도 별로
없었다. 한마디로 약골이고 게르만 남자로서는 볼품없는 외모였다고
할 수 있다. 칸트는 성인이 되면서부터 시력이 좋지 않았으나 가까운
곳은 별 무리 없이 볼 수 있어서 안경을 쓰지 않았다. 말년의 칸트는
왼쪽 시력을 완전히 잃고 말았다. 그러나 현재 남아있는 칸트의 초상
화를 보면 그가 풍기는 인상은 매우 영리하고 총명한 철학자의 모습
이다. 한마디로 똘똘한 인상을 준다.

　내 기억으로는 칸트처럼 키가 150센티미터 조금 넘고 몸무게도
50킬로그램 정도 되면서 똘망똘망하고 총명한 인상을 주는 또 한 사
람은 인도의 간디이다. 작은 고추가 맵다는 말이 맞는가 보다. 내 스

승 베를링거 교수도 160센티미터 정도였고, 카울바하 교수도 비슷하게 작았으며, 비극적이고도 희극적인 하이데거도 베를링거나 카울바하처럼 작고 뚱뚱한 인상을 주었다. 하이데거는 2차 세계대전 때 부역해서 전범의 낙인이 찍혔었기 때문에 자신이 출생한 독일 서남부의 작은 산골 마을 메스키르히의 공동묘지에 수많은 사람과 함께 안장되어 있다. 사실 독일에서는 하이데거 철학이 거의 금기시되어 있고 그의 무덤도 따로 화려하게 장식하는 것이 암암리에 허락되지 않고 있다. 그래서 나는 하이데거의 삶과 철학을 우습고도 슬프다고 말하는 것이다.

집안이 경제적으로 넉넉지 못하고 또 부모가 학업을 뒷바라지할 수 없었던 탓인지, 칸트의 생활 자세는 근검절약이었다고 말할 수 있다. 칸트는 자신의 연약한 건강 상태를 너무나도 잘 알고 있었기 때문에 언제나 엄격하게 정확한 시간 생활을 했고 매사 무리하지 않았으며, 한 푼이라도 아끼고 꼭 지출해야 할 곳에만 돈을 썼다. 이런 습관은 일생 동안 계속되었지만, 칸트는 정교수가 되어 조금씩 여유가 생기면서 타인을 위해서 돈 쓰는 법도 알고 있었다. 칸트는 인간관계에 있어서 항상 타인을 배려했고 겸손했으며 제자들과 아울러 친구들도 존중하는 자세로 대하였다.

칸트와 지나치게 대비되는 인물 몇 사람을 들자면 마르크스, 하이데거, 라캉을 꼽을 수 있다. 마르크스는 20대 때 약 1년간 라인신문 편집인으로 돈 번 일 이외에는 노동해서 밥벌이한 일이 없다. 평생을 두 살 어린 엥겔스가 경제 및 학문의 뒷바라지를 했다. 마르크스·엥겔스 전집 어디에서도(마르크스의 편지에서도) 마르크스가 엥겔스에게 고맙다는 말 한마디 한 부분을 나는 찾을 수 없었다. 마르크스는 공산당과 공산주의 운동을 하면서 당시 수많은 사회주의자, 공산주자 그리고 무정부주의자를 만났지만, 막말로 표현해서 만나는 족족 다 원수로 헤어졌다. 마르크스는 제 손으로 한푼도 벌지 않고 런던에서 거의 거지로 살면서도 하녀까지 두고 함께 살면서 그녀와의 사이에서 아들까지 보았지만 죽는 순간까지 그 사실을 숨겼다. 후에 엥겔스가 그 사실을 밝혔다. 그런데 마르크스 사상은 그가 죽은 후 얼마나 많은 영향을 미쳤는가?

라캉 역시 웃기면서도 슬픈 정신분석학자이다. 사실 그가 완벽하게 처음부터 끝까지 쓴 책은 한 권도 없다. 『에크리』(*Écrit*, 글쓰기)는 900쪽짜리 방대한 책으로 라캉이 썼다고 알려져 있다. 사실은 철학박사인 어떤 젊은이가 라캉이 수년간 여기저기에 기고한 짤막한 글들을 다 수집하고, 또 라캉을 수차례 만나서 인터뷰한 후 편집해서 라캉의 저서로 초판 5천 부를 출판했다. 라캉은 우쭐했다. 그런데 실은 독자들이 아무리 읽어도 전혀 이해가 안 되어 이상한 책도 있다면서 많이 샀다고 한다.

라캉은 친구 바따이유의 부인인 여자 코미디언과 동거하면서 어느 날 6세와 4세(?) 되는 자신의 자식들을 길거리에서 보고도 못 본 체하고 길을 재촉했다. 그는 런던에 가서 최고급 옷과 구두만 사서 걸쳤다. 라캉의 비정상적이고 상식을 벗어나는 행동은 매우 많다. 그런데 그는 프로이트 이후 가장 유명한 프랑스의 정신분석학자이다. 라캉에게 정신분석을 받고 정신 치료를 받는다고 생각하면 나는 소름이 돋는다.

하이데거가 히틀러 나치당의 완장을 차고 프라이부르크대학 총장이 되어 거들먹거릴 때 야스퍼스는 유태인 부인 때문에 곤경에 처했다. 히틀러 나치당은 야스퍼스를 다그쳤다. "야스퍼스 교수, 당신이 유태인 부인과 이혼하면 우리는 당신이 계속 베를린대학 교수를 하게

보장하겠소. 만일 이혼하지 않겠다면 당장 추방 명령을 내리겠소." 야
스퍼스는 유태인 부인과 이혼하지 않고 교수직을 버리고 부인과 함께
스위스로 망명했다. 하이데거는 일 년 동안 나치 완장을 차고 굳세게
대학 총장 자리를 지켰다.

키도 작고 몸도 마른 칸트는 얼핏 상상하기에 머리가 가분수였을
것 같은데 그렇지는 않고 몸집에 비해 약간 큰 정도였다. 야하만이 많
이 남긴 기록에 의하면 칸트의 머리는 금발이었으며 눈동자 색깔은
푸른빛이었다. 독일 남쪽, 특히 뷔르츠부르크, 에얼랑겐, 뉘른베르크,
뮌헨 등 바이에른주의 독일인들은 비교적 머리 색깔이 갈색·검은색
이 많고 눈동자 색깔도 갈색·검은색이 많다. 바이에른주 독일인들은
이탈리아나 라틴계 피가 섞였는지 키 작은 사람들이 많고 뚱뚱한 사
람도 많다. 독일 북쪽으로 갈수록 금발에 푸른 눈이 많다. 내가 함부
르크에서 본 어떤 소녀는 연두색 눈동자를 가지고 있어서 신비롭고
황홀한 느낌을 받은 적이 있다. 야하만은 칸트를 회상하면서 칸트의
에테르 같은 푸른 눈을 통해서 내면의 성스러운 지혜 속으로 빠져드
는 기분을 가진 적이 있다고 했다.

칸트의 형제들 형제자매 11명 중 6명이 일찍 사망한 이유 중 하나
는 유전적으로 약골들이 많았기 때문인 것 같다. 칸트는 좁고 납작한
새가슴 때문에 자주 가슴 통증을 느꼈고 우울에 빠질 때가 많았다. 그
는 젊은 시절의 친구인 의사 트룸머(Johann Gottlied Trummer)가 처
방한 알약을 진통제로 꽤 장기간 복용했다. 칸트는 자신의 약한 몸의
건강을 지키기 위해서 상당한 의학과 의술의 지식을 나름대로 습득하
고 일정한 식사 시간과 수면 시간을 철저히 지켰다. 그렇게 해서 칸트
는 70세가 되어 갑자기 건강이 나빠지기 전까지 큰 질병에 걸리지 않
고 작은 거인으로서 소위 비판철학의 금자탑을 완성할 수 있었다.

2. 가난한 집안과 칸트의 절약정신

칸트 당시 말에 관한 도구를 만드는 장인은 마구사(Riemer-meister) 와 안장사(Sattler-meister)로 구분되어 있었고 양자 간에는 자주 이 권 싸움이 벌어졌다. 칸트 부친은 말의 안장 이외에 말에 필요한 도구 들을 만드는 마구 장인이었고, 그는 11명의 자식들을 키워야 했으므 로 경제적 여유를 가질 수 없었다. 칸트는 31세 되던 해인 1755년 불 에 대한 논문으로 마기스터학위를 받았고 이어서 「형이상학적 인식의 제1원리에 대한 새로운 해명」을 발표함으로써 쾨닉스베르크대학의 철학 시간강사(사강사, Privatdozent)가 되었다. 당시 시간강사는 장 차 정교수가 되기 위한 일종의 연구 및 강의 훈련 과정이었으므로 보 수가 전혀 없었다. 칸트가 대학에 다닐 때 친한 친구들이 가끔 칸트의 연구 생활비를 후원해 주었다지만 충분한 비용이 되지 못했다.

칸트는 40세 되던 해인 1764년 쾨닉스베르크 왕립도서관 보조사서 자리에 정식으로 취직해서 혼자 생활하기에 충분한 급료를 받을 수 있었다. 칸트는 정교수가 된 후 얼마 안 되어서 이 보조사서직을 그만 두었다. 14세에 모친이 사망하고 22세에 부친이 사망했으므로 칸트는 16세에 쾨닉스베르크대학 진학 후 가정교사로 용돈을 벌어야 했고 부 친 사망 후에는 10년간 세 가정을 옮겨 다니면서 가정교사로 입에 풀 칠을 하였다. 11명의 형제자매들 중 칸트와 세 명의 여동생 및 막내 남동생만 늦게까지 살았고 6명은 모두 어리거나 젊어서 다 사망했다. 세 여동생들은 다 수공업자들과 결혼했고 막내 남동생만 그래도 신학 공부를 하여 목사로 활동하다가 칸트가 사망하기 4년 전에 세상을 떠 났다. 칸트가 31세에 마기스터학위를 한 것은 독일 대학에선 드문 일 이다.

1970년대 내가 독일에서 유학할 때 독일 대학생들은 23~26세 때 마기스터학위를 하고 30세 전후에서는 교수자격을 취득했다. 칸트는 22세 때인 1746년 부친이 사망한 후 전혀 기댈 곳이 없었고 햇수로 10년간 입주 가정교사를 할 수밖에 없었을 것이다. 그의 박사학위 논문과 바로 그 이후 형이상학 논문을 보면 10년간 입주 가정교사를 하면서도 칸트는 꾸준히 철학 공부의 술을 놓지 않고 있었다고 할 수 있다. 그렇지만 10년의 시간이 주어질 경우 오직 철학 연구에만 매진한다면 엄청난 양과 질의 업적이 나올 법한데 그렇지 않은 것을 보면 칸트는 입주 가정교사 시절 많은 어려움을 체험했을 것이다. 훗날 그는 가정교사 생활이 자신의 삶에 거의 도움이 되지 못했다는 사실을 짧게 털어놓았다.

소위 철학자나 사상가를 볼 것 같으면 지나치게 가난했던 인물도 있고 매우 부유했던 인물도 있다. 쇼펜하우어는 충분한 유산을 물려받아 별로 노동하지 않고 독서와 연구에 몰두할 수 있었고 틈날 때마다 큰 개와 함께 프랑크푸르트 길거리를 산책했다. 프랑크푸르트 역 앞에서 약 15분 걸어가면 괴테하우스가 나타난다. 괴테 기념관에 들어가서 가구나 주방 기구들을 보면, 칸트보다 25년 늦게 태어난 괴테의 집안이 꽤 부유했다는 것을 알 수 있다.

칸트보다 12년 먼저 태어난 루소는 어려서부터 기댈 곳이 전혀 없었고 그야말로 독학으로 공부한 인물이다. 청년 시절부터 루소는 빼어난 용모와 언변으로 귀족 부인으로부터 하녀에 이르기까지 여러 여자들과 교제해서 여섯 명의 자녀까지 얻게 되었다고 한다. 그런데 그는 독신으로 살면서 자식들을 키울 수 없어서 자식들을 모두 고아원에 맡겼다고 한다.

엥겔스, 비트겐슈타인, 라캉 등은 부유한 삶을 살면서 가난을 몰랐다. 엥겔스와 비트겐슈타인의 부친은 거의 갑부였다. 엥겔스는 마르크스의 20대 후반부터 65세에 사망할 때까지 경제 지원을 했고, 마르크스 사망 후에는 『자본』(*Das Kapital*) 2권과 3권을 편집해서 서론까지 작성하여 마르크스의 이름으로 출판했다. 원래 『자본』 2, 3권의 원고는 사방에 널려있어서 제대로 정리되지 않은 것이었다. 플라톤이 없었다면 소크라테스는? 바울이 없었다면 예수는? 엥겔스가 없었다면 마르크스는?

비트겐슈타인의 부친은 오스트리아 빈의 철강 산업계의 갑부였다. 기계공학과에 다니던 비트겐슈타인의 헬리콥터 프로펠러 설계는 탁월한 것으로 알려져 있다. 비트겐슈타인은 가끔 조각가, 음악가 등에게 익명으로 거액을 기부했다. 그는 1차 세계대전 중 메모들 중에서 추린 것을 무어(G. E. Moore) 교수의 제안에 의해서 박사학위논문으로 제출하여 학위를 받았다.

라캉은 프랑스의 저명한 정신분석학자이자 상담사(심리 치료사?)였다. 라캉은 사치의 극이었다. 그는 런던에 가서 최고급 버버리 코트와 구두를 사서 신었고 비엠더블유 스포츠카를 몰았다. 정신분석학회 회장이 된 후 라캉은 독재자가 되었다. 보통 45분인 상담 시간을 자신의 권위를 내세워 10분 정도로 줄였으며 상담 비용은 다른 정신분석가들에 비해서 2~3배 더 높게 받았다고 한다. 다음은 프랑스 기자가 하이데거와 인터뷰한 내용이다. "하이데거 교수님, 오래전에 프랑스 파리를 방문했을 때 젊은 정신분석가 의사가 교수님 부부를 안내한 일이 있지요?" "잘 기억이 나질 않네." "아, 왜 스포츠카로 교수님 부부에게 파리 시내를 구경시켜 준 젊은 의사 라캉이 기억나지 않으세요?" "아! 맞아! 이름은 기억나지 않는데 젊은 의사가 스포츠카에 우리 부부를 태우고 미친놈처럼 차를 마구 몰아서 죽는 줄 알고 아주 혼난 적이 있어."

곰곰이 생각해 보면 칸트는 가난했거나 유복했거나 간에 꼬장꼬장하게 학문의 길을 걸어갔을 것이고, 또 사실 변함없이 꾸준하게 사색의 길에서 벗어나지 않았다.

3. 칸트의 진한 우정

한 인간의 사람 됨됨이를 알려면 그 사람의 친구들을 보면 된다는 말이 있다. 칸트의 친구들은 특정한 이해관계를 떠나서 서로 배려하며 관심을 베풀었다. 칸트는 한번 친구 관계를 맺으면 매우 오래도록 우정을 서로 나누었다. 칸트가 정교수가 되어 가장 깊은 우정을 나눈 친구는 영국 상인 그린(Joseph Green)이었다.

칸트는 대학 교직원들보다 현실 세계에서 여러 직업을 가진 인물들과 친구를 맺었다. 그가 점심에 초대한 인물들도 모두 대학교 직원과는 거리가 먼 사람들이었다. 칸트의 집 근처에 사는 그린은 점심식사 후 조금 지나서 낮잠 자는 버릇이 있었다. 점심식사 후 칸트가 그린의 뒤채에 가보면 그린은 안락의자에 기대어 낮잠 자고 있었다. 칸트는 그린 옆에 있는 흔들이 의자에 앉아서 그린과 함께 가끔 낮잠을 즐겼다.

쾨닉스베르크의 은행장 루프만(Ruffmann) 역시 칸트의 친구였고 그도 그린의 뒤채에 가끔 찾아와서 두 친구들과 같이 오수를 즐기곤 했으며, 잠이 깨면 그들은 잠시 일상생활에 대해서 담소를 나누곤 했다. 그린의 동료이고 나중에 그린의 사업을 이어받은 모더비(Motherby)도 칸트의 친구였고 그는 자주 나타나서 세 사람을 깨우곤 했다.

칸트보다 약간 어리지만 칸트를 존경해서 칸트의 잔일을 헌신적으로 보살펴주는 친구들도 있었다. 당시에는 흡연의 해로움이 전혀 알려지지 않았고, 오히려 파이프 담배를 피우는 일은 일종의 멋이었으므로 비록 약골이고 새가슴이지만 칸트도 파이프 담배를 즐겨 피웠다. 형사 고문관 옌쉬(C. F. Jensch)는 칸트가 1주일간 피울 파이프 담배를 마련했다. 칸트의 추천으로 철학 강사가 된 푀르슈케(K. L. Pörschke) 교수는 자신의 아내를 시켜 칸트가 먹을 완두콩과 작두콩을 건조하게끔 했다. 모더비는 칸트가 가장 좋아하는 대구와 치즈를 마련했다. 상인 야코비(Jakobi)는 라인 포도주를 마련했다. 정부 고문관 비길란티우스(J. F. Vigilantius)는 칸트의 봉급 영수증을 꼼꼼히 챙겼다. 칸트는 쾨닉스베르크시의 사망자 명단에 항상 신경을 쓰고 있었는데 시 고문관 부흐(Buch)는 시의 사망자 명단을 빠짐없이 칸트에게 가져다주었다.

칸트는 함만(Johann Georg Hamann)이나 헤르더와 잠시 친교를 맺었으나 기본적인 삶 내지 학문의 차이로 인해서 그들과 우정의 싹을 키울 수 없었다. 함만은 질풍노도(Sturm und Drang)의 선구자였고, 앞서 말했듯이 헤르더는 시간·공간이 감성직관의 선천적 형식이 아니라 감각경험에서 생기는 것이라고 칸트에게 정면으로 대립해서 칸트와 멀어졌다.

칸트는 특히 영국 상인 죠셉 그린과 진한 우정을 나누었다. 칸트는 『순수이성비판』 집필 시 그린에게 원고의 처음부터 끝까지 다 보여줬고 그린의 견해를 꼼꼼히 들었다. 칸트가 일생 동안 철저한 시간 생활을 했지만 그린은 칸트보다 더 정확하고 철저하게 시간을 지켰다. 어느 날 저녁 그린은 칸트와 함께 내일 아침 8시 정각에 마차 타고 소풍을 떠나기로 약속했다. 그린은 칸트에게 아침 8시 10분 전에 만반의 준비를 하고 기다릴 것, 그리고 칸트가 지팡이를 들고 문 앞에 나타나면 정각 8시 바로 전에 자신이 마차를 멈추고 종을 울릴 것인데 그때 칸트가 마차 문을 열고 올라탈 것을 지시했다. 칸트는 시간 여유가 충분히 있다고 생각하고 약간 미적거리다가 문을 열고 밖으로 나갔는데, 그린의 마차가 문 앞에 서면서 종소리를 울리곤 그대로 정지해 있는가 하더니 8시 정각이 되자 마차는 한 치의 여지도 없이 출발해 버리고 말았다. 물론 그린은 칸트가 나오는 것을 보았지만 칸트는 정확히 2분이 늦었다. 문을 열고 마차 있는 데까지 와서 마차 문을 열기까지는 2분의 시간이 필요했고 그린은 그 2분을 기다리지 않고 떠났던 것이다.

이미 말했지만 칸트는 『순수이성비판』의 처음부터 끝까지 그린에게 보여주고 그린의 검토가 끝난 후 완성된 원고를 작성했다. 그린은 성공한 상인답게 친절하게 칸트의 경제 문제에도 조언하였다. 그린이 먼저 사망한 후 칸트는 그린의 뒤채에 가서 함께 낮잠 잘 일도 없어지고 그린의 뒤채에서 친구들과의 담소도 더 이상 즐길 수 없었다.

4. 칸트는 왜 한평생 고향 쾨닉스베르크를 떠나지 않았는가

한 개인의 기질이나 품성이 그 사람의 됨됨이를 결정하는 일이 많다. 니체는 소년 시절에 이미 피아노를 치고 청소년 시절에는 기악곡, 성악곡을 작곡까지 했다. 아도르노는 거대담론을 물리치고 미세담론의 사회철학의 복잡다단함을 체험했으며 매우 난해한 피아노곡을 작곡했다. 그는 12음계 불협화음으로 가득 찬 곡을 현대의 저명한 작곡가와 함께 공부하고 작곡했는데 그 곡은 너무 난해해서 어떤 피아니스트도 그 곡을 연주할 수 없었다고 한다. 괴테는 여행을 좋아해서 여행으로부터 작품을 위한 커다란 영감을 받곤 했다. 공자나 플라톤도 자기들의 이론을 실현시키기 위해서 긴 여행길에 올랐다. 그런데 칸트는 왜 고향 쾨닉스베르크를 평생토록 떠나지 않았을까?

키 157cm 이하에 체중 50kg 내외의 새가슴 약골 칸트에게는, 어려서부터 11남매를 부모가 일일이 보살필 수 없었으므로, 자기 자신을 스스로 돌볼 수밖에 없다는 마음이 깊이 박혀있었다. 어려서부터 칸트에게는 질서가 삶의 교훈이었다. 칸트는 자신의 건강을 지키기 위해서는 음식 조절, 적절한 수면, 일정 시간의 연구를 필히 지켜야 한다는 것을 일찍부터 깨닫고 있었다. 질서 있고 안정된 삶의 태도는 칸트가 가장 바라는 것이었고 그러한 태도에 칸트는 점차 적응하고 있었다.

칸트가 가장 멀리 여행 갔던 것은 골답(Goldap) 장원 방문이었다. 그곳은 쾨닉스베르크에서 멀지 않았고 러시아 국경에서 가까운 곳이었다. 또 칸트는 영림관 봅서(Wobser)가 마련해 준 산지기집에 일주일 동안 묵은 일이 있는데, 이곳 역시 쾨닉스베르크에서 1마일 떨어진 가까운 시골이었다. 칸트는 후에 이곳의 손때 묻지 않은 순수한 자연을 회상하면서 「아름다운 것과 숭고한 것의 감정에 대한 고찰」(1764)을 썼다.

칸트는 자신의 정신적인 철학 연구와 집필을 안정되고 조용한 환경에서 계속하고 싶었다. 그에게는 독서, 사색, 집필 그리고 친구들과의 식사와 담소가 전부였다. 오랜 세월 그와 같은 삶의 태도는 칸트의 관습으로 굳어졌기 때문에 그는 쾨닉스베르크를 떠날 생각이 없었고 또 떠날 필요도 없었다.

70이 넘으면서 칸트는 소화력이 떨어졌고 자주 위가 팽창하여 위통에 시달렸다. 칸트는 철저하고 정확한 지금까지의 시간 생활을 온전히 지키기 어렵게 되자 쾨닉스베르크보다 공기와 물이 더 좋거나 온천 치료가 유명한 곳으로 가서 요양해 볼 생각도 했으나 매사가 뜻대로 되지 않았다. 칸트와 달리 여기저기 왔다 갔다 한 철학자 중에는 비트겐슈타인이 생각난다.

비트겐슈타인은 빈에서 기계공학을 전공했고, 당시 세계적인 수리논리학자 러셀에게 논리학을 배우려고 런던으로 갔다. 몇 년 공부하다가 뜻을 달리하여 다시 오스트리아로 돌아와서 시골 초등학교의 교사로 일하다가 다시 런던으로 갔다. 무슨 생각에서인지 노르웨이 해변으로 가서 오두막집 짓고 살다가 다시 런던으로 왔다. 그 사이에 1차 세계대전이 일어났고 오스트리아로 되돌아가서 군의병으로 참전하여 전쟁 중 논리철학에 대해 시간 날 때마다 메모했다. 전쟁 포로로 잡혔다가 전쟁 끝나고 다시 런던으로 와서 무어 교수의 권유로 전쟁 때 쓴 메모를 정리해서 박사학위논문으로 제출했다.

무어의 추천을 받아 그의 후계자로 교수가 되었으나 2차 세계대전이 일어나자 영국군 장교로 참전했고 종전 후 다시 교수로 복귀했으나 곧 암 판정을 받고 퇴직했다. 교수 생활을 모두 계산해 보니 약 1년 8개월 되는 것 같다. 여기저기 왔다 갔다 했음에도 불구하고 평생 논리철학 연구에 몰두했던 비트겐슈타인이나, 평생토록 자연 형이상학, 자유 형이상학, 목적론 형이상학에 몰입하여 쾨닉스베르크를 떠나지 않았던 칸트나 모두 학문에 진심이었던 것은 부정할 수 없다.

5. 59세에 자택을 구입하다

칸트는 59세 되던 1783년 자신의 주택을 구입하기 전까지, 시간강사 시절부터 정교수가 되어서도 13년간, 월세 생활을 했다. 내 경험으로 지금도 독일이나 프랑스에는 전세가 없고, 우선 한 달 월세 값을 보증금으로 내고 매달 월세를 낸다. 매년 월세가 오르지만 그 액수가 많지 않다. 시간강사가 된 후 칸트는 키프케(Kypke) 교수 집에 세 들어서 살면서 거기에서 강의했다. 당시 독일 인문학 교수들은 자택에서 강의하는 일이 많았다.

나도 정년퇴직한 후 학교 근처에 작은 연구실을 얻어 9년간 그곳에서 석박사 과정 학생들에게 강의했다. 내가 석박사 과정 학생일 때, 나는 이화여대 뒤편 대신동에 있는 내 스승 정석해 교수 댁에서 9년간 개인 수업을 받았다. 우리나라에서도 흔치는 않지만 교수가 자택에서 학생들을 가르치는 예가 있었다. 플라톤 철학을 한국에 처음 제대로 소개한 박홍규 교수도 댁에서 가르쳤다.

얼마 가지 않아 칸트는 대학 선생들이 몰려 사는 마기스터가세로 이사했으나 여기서는 폴란드 상선들의 소음이 너무 커서 연구와 강의가 힘들었다. 칸트는 복권 지배인이며 서적 상인인 요한 야콥 칸터(Johann Jakob Kanter)의 집으로 이사했다. 그러나 여기서도 오래 머물 수 없었다. 근처에 수탉 한 마리가 있었는데 이놈이 시도 때도 없이 크게 울어대는 바람에 깊이 사색할 여유도 없었고 독서에 집중할 수도 없었다. 그래서 칸트는 소시장 근처로 이사했다.

칸트는 오전 강의가 끝나면 음식점에 가서 점심을 먹고 차 마시고 당구도 쳤다. 그는 저녁에도 자주 음식점을 찾아가서 사람들과 환담하고 카드놀이를 했다. 그의 주된 취미는 당구와 카드놀이였다. 칸트는 여유가 생기자 자택을 구입할 생각을 하게 되었다. 칸트는 자신이 살고 있는 프린체신슈트라세 근처에서 주택을 구입하고자 했으나 멀지않은 곳에 시립 형무소가 있었다. 형무소에서는 심심찮게 죄수들의 커다란 합창 소리가 멀리까지 울려 퍼졌다. 소란을 싫어하는 칸트는 프린체신슈트라세에서 주택 구입하기를 포기하고 말았다. 음악은 칸트의 사색을 방해했다.

칸트는 59세 되던 1783년 성 근처에 자신이 평생 저축한 돈을 모두 긁어서 방이 8개 있는 이층집을 구입했다. 그 집에는 요리사 방, 손님 방, 강의실, 독서 및 집필실이 있었다. 여기서도 형무소 죄수들의 합창 소리가 작게 들렸기 때문에 칸트는 연구실 창문을 언제나 닫아놓고 있었다. 칸트는 항상 근검절약했으므로 새로 산 집을 거의 치장하지 않았다. 그는 연구실 한편 끝에 책상을 놓고 거기에서 책 읽고 집필했으며 대각선으로 연구실 다른 편 끝에 물 담은 세면기를 놓고 손이 더러워지면 세면기로 걸어가서 손을 씻었다. 왜? 그 나름대로 조금이라도 운동을 하기 위해서였다.

때 타고 담배 연기로 그은 벽 한편에 유일하게 동판화가 걸려있었는데 그것은 칸트의 친구 루프만이 선물한 것이었다. 한마디로 칸트는 일평생을 소박하게 살았다. 그런데 칸트는 정교수가 되어 여유가 생기면서부터 누이동생들의 자식들에게 수시로 상당 액수의 금전을 보냈다.

칸트처럼 가난했던 영국의 흄은 『인간 오성론』을 출판했으나 전혀 팔리지 않자 『영국사』를 써서 꽤 많은 수입을 얻고 풍요롭게 살 수 있었다고 한다. 사르트르는 소설과 희곡도 잘 팔려서 집사가 돈 관리하면서 성도 샀는데 사르트르는 돈 걱정할 필요가 없었으므로 연구와 집필에 몰두할 수 있었다고 한다.

니체는 바젤대학에서 그리스 고전언어학을 가르쳤으나 병치레하느라고 자주 휴직을 했고 45세에 미쳤는데도, 바젤대학은 돈이 많아 니체가 휴직했을 때도 급여를 주었고 완전히 미쳐서 퇴직한 후에도 연금을 주었다. 우리나라에도 전두환 정권 때 중앙정보부, 청와대 및 전

두환에게 온갖 수단 방법을 다 동원해서 아첨하고 밀착하여 두 차례
나 장관을 역임하고 자신의 권력으로 대학을 세워서 총장까지 하며
재산과 권력을 모두 가지고 거들먹거렸던 철학 교수도 있었다. 왜 이
런 글을 쓰는가? 칸트와 비교되기 때문이다.

6. 음악과 미술에 문외한이었던 칸트

플라톤의 대화편들과 아리스토텔레스의 철학들을 읽다 보면, 플라톤
의 대화편들은 한편으로는 정치, 철학, 예술(문학과 시를 포함하는),
종교들을 모두 포함하는 거창한 교향곡의 느낌을 가져다준다. 또 다
른 한편으로 플라톤의 대화편들은 매우 심원한 철학적 여운을 남겨준
다. 그런가 하면 아리스토텔레스의 철학서들은 논리적이고 형식적인
서술 방식으로 가득 차서 무미건조한 맛을 풍긴다. 칸트의 학문의 경
향과 글쓰기의 특징은 아리스토텔레스 쪽이다.
　칸트의 취미는 당구와 카드놀이 그리고 친구들과의 점심식사와 담
소 및 산책이었다. 그는 농담과 해학의 끈을 놓지 않았으며 한 번도
친구들과 불화를 빚은 일이 없었다. 칸트의 부모가 원래 예술과는 거
리가 멀었고, 11명이나 되는 형제들 사이에서 넉넉지 못한 가정 형편
상 칸트만 따로 특정 예술에 접근할 기회도 없었다. 그나마 신앙심이
강하고 상당한 교양을 갖추었던 모친이 칸트를 항상 보듬어주었고 슐
츠 교장이 신경 써주었기 때문에 칸트는 어려서부터 성실한 인간으로
성장할 수 있었다.
　칸트는 평생 자신이 북독일 사투리를 쓰고 있음을 알았지만, 사투
리를 고치고 더 나아가서 수사적으로 화려한 표현을 하려는 생각은

전혀 없었다. 내 친구 쾨닉스하우젠 교수도 북독일 출신인데 그는 우어자헤(Ursache: 원인)를 항상 우흐자헤라고 발음했다. 이러한 태도는 칸트가 폴란드 화물선 소음이 시끄러워서 집을 옮기고, 형무소 죄수들의 소란스러운 합창이 싫어서 새로 산 집의 창문을 모두 닫았다는 것과도 연관된다. 칸트는 생각을 옳게 표현하면 되었지 사투리를 쓰건 말건 그런 것은 큰 문제가 아니라고 생각했다.

칸트는 어려서부터 라틴어, 논리학, 수학, 물리학, 형이상학 등에 전념하면서 탁월한 재능을 보여주었다. 그의 머리는 공부 머리였고 다른 재주는 없었다. 그에게는 철저한 비판적 사유 작업이 무엇보다도 중요했다. 셸링이나 헤겔은 예술에 대해서 상당히 박식한 지식을 가지고 있었다. 셸링의 『예술철학』이나 헤겔의 『미학』을 읽다보면 그들이 미술, 음악, 문학 등에 대해서 얼마나 구체적이며 방대한 지식을 소유했는지 잘 알 수 있다.

칸트가 40세에 집필한 「아름다운 것과 숭고한 것의 감정에 대한 고찰」(1764)과 『판단력 비판』(1790)에서 우리는 구체적인 예술에 대한 칸트의 지식을 거의 찾아볼 수 없다. 칸트는 음악과 미술에 대해서는 거의 문외한이었다고 볼 수 있다. 그는 시에 대해서 좀 알고 있었지만, 그의 견해에 따르면 시란 철학적 내용을 표현하기 위한 수단에 불과하고, 나아가서 우리는 철학적 사고를 나타내기 위해서 시를 인용할 수 있다고 보았다.

나중에 상세히 논의할 기회가 있겠지만 『판단력 비판』에서 칸트가 판단력을 미적 판단력과 목적론적 판단력으로 구분했을 때, 그 근거에는 예술에 대한 칸트의 무지가 작용하지 않았을까 하는 생각을 가지게 된다.

철학자이면서 뛰어난 예술가도 있었고 예술가이면서도 뛰어난 철

학 사상을 가진 인물들도 있었다. 플라톤, 니체, 사르트르 등은 문학
적 소질이 뛰어났다. 괴테, 실러, 바그너 등은 철학적 사색이 두드러
진 인물들이었다. 칸트는 오로지 논리적이며 형식적인 인식론, 윤리
학 그리고 형이상학의 길을 한평생 걸어갔다. 그는 감각경험을 중시
했지만 그것보다도 경험에 선행하며 경험과 상관없는 감각의 직관형
식(공간, 시간)이 영원불변하게 존재하고 또 분별력(이해력, 내지 오
성)의 형식들로 영원불변하게 정신에 존재한다고 주장했다. 결국 칸
트는 관념론의 물꼬를 터놓았고 피히테, 셸링, 헤겔의 거대한 관념론
의 강줄기가 형성되었다.

7. 비판적 고찰

"세살 버릇 여든 간다"는 말이 있다. 어린 시절부터 말년에 이르기까
지 칸트는 겸손했고 항상 근검절약했으며 끈기 있고 성실하게 학문에
임했다. 정교수가 되고 약간의 여유가 생기면서 누이동생들의 자식들
에게 자주 용돈을 주었고 친구나 지인들을 점심에 초대해서 그들과의
친교를 다졌다. 칸트가 점심에 초대한 인물들은 전문 철학자들(철학
강사나 교수)을 제외한 일상 전문직을 가진 사람들이었고 칸트는 그
들과 사회 각 분야에 관한 다양한 대화를 나누면서 넓은 교양을 축적
할 뿐만 아니라 철학 연구로 고달픈 자신의 정신을 힐링할 수 있었다.
칸트는 31세에 시간강사(사강사)가 된 후 15년을 쾨닉스베르크대학
에서 무보수로 강의하다가 46세에 정교수가 되었다. 정교수가 된 후
다시 10년간 철학적 사유를 갈고 닦은 후 57세에 『순수이성비판』을
출판하였다.

칸트의 사람 됨됨이를 되작여 보면서, 그리고 1970년대 나의 베를 링거 교수 밑에서의 유학 시절과 1990년 프라이부르크대학 방문교수 시절, 2000년 스트라스부르대학 방문교수 시절을 되돌아보면서 한국 대학의 현실과 특히 철학 교수의 실태를 곰곰이 살펴보게 된다. 요새 는 잘 모르겠으나 1980년부터 2008년까지 한국의 철학 교수 채용과 철학 교수들의 교육이나 연구 실태에 대해서는 나 나름대로 터놓고 말할 수 있다.

30년 전쯤 이야기다. 제자 중 한 명이 독일에서 하이데거로 박사를 하고 우리 대학에 시간강사로 나오고 있었다. 어느 날 그가 내 연구실 에 들어와서 다짜고짜 말했다. "교수님, 한국에서 하이데거를 저만큼 제대로 연구하고 잘 아는 사람은 없다고 자신합니다. 교수채용 시 저 를 꼭 추천해 주세요." "그래? 열심히 한 것은 내가 잘 알지, 그런데 하이데거의 원서가 더 훌륭한가 아니면 자네의 하이데거 해설이 더 훌륭한가? 자네는 하이데거의 녹음기인가?"

어느 교수는 칸트 번역으로 한국에서 최고이고 또 어떤 교수는 플 라톤 번역으로 최고라면서 자타가 인정하는가 하면, 독자가 번역에 이견을 제시하면 자존심이 상했다고 분노하는 교수도 있다.

독일의 경우 철학 교수는 철학 책을 거의 번역하지 않고 번역사(돌 메처, Dolmetscher)가 있다. 물론 플라톤 번역으로 유명한 베를린대 학 철학 교수 슐라이어마허(Friedrich Schleiermacher)가 있긴 해도 그런 경우는 예외이다. 우리도 차차 교수는 강의와 연구에 몰두하고 번역은 전문 번역사가 하는 환경이 빨리 정착되었으면 한다. 철학 석·박사 과정과 학위심사의 경우 대체로 수준이 낮다. 물론 대학과 지도교수에 따라서 차이가 있긴 하지만 내 제자들 중에도 독일어 독 해가 제대로 안 되는데도 헤겔이나 마르크스 또는 아도르노로 박사학

3 칸트의 사람 됨됨이   77

위를 딴 사람들이 있다. 이들 중 일부는 대학 교수도 되고 사회 중요
기관의 직원도 되었다.

한국 대학의 철학 교수 채용 역시 많은 시행착오를 거치고 과감히
제도와 의식의 개혁을 단행해야 한다. 30여 년 전 이야기지만 5천만
원을 기부하고 수도권 대학의 교양철학 교수로 채용된 경우가 있고
또 어떤 대학에서는 철학 교수 채용 때 마지막 면접에서 대학 이사가
"우리 대학은 조경수목이 시원치 않은데 만일 당신이 채용된다면 조
경 문제에 대해서 어떤 생각을 가질 건가요?" 이렇게 물었다. 그때 응
모했던 내 제자는 즉석에서 "저는 철학 전공이라 조경에는 관심이 없
고 학생들에게 비판적인 철학 정신을 교육할 것입니다"라고 답하여
최종 1인으로 올라간 마지막 면접에서 낙방했다.

지금은 어떤지 잘 모르지만 과거에는 내가 알기로 한국에 거의 대
부분 대학에서 철학 교수 채용 시 암암리에 채용 인물을 사전에 내정
하는 것이 관례였다. 물론 학연, 지연, 인연이 진하게 작용하기도 했
지만 학문의 질적 수준을 최대한 참고 자료로 삼고 사전에 내정했으
므로 아주 큰 문제는 아니었다. 그래도 서울대나 연고대 모두 자기 대
학 출신들을 교수 채용 시 우선적으로 고려하고 내정까지 하는 경우
가 많았다. 현재는 철학 교수 채용이 많이 개선되었기를 바라고 나아
가서 채용 과정 역시 공정해졌으리라고 믿는다. 헬조선이 아니고 파
라다이스조선이 되기 위해서는 한국에서 철학 교수 채용뿐만 아니라
모든 채용이 공정하게 이루어져야 할 것이다.

4

칸트의 글쓰기

1. 예비적 지식

1장부터 3장까지 나는 칸트의 생애를 기웃거리면서 가끔 칸트와 직간
접적으로 연관되는(긍정적으로나 부정적으로) 철학자나 철학 교수들
에 대해서도 나름대로 곁눈질을 해보았다. 칸트의 글쓰기(저술) 시대
는 비판철학 이전 시기와 비판철학 이후 시기로 나눌 수 있다. 하기야
좀 더 상세하게 세 개의 시대로 또는 네 개의 시대로 구분하는 학자들
도 있긴 하나 내가 보기에 『순수이성비판』(1781)부터가 확실한 비판
철학이므로 나는 이 책을 기준 삼아 두 시기로 나누고 싶다.

　어떤 사람은 「감각세계와 정신세계의 형식과 원리들에 대하여」(De
mundi sensibilis atque intelligibilis forma et principiis, 1770), 곧 교
수취임논문을 비판철학의 시초라고 주장하는데, 전혀 그렇지 않다.
이 논문은 비판철학을 위한 하나의 준비 단계이고 칸트는 꼬박 10년

간에 걸친 철저한 장고 끝에 이 논문의 80%는 버리고, 아니 이 논문의 내용을 모두 폐기처분하고, 재활용할 시간·공간만 가지고 여기에다 상당히 합리적이며 정말 그럴듯한 가지가지 재료들을 덧붙여서 『순수이성비판』을 출간했다.

나는 지금의 이 4장에서 칸트의 비판철학 이전의 글쓰기를 살펴볼 것이다. 정확히 말하자면 이 장에서 주안점은 칸트의 학위논문부터 「감각세계와 정신세계의 형식과 원리들」에 이르는 글쓰기의 핵심내용을 간략히 살펴보는 것이다. 이 책의 5~9장에서 나는 본격적으로 세 비판서 『순수이성비판』, 『실천이성비판』, 『판단력 비판』과 이것들에 밀접히 연관된 도덕 및 종교에 대한 칸트의 저술 내용을 비판적 관점에서 매우 간략하게 고찰할 것이다.

약 60여 년 전 철학책 구하기 아주 어려웠던 시절 러셀의 『서양철학사』를 구해서 보물처럼 여기면서 밤새고 읽었던 기억이 있다. 기억컨대 영어 철학책으로는 흄과 러셀의 문장이 명문장이고, 프랑스어 철학책으로는 루소와 베르그송의 문장이 아름답다. 독일어 문장으로는 니체와 에른스트 블로흐의 문장이 명문장이고, 칸트, 헤겔 그리고 하이데거의 문장은 참 나쁜 문장들이다. 헤겔의 어떤 책을 읽었던 기억 중 한 문장이 책 한 쪽하고도 반쯤까지 가다가 끝나는 것이 있었다.

러셀은 『서양철학사』에서 베르그송의 직관을 조롱했다. "개미나 벌은 직관능력이 있다. 베르그송은 개미나 벌의 친척인가 보다. 나는 직관능력이 없다." 이 책의 프롤로그에서 나는 칸트철학을 가지고 나의 철학 비빔밥을 만드는 것이 이 책의 목적이라고 말했다. 내가 칸트를 가장 잘 이해하고 해석하는 것이 내 문제가 아니고 나 나름대로 칸트를 요리해서 나의 소위 철학 비빔밥을 만드는 것이 이 책이 노리는 핵심이다.

내가 독일에서 유학할 때 그리스인 친구 요르고스 파란도스가 있었다. 그는 자주 말했다. "하이데거는 고대 그리스어를 제대로 알지 못해. 하이데거가 여러 책에서 독일어로 번역해서 표현하는 플라톤과 아리스토텔레스의 단어나 구절들은 전적으로 오역이야. 우리 희랍인들은 고대 그리스어를 웬만하면 다 배우고 정확하게 뜻을 알고 있어." 나는 친구 파란도스에게 이렇게 말했다. "한국에는 여러 음식재료들을 섞어서 비벼먹는 비빔밥이 있어. 하이데거는 플라톤 나물, 아리스토텔레스 나물, 칸트 달걀프라이, 헤겔 소고기를 한 그릇에 다 비벼서 하이데거 비빔밥을 비벼먹은 거야. 하이데거가 여러 재료들을 비비다 보니까 플라톤 나물은 하이데거식 나물이 되었겠지." 그리스인 조르바 춤을 잘 추던 파란도스는 내 말을 전혀 이해하지 못했다.

나는 이 장 '예비적 지식'에서 칸트의 글쓰기(저술)의 핵심 내용을 살피기 위해서 우선 플라톤과 아리스토텔레스의 형이상학과 인식론을 아주 간단히 살필 것이다. 그리고 이어서 영국 경험론 철학자들과 대륙 합리론 철학자들의 인식론과 형이상학을 역시 간략히 살피고 칸트가 많은 영향을 받은 독일 계몽철학자 볼프의 철학도 아주 짧게 살펴볼 것이다.

플라톤의 스승 소크라테스는 덕, 정의, 선, 행복 등을 보편개념으로 생각하고 청년들에게 행복한 삶을 살기 위해서는 보편개념들을 잘 알아야 한다고 강조했다. 소크라테스의 철학 방법은 반어법(eirōneia)과 산파술(maieutikē)이다. 대화 상대방의 주장과 반대되는 견해를 전개해서 상대를 무지의 자각에 이르게 하는 것이 반어법이다. 소크라테스의 모친은 산파(maia)였다. 소크라테스는 "나는 청년들에게 지식이나 지혜를 가져다주고 가르쳐주지 않는다. 청년들이 지혜에 도달하는 것은 그들이 스스로 무지를 깨닫고 자신들 속에 잉태하고 있던 지혜를 출산하여 사랑하게 되는 것이다. 나는 단지 산파처럼 청년들이 지혜를 출산하도록 옆에서 조금 거들어줄 뿐이다."라고 했다. 이 방법이 소크라테스의 산파술이다.

소크라테스의 제자이자 아리스토텔레스의 스승인 플라톤은 22편의 대화편을 저술했다. 『소크라테스의 변론』과 『서한집』을 제외하면 플라톤의 저술은 모두 희곡 형식의 대화편으로 되어있다. 플라톤은 감각현상을 의심하는 소피스트들(궤변철학자들 또는 궤변론자들)의 견해와 순수한 개념적 지식을 주장하는 소크라테스에게서 큰 영향을 받았다. 그는 만물이 변화한다는 헤라클레이토스에 동의하면서도 만물의 변화를 감각현상에만 제한했다. 그는 엘레아학파에 동의하여 세계가 불변한다는 것을 인정하고 참다운 세계를 이데아의 세계라고 했다. 그는 원자론자들에 동의해서 세계의 근원(ousia)인 원질 내지 실재가 다수라는 것을 인정했으나 다수의 원자들을 다수의 이데아들로 대체했다.

칸트철학은 형이상학적(metaphysisch) 철학이다. 무슨 말이냐? 칸트의 '형이상학적'이라는 말은 "존재자들에 대한 인식 원천과 인식 방식에 대한 철저한"이라는 말로 대치할 수 있다. 지금 나는 칸트철학의 뿌리를 제시하기 위해서 플라톤의 형이상학을 살펴보고 있다. 플라톤에 의하면 감각지각(aistheis)이 경험하는 감각현상은 말 그대로 현상(phainomenon)이다. 그러나 인간의 순수한 영혼(psychē)은 불순한 신체(몸, soma)와 구분되는 순수한 인식능력인 이성(nous)을 가지고 있다. 플라톤은 신화적인 표현을 사용해서 인간 이성은 지혜(sophia)를 사랑하여(philēin, 사랑하다, 친구로 삼다) 순수한 이데아(idea)들의 세계로, 즉 순수한 영혼의 품으로 돌아갈 수 있다고 했다. 이성이 인식하는 순수하고 참다운 세계는 이데아의 세계, 곧 본체(noumenon, 실체)의 영역이다. 플라톤의 본체는 나중에 칸트에게서 사물 자체(Ding an sich, 물자체) 또는 이념(Idea)의 역할을 행한다. 플라톤의 인식론이나 존재론은 이원론적이다.

칸트는 『순수이성비판』 머리말에서 '비판'은 책과 체계들의 비판이 아니라고 강조한다. "형이상학 일반의 가능성이나 불가능성의 결정 그리고 또한 형이상학의 원천, 범위, 한계 등 모든 것을 원칙으로부터 규정하는 것 die Entsheidung der Möglichkeit oder Unmöglichkeit einer Metaphysik überhaupt und die Bestimmung sowohl der Quellen als des Umfanges und der Gränzen derselben, alles aber aus Prinzipien"이 비판이다. 미리 말하지만 칸트의 비판철학은 자연 형이상학, 자유 형이상학 그리고 판단력 형이상학이라고 말해도 무난할 것이다. 플라톤의 제자 아리스토텔레스는 스승의 이원론을 반대하고 일원론을 주장한다. 아리스토텔레스는 개별 사물들이 실체(ousia)이고 이데아(개별 사물의 원형 내지 모범)는 없다고 했다.

아리스토텔레스는 궁극적인 기본개념이 열 개 있으며 이것들은 열 개의 범주들(실체, 관계, 성질, 양, 장소, 시간, 행위, 수동, 상태, 위치)에 해당하고 이 범주들에 의해서 개별 사물들의 존재가 정해진다고 했다. 나중에 칸트의 열두 범주가 과연 보편타당성 내지 설득력을 얼마만큼 가질 수 있을지 아리스토텔레스의 범주와 비교해 볼 수 있을 것이다. 아리스토텔레스의 존재론(형이상학)을 도식화하면 다음과 같다.

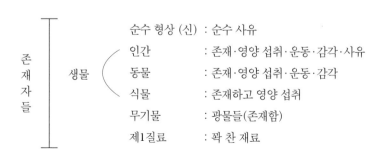

순수 형상부터 제1질료는 모두 개물이다. 모든 개별 사물들은 다 형상(eidos, 원리나 기능 또는 작용)과 질료(hylē, 재료)로 되어있다. 예컨대 개의 형상은 인간에게 애완견이나 봉사견이 되는 것이고 질료는 개의 신체이다. 인간의 형상은 생각하는 것이고 질료는 몸이다. 그런데 아리스토텔레스는 개별 사물이 현실태(entelecheia), 가능태(dynamis), 능동태(energeia)를 가진다고 한다. 예컨대 개의 현실태는 실재하는 개별 사물로서의 실체인 개이다. 개의 능동태는 개의 형상(원리나 기능)이고 개의 가능태는 개의 질료인 개의 신체이다. 요약하자면 능동태(형상)와 가능태(질료)가 합해서 개별 사물인 실체로서의 현실태가 성립한다. 나는 아리스토텔레스의 이 작업에서 칸트의 비판철학의 선구를 엿본다.

중세 교부철학의 대표자 아우구스티누스는 신플라톤주의자인 플로티노스의 영향을 받아 플라톤적 형이상학을 구성했다. 13세기 중세 스콜라철학을 대변하는 아퀴나스는 아리스토텔레스의 영향을 받아 형이상학을 구축하였다. 신학 중심의 긴 중세 암흑시대를 벗어나서 15~16세기 르네상스 철학의 범신론 철학 시기를 지나고 17세기에 들어와서 영국 경험론과 대륙 합리론의 인식론과 형이상학이 꽃피게 되었다. 18세기 프랑스와 독일의 계몽철학, 칸트의 비판철학, 독일 관념론(피히테, 셸링, 헤겔)은 모두 영국과 대륙의 근대철학으로부터 영양분을 섭취하여 성장한 철학의 경향들이었다.

플라톤과 아리스토텔레스는 인간의 확고부동한 앎의 능력(인식능력)으로서 이성(nous)을 철석같이 믿었기 때문에 이성을 전혀 의심하지 않았다. 중세의 아우구스티누스나 아퀴나스는 신의 전지전능한 앎의 능력인 지능(intelligentia)을, 그리고 신이 자신의 지능을 본떠서 인간에게 부여한 지성(intellectus)을 전혀 의심하지 않았다. 러셀이 대강 아래처럼 이야기한 것이 떠오른다. "2+2=4가 보편필연적인 수학의 식이라고 누구나 믿는다. 그러나 수학자들에게 이 식에 관한 각자의 수리철학적 견해를 써보라고 하면 각자가 서로 다른 입장을 길게 그리고 다양하게 나열한다. 왜일까? 수학에 대한 각자의 믿음(belief)이 다르기 때문이다." 칸트부터 헤겔에 이르기까지 모든 독일 철학자들은 인간이 이성으로 주관과 객관을 알 수 있다고 주장한다. 영국 경험론자들은 마음(mind)으로 대상들을 알 수 있다고 한다.

21세기에 들어와서도 소위 영국 경험론을, 또는 대륙 합리론이나 칸트를 전공하는 한국의 철학 강사나 교수들 중 상당수는 대상을 감각경험이나 이성에 의해서 인식한다고 염불을 외운다. 최근의 해부학, 신경생리학, 두뇌공학은 물론이고 생명공학에 대한 최소한의 지식만 접할 수 있다면 오로지 감각경험이나 이성에 의해서 대상을 안다는 주장은 한낱 정신병자의 언명에 불과할 것이다. 학문은 시대의 반영물이므로 흄이나 칸트가 경험이나 이성을 만능열쇠(또는 도깨비방망이)로 사용한 것 역시 시대의 산물이다. 그러나 모든 앎의 원천이 무명(無明), 곧 욕망(avidya)이라는 불교의 간단한 말 한마디에 칸트는 물론이고 플라톤, 헤겔, 하이데거 등이 잠시만이라도 귀를 기울였다면, 소위 서양 철학자들의 플라톤적, 기독교적 이성에 대한 광신도적 집착과 의존은 많이 약화되지 않았을까 하는 생각이 든다.

17세기 영국 경험론은 베이컨, 홉스, 로크, 버클리, 흄이 장식한다. 여기에서는 베이컨, 로크, 흄의 인식론과 형이상학(존재자들의 근원이나 원리를, 그리고 존재방식을 탐구하는 철학의 한 분야)을 간략히 살펴볼 것이다.

베이컨은 아리스토텔레스적인 연역논리에 의한 추론방법은(개념, 판단, 추리로 표현되는 삼단논법의 추리) 낡은 지식을 확인해 주기만

하므로 새 지식을 얻으려면 자연과학적 귀납법을 사용해야 한다고 했다. 베이컨은 아리스토텔레스의 연역논리적 삼단논법 중심의 『기관』(Organon)에 대립하여 자연과학적 귀납법 중심의 『학문의 신기관』(Novum Organon Scientiarum)을 저술했다. 베이컨은 네 가지 우상을 버릴 것을, 그리고 귀납법(구체적인 경험논리)의 현상을 탐구하기 위해서 세 가지 목록을 작성하기를 권했다.

네 가지 우상이란 네 가지 편견을 말한다. ① 종족의 우상: 인간은 모든 것을 인간 편에서 생각한다. 어떤 사람이 나무에 귀를 대고 "나무가 나를 사랑한다고 속삭여!" 이렇게 말한다. ② 동굴의 우상: 각 개인의 주관적 편견. 매일 아침에 샤워하는 한국 사람이 중국인도 매일 목욕할 것이라고 생각한다. ③ 시장의 우상: 말(언어)이 가져다주는 편견. 이화여대생은 아름답다고 말할 경우 그 말은 이대생은 하나도 빠짐없이 아름답다는 것을 뜻하기 쉽다. 과연 그럴까? ④ 극장의 우상: 전해져 내려오는 견해나 남의 생각에 휩쓸려서 가지게 되는 편견이다. "석가모니가 중생심불심이라고 했으니까 나치당 당수 히틀러의 마음도 자비로운 불심이야"라고 말한다면?

베이컨은 학문, 특히 철학함에 있어서 우선 네 가지 우상(편견)을 버린 다음 경험적, 개별적 경우를 차근히 탐구해서(귀납법적으로) 결국 보편법칙에 도달할 수 있고, 이런 방법이 귀납적 방법이라고 한다. 개별 경우에 대해서는 세 가지 목록을 작성할 필요가 있다. ① 현존의 목록: 아부하는 사람의 태도를 증명하려면 아부하는 사람들 각자의 행동에 대해서 목록을 작성해야 한다. ② 결여의 목록: 아부하는 사람의 태도를 증명하려면 의연해서 아부하지 않는 사람의 태도는 배제해야 한다. ③ 정도의 목록: 아부하는 사람들도 아부 정도가 다르고 또 아부하는 태도도 다양하므로 그 정도를 목록으로 작성해야 한다. 베이컨은 사실 수학이나 자연과학 지식이 별로 없었지만 자연과학적 탐구의 중요성을 너무나도 잘 알고 있었기 때문에 귀납법에 의한 철학적 탐구를 강조했다. 이런 의미에서 베이컨은 근대 영국 경험론의 인식론과 형이상학의 문을 활짝 열었다.

　로크와 흄은 영국 경험론의 전통을 충실히 따르면서 동시에 경험론의 내용을 풍요롭게 만든 철학자들이다. 로크와 흄의 인식론(앞의 이론)과 형이상학을, 그리고 데카르트, 스피노자, 라이프니츠, 볼프의 인식론과 형이상학을 찬찬히 또 곰곰이 살펴보면 칸트가 얼마나 영리하게 경험론자들과 합리론자들의 철학 재료들을 뽑아내어 자신의 비판철학이라는 비빔밥을 재주 있게 만들고 있는가를 엿보게 된다. 칸트의 이런 재주를 보면 니체가 빙빙 돌려서 자기 자신을 철학자-예술가(Philosoph-Künstler)라고 부른 것이 실은 칸트에게 딱 어울린다고 볼 수도 있다. 대학 시절, 가정교사 10년간, 그리고 정교수가 되고 (1770년), 긴 시간 학문을 갈고닦은 후 『순수이성비판』(1781)이 나오기까지 10년간, 그야말로 외모가 별 볼일 없던 작은 거인 칸트는 근대 철학의 재료들을 가다듬으면서 자신의 비판철학의 비빔밥을 구상하고 있었던 것이다.

　로크는 인간의 영혼(soul)은 원래 흰 종이(tabula rasa)와도 같으므로 인간의 마음(mind)에는 어떤 본유관념(innate idea)도 없다고 한다. 나중에 보겠지만 데카르트는 신, 자아, 수학의 공리 등은 본유관념(idea innata)으로 경험과 상관없이 존재한다고 보았다. 칸트의 시간·공간과 열두 범주들은 일종의 본유관념들일 텐데 칸트 자신은 선천적 형식(forma apriori)이라고 만능열쇠와 도깨비방망이를 내밀면서 억지 애교를 부린다. 로크는 백지와도 같은 영혼에 경험(experience)이 관념(idea)을 새겨 넣는다고 한다. 경험은 외적 경험인 감각

(sense)과 내적 경험인 반성(reflexion)으로 구분된다.

로크에 의하면 감각은 외부 대상의 경험을 의식에 새긴다. 반성은 영혼(마음)의 상태나 활동, 곧 사고, 의욕, 느낌을 영혼에 새겨서 관념을 만든다. 감각과 반성은 단순관념(simple idea)을 만든다. 단순관념은 만들어지는 근거에 따라서 네 가지로 나뉜다.

① 외적 감각이 만드는 단순관념: 색깔, 소리, 맛, 냄새. ② 여러 가지 감각들이 한꺼번에 만드는 단순관념: 형태, 운동, 연장(길이, 넓이, 부피). ③ 반성(내적 경험)이 만드는 단순관념: 느낌, 사유, 지각 등. ④ 감각과 반성이 만드는 단순관념: 쾌, 불쾌, 힘, 단위, 시간 계열, 존재 등.

마음(mind) 또는 정신(spirit)이 단순관념들을 결합해서 복합관념을 만든다. 복합관념에는 실체, 양태, 관계(substance, modality, relation)가 있다. ① 실체: 예컨대 개나 소 등 자연대상을 다른 것이 아니라 개나 소이게끔 하는 것. 실체의 성질은 알 수 있어도 실체 자체(substance self)는 알 수 없다. 칸트의 물자체(Ding an sich)를 떠올려 보자. ② 양태: 홀로 독립해서 있을 수 없고 다른 어떤 곳에 속해있는 것으로서, 단순관념으로부터 도출된 변형들이 양태이다. 거리, 평면, 크기 등 공간의 연속, 계기 등 시간의 양태, 그리고 기억이나 회상 등 사유의 양태가 있다. ③ 관계: 우리는 현상들을 결합하고 비교하여 그로부터 원인과 결과, 동일성과 차이, 시간 관계, 장소 관계 등의 연관성을 이끌어 낸다. 로크는 복합관념 형성에서 가장 중요한 역할을 행하는 것을 마음(정신 또는 영혼)의 기억과 추상이라고 한다.

나는 여기에서 영국 경험론과 대륙 합리론의 중요한 철학자들의 인식론과 형이상학의 핵심 사항을, 그것이 칸트의 비판철학에 영향을 미친 한에서 매우 간략하게 살필 것이고 비판적인 성찰은 생략하겠다.

흄의 인식론(형이상학을 포함해서)은 근대 철학자들의 여러 이론들 중에서 칸트에게 가장 중요한 영향을 끼쳤다. 칸트는 몇 군데서 흄의 철학이 자신의 선잠을 확 깨게 만들었다고 고백한다. 칸트철학을 비판철학이라고 한다면 흄의 경험론은 비판적 경험론이라고 말할 수 있다. 흄의 비판적 경험론은 현대 과학철학과 아울러 현대 윤리학의 한 조류인 이모티비즘(emotivism)에도 커다란 영향을 미쳤다.

칸트의 비판철학의 원조는 흄이다. 흄은 프랑스의 루소 및 백과전서파의 철학자들과 친분을 맺었고 흄의 인식론 이론을 기초로 삼고 경제학 체계를 확립한 아담 스미스와도 교제했다. 흄은 에딘버러대학교 법대 도서관 사서로 일했고, 후에 공사관의 서기관이 되었으며 외무성 차관도 지냈다.

흄은 관찰, 실험, 검증에 의해서 경험론을 구성하려고 했다. 그는 경험적 앎(인식 또는 인지)이 어떻게 심리적으로 나타나는지를 밝힘으로써 현대 실증주의와 심리주의의 창시자가 되었다. 특히 현대 과학철학에서 중요한 역할을 하는 검증가능성(verifiability)의 원리는 전적으로 흄의 영향을 받은 것이다.

흄은 앎(knowledge)이 성립하는 과정을 인간의 마음(mind)을 분석함으로써 구체적이고도 생생하게 설명한다. 그는 『인간 본성론』에서 로크와 버클리의 전통에 따라서 우리의 모든 지식은 경험에서 나오고, 일부의 사람들이 본래부터 불변하게 마음에 존재한다고 주장하는 본유관념(innate idea)이란 없다고 한다. 그는 지식을 지각(perception)이라고 부르며 지각의 두 종류는 인상(impression)과 관념(idea)이라고 부른다.

인상은 직접적이고도 생생한 지각이다. 우리가 장미꽃을 막 볼 경우 직접적이고도 생생한 장미꽃의 인상(모양이나 형체)을 가지게 된다. 따라서 보다 더 생생한 지각(more vivid perception)이 인상이다. 그런데 점차 이 인상이 약해지면 우리는 보다 덜 생생한 지각(less vivid perception)을 가지게 되는데 이것이 관념(idea)이다. 칸트의 표상(Vorstellung)과 개념(Begriff)을 떠올려 보자. 인상은 우리들의 상상(imagination)에 의해서 약해짐으로써 관념이 된다. 칸트가 표상을 개념으로 만들기 위해서는 범주의 구상력(Einbildungskraft)의 작용이 필요하다고 했는데, 구상력은 바로 흄의 상상과 동일하다.

흄은 우리가 가지는 회상, 생각 그리고 상상에 의해 약해진 인상을 모두 관념이라고 한다. 관념들은 연상법칙(law of association)에 의해서 결합된다. 연상법칙에는 유사성(resemblance), 근접성(contiguity), 인과성(causality)의 세 가지가 있다. 흄의 연상법칙은 합리론자들이 주장하는 본유관념을 배격하며, 우리가 가진 모든 지식 내지 관념은 경험적 습관(empirical habit)에서 생긴다는 것을 말하고자 한다. 흄의 연상법칙은 후에 연상심리학의 기초가 되었다. ① 유사성: 아버지 사진을 보고 '아버지다'라고 말한다. 그러나 아버지와 사진은 전혀 별개의 것인데 우리는 습관이나 관습에 의해서 똑같다고 말한다는 것이 흄의 주장이다. ② 근접성: 누가 한국·서울이라고 말하고 이어서 영국이라고 하면 옆에 사람은 얼른 런던이라고 말한다. 이 역시 습관에 의한 것이다. ③ 인과성: 만년필로 쓰면 글씨가 쓰일 것이라고 생각하지만 이는 습관에 의한 것이고, 잉크 없는 만년필로는 아무리 써도 글씨가 보이지 않는다.

흄은 실체, 존재, 인과율 등의 개념들은 모두 관념에서 생긴 것이므로 그것들은 전혀 객관성을 가질 수 없다고 한다. 우리는 인간의 영원 불변한 실체를 인격이나 이성이라고 말하며, 사태(사건)의 원인과 결과 사이에는 보편타당한 인과율이 있다고 확신하기 쉽다. 합리론자들과 칸트의 입장이 이러하다. 흄은 경험적 관념은 객관성과 확실성을 보장할 수 없다고 한다. 따라서 흄은 로크의 제1성질과 제2성질의 구분에 반대한다. 로크에 의하면 사물의 성질에는 제1성질과 제2성질이 있다. 제1성질은 연장(길이, 면적, 부피 등), 운동, 정지 등이다. 제1성질은 객관적임에 비해서 사물의 제2성질은 우리가 주관적으로 인식하는 소리, 색깔 등이다. 로크의 제1성질은 객관적이고 불변하므로 합리론자들의 견해와 일치한다.

흄은 인간의 지식은 주관적 경험지각이라고 한다. 그는 사물에 대한 보편타당한 객관적 지식을 의심하기 때문에 사물(대상)인식에 있어서는 회의론자이다. 칸트는 『프롤레고메나』(*Prolegomena zu einer jeden künftigen Metaphysik, die als Wissenschaft wird auftreten können*, 학문으로 등장할 수 있는 미래의 모든 형이상학을 위한 입문, 1783)에서 흄이 자신을 독단적 선잠(dogmatischer Schlumme)에서 깨워주었으며 사변철학 영역의 탐구(Untersuchungen im Felde der speculativen Philosophie)에 전혀 다른 길을 제시해 주었다고 고백하고 있다. 칸트가 생각하는 독단론은 말하자면 순수이성 자신의 능력에 대한 선행하는 비판이 없는 독단적 방법(Dogmatism ist also das dogmatische Verfahren der reinen Vernunft ohne vorangehende Kritik ihres eigenen Vermögens)이다. 칸트는 흄 때문에 독단론의 문제점을 찾게 되어 그것을 비판할 수 있었다고 고백한다.

근대 대륙 합리론은 합리론의 아버지 데카르트를 필두로 스피노자, 라이프니츠 세 사람을 들 수 있다. 세 사람은 각자가 프랑스, 네덜란드, 독일을 국적으로 가지지만 영국의 경험론 철학과 대비되는 합리론 철학을 대변하므로 대륙의 합리론 철학자들이라고 부른다. 또 17세기 당시 네덜란드, 프랑스, 독일 그리고 이탈리아 등은 각 나라에 고유하고 독특한 철학 사조가 없었고 대체로 합리론을 공통으로 받아들이고 주장하고 있었다고 할 수 있다.

데카르트는 "나는 생각한다. 그러므로 나는 존재한다. Cogito ergo sum."를 명석판명한 원리로 삼았다. 이 명제의 뜻은, 생각하는 것이 존재하지 않는다면 그것은 모순이고 따라서 생각하는 것은 필연적으로 존재하지 않을 수 없다는 것이다. 대륙의 합리론도 영국의 경험론과 마찬가지로 근대 자연과학 발달의 산물이다. 합리론이나 경험론 모두 우선 인식론에 연관되고 다음으로 형이상학에 관계되기 때문에 근대철학을 시대적으로 부를 때 인식론의 시대라고 부르기도 한다.

경험론은 개별 사물을 관찰해서 보편법칙에 도달하는 귀납법을 사용한다. 이에 비해서 합리론은 이성적·논리적 추론에 의해서 보편적 전제를 개별 사물이나 사태에 적용하는 연역법을 사용한다. 합리론은 수학에 의존하며 수학적 연역법을 사용한다. 칸트 역시 비판철학 이전까지는 합리론의 수학적 연역법을 충실히 따랐다. 데카르트는 매우 영리하고 몸이 약했다. 프랑스 투린의 라에 출신 데카르트는 예수회 학교에 다녔고 꽤 오랫동안 군대 생활을 하였다. 당시 프랑스 군대는 평화로운 세월을 보내고 있었으므로 데카르트는 군대 생활을 하면서 먹고 자는 문제를 공짜로 해결할 수 있었을 뿐 아니라 마음껏 연구에 몰두할 수 있었다.

군대 생활을 정리한 데카르트는 잠시 파리에 거주하다가 네덜란드로 이주해서 조용히 살면서 수학, 자연과학, 철학의 연구에 전념하였다 그는 해석기하학의 창시자이다. 데카르트는 1649년 스웨덴의 크리스티나 여왕의 가정교사로 초빙받아 스톡홀름에 왔다. 그는 새벽 5시에 기상해서 여왕을 가르쳐야 하는 갑작스러운 생활 습관의 변화와 찬 기후 탓에 감기에 걸려 54세인 1650년 스톡홀름에서 사망했다.

데카르트 역시 베이컨과 마찬가지로 철학의 전통적 권위에 반기를 들고 철학의 실천적 성격을 강조하면서 철학이 공허한 이론을 과감히 벗어나야 할 것을 주장했다. 데카르트는 이렇게 외친다. "철학은 우리의 삶의 관리를 위해서뿐만 아니라 우리들의 건강의 보전과 모든 기술의 발견을 위해서 우리가 알 수 있는 모든 것들에 대한 완전한 지식이다."

데카르트는 형이상학을 철학의 가장 중요한 부분으로 여겼다. 형이상학은 명석판명한 관념(idea clara et distincta)들을 포함하므로 철학은 인식(앎)의 근본원리들인 신의 속성, 영혼불멸 등을 포함한다. 다음으로 그는 자연학(physica)의 중요성을 말하고, 우리들이 식물, 동물, 인간을 탐구함으로써 다른 학문들을 형성할 수 있다고 했다.

데카르트의 철학적 방법을 일컬어서 방법적 회의라고 한다. 그는 수학 원리처럼 확실한 원리를 찾아서 그것을 근거로 삼은 추리에 의해서 철학 체계를 만들려고 했다. 그러기 위해서 그는 네 가지 의심 과정을 제시했으니 그것이 바로 방법적 회의이다. 방법적 회의는 모든 것을 무조건 의심하는 것이 아니고 명석판명한 관념들을 찾기 위한 방법으로서의 의심이다.

1) 전통 이론이나 편견에 대한 의심: 예컨대 토마스 아퀴나스가 대변하는 스콜라철학의 체계는 속견에 불과하고 엄밀히 증명된 것이 아니므로 그것은 확실한 지식을 가져다줄 수 없다. 편견이나 신념은 증명 절차 없이 물려받은 것이어서 대부분 그릇되다.

2) 감각에 대한 의심: 감각적 앎은 불확실하다. 내가 함부르크에 갔을 때 멀리서 180cm 넘는 세 명의 독일 여성들이 오는데 멋있는 금발미녀들이었다. 가까이 와서 엘리베이터에 함께 탔을 때 올려다보니 그들은 끔찍한 괴물들이었다.

3) 꿈에 대한 의심: 『장자』에 보면 내가 원래 나비인데 나비가 꿈을 꾸어서 인간인 내가 되었는지, 아니면 나는 원래 인간이고 꿈을 꾸면 나비가 되는 건지 헷갈린다는 내용이 있다.

4) 수학적 증명에 대한 의심: 원래 5+7=57인데 악령(악한 정신)이 있어서 5+7=12라고 강제로 믿게 하는지도 모른다는 것이다. 의심할 수 있는 모든 것들을 의심한 후 데카르트는 이렇게 말한다. "그렇다면 참답다고 생각될 수 있는 것은 무엇인가? 아마도 이 세상에는 확실한 것이 아무것도 없다는 것만이 참다운 것으로 생각될 수 있을 것이다." 그는 "내가 의심하는 것, 즉 내가 생각하는 것은 더 이상 의심할 수 없다"는 궁극적인(?) 결론에 도달한다.

데카르트는 내가 의심하는 것도 의심하고 끊임없이 계속해서 의심했어야 하는데 의심하다 지쳐서 중단한 것인가? 하여튼 데카르트의 방법적 회의의 최종 결론은 이렇다. "나는 생각한다. 그러므로 나는 존재한다. Cogito ergo sum." 데카르트의 방법적 회의는 명석판명한 철학의 제1원리를 찾기 위한 방법적 의심이다.

데카르트는 방법적 회의를 통해서 다섯 가지 본유관념들을 얻는다. 그는 본유관념을 공리 또는 보편개념 혹은 영원한 진리라고 부른다. 다섯 가지 본유관념들은 자아(사유하는 주관), 신, 논리법칙, 수학 명제, 물질의 공간성 등이다.

데카르트는 인식단계를 세 가지로 나눈다. 인식의 가장 낮은 단계는 감각과 속견이다. 이 경우의 판단은 표상인데 표상은 명석판명하지 못하고 복잡하며 불분명하다. 두 번째 단계에서 영혼은 표상을 대상으로 삼아서 보편개념을 만든다. 이때 명석판명한 관념이 형성된다. 마지막 단계에서 영혼은 자기 자신에 의한 순수한 능동적 인식을 형성한다. 이 인식으로 인해서 논리법칙, 수학법칙 및 신학의 관념들이 명석판명한 관념들로 성립한다.

이상과 같은 데카르트의 철학적 사색을 살펴볼 경우 나는 칸트가 매우 오랜 기간 데카르트, 로크, 흄 등의 철학의 연못에서 목욕하면서 비판철학의 넓이와 깊이를 마련하고 있었다는 사실을 알 수 있다. 데카르트는 형이상학에 있어서 자신이 전통 형이상학을 배제한다고 주장하지만, 넓게 볼 경우 그는 여전히 플라톤, 아리스토텔레스 및 기독교 철학의 테두리 안에 머물러 있다. 나중에 간략히 언급하겠지만 "종교는 아편이다"라고 외친 마르크스 그리고 "신은 죽었다"고 여유 있게 포효한 니체도 역시 플라톤과 기독교 철학의 후광을 벗어나지 못하고 있었다. 데카르트는 신은 제1실체이고 인간의 신체와 정신은 제2실체라고 했다.

실체(substantia)란 어떤 다른 곳에 의존하지 않고 자기 자신에 의해서 존재하는 것이다. 신은 완전하고 절대적인 실체이다. 인간은 신에 의해서 창조되었지만 인간의 두 요소인 정신은 사유하는 실체이고 신체는 연장(길이, 면적, 부피 등)을 가진 실체이다. 정신과 신체는 서로 상관없고 이 둘은 평행한다. 마음이 아프면 눈에서 눈물이 나온다. 정신과 신체가 서로 상관하지 않는데 왜 그럴까? 데카르트는 인간의 뇌에 소나무 열매처럼 생긴 송과선이 있어서 바로 이곳에서 심신 상호작용이 일어난다고 했다. 정신과 신체의 관계에 대한 데카르트의 이론은 심신 상호작용설로 알려져 있다. 나중에 해부학이 발달해서 뇌를 해부해 보니 인간의 뇌에 송과선이라는 뇌 조직은 없었다.

스피노자는 데카르트의 물심(물체와 정신) 이원론을 극복하고 범신론적 사상체계를 세웠다. 르네상스와 근대사상을 종합한 그의 사상의 특징은 다섯 가지로 나누어 볼 수 있다. 1) 무한성: 세계는 무한하다. 세계가 유한하다고 생각하는 사람들이 있는데 이것은 인간의 제한된 지식 때문이다. 2) 수학적 사고: 세계는 필연적이므로 가장 명확한 사고는 수학적이다. 인과율적 세계는 필연적이기 때문에, 특정한 원인이 있으면 특정한 결과가 따라 나온다는 인과율은 물질세계와 정신세계에 모두 타당하다. 3) 자연적 종교: 신앙, 영혼불멸, 구원 등은 인간이 자연적으로 또는 본유적으로 가지고 있는 개념들이다. 이러한 자연적 종교의 입장은 당시 영국에서 형성된 것이고 이로부터 영향받은 철학자가 스피노자이다. 4) 스피노자는 보편개념과 사물의 본질에 관해서 플라톤의 영향 아래에 있다. 즉 그는 보편개념이나 사물의 본질은 플라톤의 이데아처럼 영원불변하다고 본다.

스피노자가 중세의 아베로에스주의나 중세 유태 신비주의 내지 범신론적 문헌 또는 르네상스 철학자 브루노에게서 영향받은 것은 사실이다. 그러나 스피노자는 데카르트로부터 가장 많은 영향을 받았고, 그는 데카르트의 신을 범신론적으로 변화시킴으로써 데카르트의 이원론을 극복하였다. 스피노자는 신(Deus)은 자연(natura)이고 자연은 실체(substantia)라고 하였다.

스피노자의 인식론을 볼 것 같으면, 그는 가장 낮은 앎의 단계로부터 가장 완전한 앎의 단계에 이르기까지 세 단계의 인식(앎)이 있다고 한다. 1) 표상과 속견: 참다운 앎은 근본적인 원인이나 근거에 대한 통찰이다. 표상이나 속견은 참다운 앎과 거리가 먼 가장 낮은 단계의 불분명한 인식이다. 2) 명석판명한 관념(idea clara et distincta): 인간의 이성은 명석판명한 관념을 인식하려고 하지만, 헤아리고 계산하는 오성능력은 유한하기 때문에 명석판명한 관념을 인식하지 못하므로 인간은 다음 단계의 앎으로 나아가지 않으면 안 된다. 3) 직관적 인식: 우리는 정신적 관조 내지 내면의 조명에 의해서 명석판명한 관념에 도달한다. 직관적 인식은 먼저 실체를 알고 다음으로 사물들의 근본 성질인 본질을 안다. 본질은 유(類)나 법칙이다.

데카르트는 정신과 물체를 실체라고 한다. 물론 그에게 있어서 신이 제1실체이고 신이 정신과 신체로 된 인간을 창조했지만, 그는 초월적인 신을 제외하고 인간의 정신과 신체(물체)를 두 가지 실체라고 한다. 정신과 물체의 속성(성질)은 각각 사유(생각)와 연장(길이, 면적, 부피)이다. 그러나 스피노자에게 있어서 실체는 오직 신뿐이다(신＝실체＝자연).

신의 속성은 무한히 많지만 인간은 유한한 오성(이해력 또는 분별력) 때문에 신의 속성을 사유와 연장 두 가지로만 본다. 스피노자는 실체로서의 자연을 능산적 자연(natura naturans)과 소산적 자연(natura naturata)으로 구분해 본다. 능산적 자연은 실체의 능동적 측면으로 실체와 속성을 말하며, 소산적 자연은 실체의 수동적 측면으로 본질과 속성을 말한다. 스피노자는 실체가 무한한 속성을 가지면서 그것이 개별 현상으로 나타난다고 보는데, 개별 현상은 양태이다.

스피노자는 최고의 선은 최고의 인식이며 최고의 쾌락이라고 한다. 우리가 세계의 궁극 원인으로서의 신을 알면 우리는 최고의 쾌락을 느낀다. 이 쾌락의 감정은 '신에 대한 정신적 사랑'이다. 또한 이 최고의 쾌락은 최고의 덕이다. 자기 보존의 욕구를 가장 적절하게 실행하는 두 가지 덕들은 관용과 관대함(tolerantia et largitas)이다. 관용은 인간 자신을 보존하는 강한 의지이다. 관대함은 사회를 보존하는 의지이다. 관용에는 공정, 순결, 침착 등이 속하고 관대함에는 솔직함, 정의, 박애, 인류애 등이 속한다. 칸트는 자신의 비판철학에서 스피노자의 범신론적 경향은 반대하지만 인식론, 윤리학 그리고 형이상학에서 스피노자로부터 매우 긍정적인 영향을 받은 것이 사실이다. 특히 칸트의 실천적 윤리학에서 우리는 스피노자의 흔적을 명백히 엿볼 수 있다.

지금 나는 칸트의 글쓰기(비판철학 이전의 사상과 비판철학 이후에 사상에 대한)에 대한 바탕을 파악하기 위한 예비 작업으로서 영국 경험론 철학자들과 대륙 합리론 철학자들의 철학 내용을 간략히 일목요연하게 제시하려고 노력하고 있다. 라이프니츠와 볼프의 철학을 간략히 살피고 예비적 지식을 마감할 것이다.

라이프니츠는 뉴턴과 거의 동시에 서로 상관없이, 독립적으로 미적분학을 창안한 인물이다. 그는 보편적이고 박식한 정신을 소유한 철학자로서 당대의 이론과 실천을 종합하고 동시에 앞선 시대의 철학 사상들을 종합하여 거대한 철학 체계를 구축하고자 했다. 그는 오랜 기간 파리에서 외교관으로 일했고, 베를린, 빈 등의 학술원 창립에도 기여했다. 그는 매우 많은 저술을 남겼는데 그중의 많은 부분을 프랑스어로 썼다.

라이프니츠에 의하면 세계를 구성하는 가장 기본적인 요소, 곧 더 이상 분할될 수 없는 요소는 단자(monas)이다. 이 단자는 개별적 의식(정신)이다. 무슨 말인가? 세계를 계속해서 쪼개다 보면 마지막에 남는, 더 이상 분할 불가능한 요소가 남고, 가장 궁극적인 이 분할 불가능한 요소는 물질일 수 없다. 만일 마지막에 남는 것이 물질이라면 이것은 계속 분할 가능해서, 우리가 끝까지 분할하면 결국 더 이상 쪼갤 수 없는 기본요소만 남는다. 이것은 더 이상 분할되지 않으니까 물질이 아니고 정신적인 것이다. 이 단자는 결국 정신적인 점이며 따라서 형이상학적 점(metaphysischer Punkt)이라는 것이 라이프니츠의 입장이다. 라이프니츠는 인식론에서는 합리주의자이며 존재론(형이상학)에서는 관념론자이다.

이에 반해서 고대 그리스의 데모크리토스는 자연세계를 분할하면 마지막에 기본요소가 남는데 이것은 물질적인 원자(atomos)라고 했으므로 데모크리토스는 물활론자이면서도 유물론자라고 할 수 있다. 데카르트의 "나는 생각한다. 그러므로 나는 존재한다."라는 언명은 논리적 비약(망상)이고 제대로 된 논리적 표현은 "나는 생각한다. 그러므로 나는 생각한다."라고 반론을 제기할 수 있다. 라이프니츠에게 대해서도 세계를 분할하다 보면 분할 불가능한 정신적 점에 도달한다는 것은 억지 주장이고 망상이며, 우리는 무한히 계속해서 쪼개고 또 쪼갤 수 있다고 반론을 제기할 수 있다.

세계는 단자의 체계이다. 단자는 더 이상 분할 불가능한 정신적 힘, 곧 에너지이고, 각각의 단자는 직접적으로 서로 상관이 없다. 각 단자는 가능적으로 표상하는 정신적 능력을 소유한다. 데모크리토스의 원자(atomos)의 뜻은 분할 불가능한 질료 내지 요소로서 원질(ousia)과 뜻이 같다. 라이프니츠의 단자(monas)는 유일한 것을 의미한다.

라이프니츠는 단자가 무엇을 표상하는가에 따라서 단자를 다섯 종류로 나눈다. 1) 무기적 자연(무기물)의 단자는 가장 낮은 종류의 단자로서 거의 의식이 없다. 2) 하등의 유기체의 단자는 매우 희미한 의식이 있긴 해도 아직 고유한 의식이 없다. 3) 세 번째 종류의 단자는 동물 유기체의 것으로서 연관성 있는 표상을 가진다. 4) 인간의 단자는 논리적 결합과 자기의식을 전개시킨다. 5) 마지막 단자는 단자들 중의 단자로서 전체 우주를 명확하게 통괄하며 최고의 힘을 발휘하는 신이다. 이 시점에서 잠시 플라톤의 동굴의 비유를 상기해 보자. 라이프니츠의 인식론과 형이상학은 어디까지나 플라톤적이자 기독교적이라고 할 수 있다. 칸트 역시 이러한 폐쇄된 사상의 감옥에 족쇄를 차고 안주하고 있는 것이 아닌가?

라이프니츠는 신이 모든 단자들을 창조하고 능력을 부여함으로써 조화로운 세계를 만들었다고 강변한다. 이 세계는 있을 수 있는 모든 세계들 중에서 신이 창조한 가장 조화로운 세계이다.

라이프니츠는 중세에 페스트로 수천만 명이 사망한 참사를 분명히 알고 있었을 것이다. 나는 1, 2차 세계대전에서 독일인과 일본인에 의해서 7천만 명 이상의 인명이 살상되었고 끔찍한 지옥문이 열려 헤아릴 수 없는 인간들이 짐승보다 못한 삶을 연명했던 역사적 사실을 떠올린다. 이 세계가 가장 조화롭고 행복한 세상이라고?

유럽인들은 흑인들을 노예사냥해서 온갖 만행을 저질렀고 영국, 프랑스를 비롯해서 스페인, 포르투갈, 네덜란드 등은 아프리카와 태평양 여러 섬들을 식민지로 만들고, 게걸스레 착취하며 온갖 만행을 저지르고, 최근에 들어와서는 미국을 필두로 일본도 함께 끼어서 여기저기에 무기와 온갖 잡동사니를 팔아서 배를 두드리면서 자기들이야말로 선진국이며 인류를 선도한다고 으스댄다. 프로이트를 비롯해서 니체나 포이에르바하 등이 전통 철학과 아울러 종교에 대해서 극도의 혐오감을 표출하는 데에는 충분한 근거가 있다.

라이프니츠에 의하면 이 우주는 가장 완전한 단자인 신이 창조한 가장 조화로운 것이다. 따라서 모든 자연 현상은 질서정연하게 법칙에 알맞게 진행된다. 따라서 우리가 참다운 앎에 도달하기 위해서는 동일률(A는 A이다: $A = A$), 모순율(A는 A 아닌 것이 아니다: $A \neq \neg A$) 그리고 충족 이유율(어떤 사물이 존재하는 것은 존재할 만한 충분한 근거가 있기 때문이다)을 따르지 않으면 안 된다. 그러나 경험적 감각 지각을 통해서는 어둡고 복잡한 표상만(지식만) 얻을 수 있다. 우리는 이성에 의한 논리적 분석에 의해서만 명석판명한 관념을 가질 수 있다. 데카르트, 스피노자 그리고 라이프니츠로 이어지는 이성 중심의 합리론적 인식론이 엿보인다. 또 관념론적 존재론(형이상학)도 드러난다. 칸트가 경험론과 합리론 양자를 비판하고 종합한 것은 사실이지만, 그는 여전히 합리론의 시소 쪽에 앉아있기 때문에 결국 독일관념론의 첫 주자인 피히테의 탄생을 가능하게 했다.

영국 경험론과 대륙 합리론의 인식론과 형이상학(존재론)을 꿰뚫어 보면 아하! 로크와 흄의 이런 점, 데카르트, 라이프니츠, 볼프의 이런 점에서 칸트철학이 구성될 수 있었구나! 하고 고개를 끄덕이게 된다. 한 가지 첨부할 사항이 있다. 정신과 신체의 관계에 대해서, 데카르트는 심신 상호작용설을 제시했고 스피노자는 심신평행설을 말했다. 마음이 슬프면 눈물이 나오는 것은 서로 별개의 것이지만 두 가지가 나란히 일어난다는 것이다. 라이프니츠는 심신의 관계에 대해서 예정조화설을 내세웠다. 마음이 슬프면 눈물이 나오는 것은 두 가지 사실이 함께 일어나도록 미리 신이 조화롭게 만들어놓았다는 것이다.

라이프니츠의 사상을 이어받아서 보다 더 체계화시킨 인물이 볼프이며 라이프니츠와 볼프의 이론을 계승한 철학자들의 집단을 일컬어서 라이프니츠-볼프학파라고 부른다. 볼프에 의하면 사유(Denken)란 모순율에 의해서 진행되고 충족이유율에 일치하는 이성적 활동이다. 또한 볼프는 아리스토텔레스의 연역논리를 충실히 신뢰하며 개념, 판단, 추리, 정의(定義), 증명 등의 주제에 따라서 사유를 순수하게 형식논리적으로 다룬다.

볼프의 존재론(형이상학)은 최고의 존재인 신으로부터 출발하며, 인식론에 있어서는 현실성과 가능성의 관계를 살핀다. 볼프는 실재, 세계, 영혼, 신에 대한 형이상학을 탐구하고 이러한 탐구에 있어서 전통적인 아리스토텔레스주의의 노선을 추종하는 범주론을 따른다. 실재는 불변하는 것(사물이나 정신)을, 그리고 실제는 현상의 변화하는 사실적인 것을 뜻한다. 존재론과 형이상학은 보통 같은 의미로 사용

한다. 그러나 하이데거의 경우 존재자들의 원천(근거나 원리)으로서
의 존재자(예컨대 원자, 단자, 천, 도, 신 등)을 탐구하는 것이 형이상
학이다. 하이데거는 자신이 존재자(Seiendes)의 존재(Sein)를 탐구하
므로 자신의 철학은 형이상학(Metaphysik)이 아니라 존재론(Ontolo-
gie)이라고 한다. 글쎄? 내가 보기에 하이데거의 존재론이나 형이상
학이나 모두 플라톤, 플로티노스 등에서 유래했고, 그가 히틀러-나치
완장을 차고 으스댄 것도 존재론 때문인지, 그의 존재론은 실로 웃픈
망상이 아닐까 하고 고개를 갸웃거리게 된다.

볼프는 순수하게 정신적인 존재인 라이프니츠의 단자 개념을 오성
(Verstand: 이해력이나 분별력)이 쉽게 파악할 수 있는 물질적 원자
개념으로 대치시킴으로써 우주 자연의 특징적 성격을 이해하려고 했
다. 라이프니츠의 정신적 단자 개념은 역동적이며 유심론적인 영혼
(Seele)에게 보존되었다. 볼프는 영혼이 동물에게도 있다고 했다. 고
대 그리스의 아리스토텔레스는 생물은 모두 영혼(psychē, anima)이
있다고 보았으나 중세 기독교 신학의 정립과 함께 인간의 영혼(ani-
ma)만, 전지전능한 신의 앎(intelligentia)을 신이 본떠서 인간에게 내
려준 지성(intellectus)을 가진다는 견해가 생겼다. 내가 보기에 이런
생각은 칸트에게도 여전히 보존되어 있었던 것 같다. 만일 개나 소도
영혼과 지능이 있다고 칸트가 믿었다면 그는 개나 소도 시간·공간의
직관형식과 함께 오성형식과 나아가서 실천이성이나 판단력도 다 가
지고 있다고 주장할 수밖에 없었을 것이다.

볼프에게 있어서 영혼은 비물질적이고, 단순하며 동일적이고도 불
변하는 존재이다. 따라서 영혼은 실체이다. 그런데 자기의식을 가진
영혼만 생생해서 불멸한다. 동물은 의식만 가지고 자기의식은 가지지
못하므로 의식적으로 영원히 존속할 수 없다. 오직 인간의 영혼만 불

멸한다. 그런데 개나 소나 새는 거울을 보고 자신을 알아보지 못하지만 대부분의 유인원(오랑우탄, 침팬지, 고릴라 등)은 거울 앞에서 자신을 알아보며 어느 정도의 자기의식을 가지고 있고 상당한 지능도 소유한다. 유인원의 영혼 역시 영원불멸한다고 할 수 있다.

서양 중세 때 영혼에 대해서 비웃는 사람들이 몰래 속삭였다는 농담 몇 가지가 생각난다. "나는 걸어 다닐 수가 없어." "왜?" "태곳적부터 죽은 사람들의 영혼이 숨 막히게 이 길거리를 가득 메워서 도저히 움직일 수조차 없단 말이야." "내 아버지는 내 아들이야!" "도대체 무슨 뚱딴지같은 말이야?" "내 아버지는 나를 낳고 스물두 살에 돌아가셨어. 영혼불멸이니까 내 아버지 영혼의 나이는 스물두 살이야. 그런데 지금 나는 마흔다섯 살이니까 결국 나는 내 아버지의 아버지인 셈이지." 왜 동서고금의 소위 철학자들은 물론이고 4대 성인이라고 하는 사람들까지도 인간의 행복, 인간의 진리, 인간의 아름다움, 인간의 깨달음에만 몰두하고 모기, 바퀴벌레, 지렁이, 사마귀, 개나 소 등의 감성(감각성질)이나 오성형식(범주), 실천이성, 판단력 등에 대해서는 털끝만치도 신경 쓰지 않았을까? 그렇게도 위대한 사상가들과 철학자들이 모두 예외 없이 막강한 권력을 가진 지·정·의(지식, 감정, 의지)를 가지려 했고 그래서 자기 자신만을 위해서 그리고 자신과 가까운 집단만을 위해서 힘에의 의지(Wille zur Macht)를 쟁취하고자 하는 음험한 계략을 숨기고 오직 표면적으로만 지혜사랑을 너그럽게 설파했단 말인가?

볼프는 라이프니츠를 따라서 신체의 과정과 영혼(정신)의 과정 간의 일치는 신의 예정조화에 의한 것이라고 한다. 미리 말하지만, 나는 칸트의 도덕법의 요청은 물론이고 이념들(자유, 영혼불멸, 신)의 요청과 아울러 이것들의 선구가 되는 데카르트의 심신 상호작용설, 스

피노자의 심신평행설 그리고 라이프니츠와 볼프의 예정조화설 등이
모두 무책임한 사고의 산물이라고 말하지 않을 수 없다. 이러한 생각
들은 사유 과정의 적당한 타협이요, 어정쩡한 만능열쇠를 내미는 것
과 다름없다. 철학자들의 다양한 만능열쇠들은 모두 버려야 할 이돌
라(idola)가 아닌가?

볼프는 영혼의 현상을 인식능력의 영혼현상과 욕구능력의 영혼현
상 두 가지로 나눈다. 볼프는 더 나아가서 인식능력의 영혼현상을 두
가지로 구분하고, 욕구능력의 영혼현상도 두 가지로 구분한다. 상층
의 인식능력은 오성(Verstand: 이해력 또는 분별력)과 이성(Ver-
nunft)이고 하층의 인식능력은 감각(Empfindung)과 기억(Gedächt-
nis)이다. 또 상층의 욕구능력은 이성의 욕망(Vernunftbegierde)이며
하층의 욕구능력은 감각의 욕망(Sinnenbegierde)이다.

볼프는 라이프니츠의 합목적성의 형이상학을 수정해서, 인간은 신
의 창조에서 고요한 목표이고 다른 모든 것들은 오직 인간을 위해서
존재한다고 주장했다. 볼프는 자신의 철학에서 기독교 신학을 배제했
음에도 불구하고 여전히 플라톤과 기독교 철학의 핵심을 그대로 따르
고 있음을 알 수 있다. 그는 밤은 인간의 수면을 위해서 있고 돼지,
소, 물고기, 새 등을 잡기 위해서 새벽이 있다고 역설했다.

볼프는 라이프니츠를 따라서 자연신학(natürliche Theologie)을 전
개했다. 자연신학에서 볼프는 두 가지 신존재 증명을 제시한다. 1) 우
주론적 증명: 세계는 충분한 원인으로서의 창조자를 가지지 않으면
안 된다. 2) 물리적·목적론적 증명: 세계의 합목적성은 목적을 설정
하는 지성존재(Intelligentia: 전지전능)를 전제한다.

볼프는 윤리적 이상으로서의 완전성(die Vollkommenheit als eth-
isches Ideal)의 성취를 강조하면서 라이프니츠의 윤리학을 뒤따른다.

사물과 세계의 관계를 완전성에 도달하는 고유한 발전에 쓸모 있게 하기 위해서 인간은 오성인식을 배우지 않으면 안 된다. 오성인식은 계몽이다.

볼프는 최고의 완전성은 공동체 사회에서만 가능하므로 사회 구성원 각자가 이웃인 타인을 완전성으로 이끄는 것은 각 개인의 의무라고 한다. 완전성의 결과는 행복이다. 볼프의 윤리학은 공리주의적 그리고 행복주의적 성격을 가진다. 볼프와 아울러 독일 계몽철학자들로는 멘델스존(M. Mendelssohn), 라이마루스(Reimarus), 슈타인바르트(Steinbart), 가르베(Garve), 니콜라이(Nicolai) 등을 꼽을 수 있다.

지금까지 나는 칸트철학에 대한 예비지식으로서 영국 경험론과 대륙 합리론 그리고 볼프의 핵심적인 철학 내용들을 살펴보았다. 이것들을 예비지식으로 가지고 있으면 칸트철학의 전개 과정을 비롯해서 칸트의 비판철학을 파악하고 나아가서 칸트에게서 취할 것과 버릴 것이 무엇인지 어림잡아 가늠할 수 있을 것이다.

나는 이 절 '예비적 지식'을 쓰면서 영국 경험론과 대륙 합리론 부분은 오래전 내가 집필한 『철학 이야기』(서광사)의 해당 부분을 인용하고 참고했으며, 볼프의 계몽철학 내용에 대해서는 내가 번역한 『서양철학사』(쿠르트 프리틀라인, 서광사)의 해당 부분을 인용했음을 밝힌다.

2. 진리 추구와 이성의 힘

학자에 따라서 「감각세계와 정신세계의 형식과 원리들」(1770)을 칸트의 비판철학의 첫 저술로 꼽기도 하지만, 내가 보기에는 『순수이성비판』(1781)이 칸트의 비판철학의 문을 열어놓은 첫 번째 저술이다. 칸트의 철학 사상은 그가 57세 나던 해에 성숙한 열매를 맺었다고 할 수 있다.

『순수이성비판』을 저술하기 위해서 칸트는 고뇌에 찬 인내의 길을 걸으면서 수많은 오솔길 그리고 큰 길로 이루어진 산책로를 탐사해야 했다. 그는 플라톤의 이원론, 아리스토텔레스의 연역(형식)논리학, 영국 경험론, 대륙 합리론 그리고 볼프의 독단주의를 섭렵하면서 그들로부터 지대한 영향을 받았다. 칸트는 수학, 물리학, 지리학에 대한 연구도 게을리하지 않으면서 위에서 열거한 철학 사상들 중 핵심요소들을 취사선택해서 자신의 비판철학의 체계를 구성하게 되었다.

이 책의 5장 이후에서 명확하게 밝히겠지만 칸트의 비판철학은 결국 비판적 형이상학이다. 『순수이성비판』(1판, 1781) 머리말에서 칸트는 "모든 인식에 관한 이성 능력 일반의 비판 die Kritik des Vernunftvermögens überhaupt in Ansehung aller Erkenntnisse"을 비판의 참다운 의미로 받아들인다. 이러한 비판이 노리는 것은 칸트가 같은 머리말에서 말하는 "형이상학 일반의 가능성이나 불가능성의 결정 (die Entscheidung der Möglichkeit oder Unmöglichkeit einer Metaphysik überhaupt)이다." 칸트 자신이 제시하는 형이상학의 해명은 명쾌하지 못하다. 『순수이성비판』 1판 머리말 첫 페이지에서 그는 이렇게 말한다. "그런데 이 끝없는 논쟁의 싸움터는 형이상학으로 일컬어진다 Der Kampfplatz dieser endlosen Streitigkeiten heißt nun Metaphysik." 간단히 말하자면 무엇에 대한 끝없는 논쟁인가? 자유, 영혼불멸, 신에 대한 끝없는 논쟁의 싸움터(철학의 한 분야)가 바로 형이상학이다. 더 쉽게 말하자면 사물이나 사태(존재자들)가 어떻게 그리고 왜, 어떤 근거나 원리를 가지고 존재하는가를 탐구하는 학문이 형이상학이다. 형이상학은 바로 존재론이다. 칸트의 비판철학은 구체적으로 자연 형이상학, 자유 형이상학 그리고 목적론 형이상학 등 세 가지 형이상학으로 구성된다고 말할 수 있다.

　칸트는 『순수이성비판』(1판, 1781)을 출간하기 전까지 독단론을 벗어나는 과정을 걸어간다. 그가 『프롤레고메나』(1783)에서 "독단적 선잠 dogmatischer Schlummer"으로부터 화들짝 깨어났다고 한 것은 칸트가 장기간 독단론에 빠져있었다는 것을 뜻한다. 칸트는 시간강사 때부터 정교수가 되고(1770) 그 후 10년 지나서 『순수이성비판』이 나오기까지 거의 독단론에 빠져있었다. 칸트는 철학의 과제를 진리 추구에 있다고 믿었고 진리 추구를 위한 인간의 유일한 도구 내지 힘은 이성이라고 생각했다.

　그러나 "순수이성 자신의 고유한 능력에 대한 비판 없이" 이성을 밀어붙이는 태도야말로 독단론(독단주의)이다. 칸트가 『순수이성비판』을 출간하기 전까지의 철학적 노력은 독단론을 학습하여 독단론에 빠져 허우적거리면서 그러한 사실을 알지 못하고 선잠을 자다가 아이구야 하고 화들짝 놀라 깨어서 드디어 비판철학의 단단한 건축물을 세우는 것으로 마무리된다.

　칸트는 23세 되던 1747년 자신의 첫 번째 저술을 발표했다. 그것의 긴 제목은 다음과 같다. 「살아있는 힘들의 참다운 평가에 관한 그리고 라이프니츠와 또 다른 역학자들이 이러한 논쟁에서 사용한 증명들의 판단에 관한 생각: 더불어 물체 일반의 힘들을 다루는 몇몇 선행하는 고찰」(Gedanken von der wahren Schätzung der lebendigen Kräfte und Beurteilung der Beweise, deren sich Herr von Leibniz und andere Metaphysiker in dieser Streitsache bedient haben; nebst einigen vorhergehenden Betrachtungen, welche die Kräfte der Körper überhaupt betreffen). 이 논문에서 칸트는 근대 합리론의 쌍두마차인 데카르트와 라이프니츠의 힘에 대한 물리적 계산 문제를 다룬다. 데카르트에 의하면 힘은 단순한 속도에 따라서 평가되어야 하고, 라이프니츠에 의하면 힘은 속도의 제곱에 따라서 평가되어야 한다.

그러나 칸트는 양자를 모두 만족시키는 해결책을 제시한다. 즉 죽은 힘은 데카르트의 이론에 맞는 것이고(mv), 생생한 힘은 라이프니츠의 이론을 따른다는 것이(mv^2) 칸트의 해결책이었다. 그러나 칸트는 그보다 4년 앞선 1743년 프랑스의 달랑베르(d' Alemvert)가 『역학론』(Traité de dynamique)에서 물체의 운동 및 속도와 관계된 힘을 나타내는 공식($\frac{mv^2}{2}$)을 제시한 사실을 알지 못하고 있었다. m은 운동(movement) 그리고 v는 속도(velocity)를 말한다. 칸트는 20대 초반부터 아리스토텔레스의 형식논리학(연역법)과 그것을 고스란히 물려받은 스콜라철학을 공부하면서도 그것들의 문제점을 발견하고 비판정신을 가지게 되었다. 그는 뉴턴 물리학과 아울러 코페르니쿠스의 천문학으로부터 지대한 영향을 받았다. 칸트는 인식론에서 자신의 입장을 코페르니쿠스적 전회(Kopernikanische Wendung)라고 부르면서 종래의 대상 중심의 인식론을 주관 중심의 인식론으로 바꾸어놓았다.

칸트는 지금까지의 개념·판단·추리만 가지고 모든 대상을 형식논리적으로만 공허하게 탐구하는 철학 태도를 과감히 버리고 수학, 논리학, 물리학의 지식을 가지고 물리학 및 천문학적 문제까지도 해결하고자 했다. 이미 언급한 것처럼 칸트는 1755년 「불에 대한 사색에 관한 간략한 서술」(Meditationum quarundam de igne succincta delineatio)이라는 물리학 논문으로 오늘날 박사(Doktor)에 해당하는 석사(Magister)학위를 받았다. 당시에는 석사논문을 비롯해서 모두 세 편의 논문이 토론과 발표를 거쳐야 교수 자격을 얻을 수 있었다.
물론 교수 공모에 응모해서 합격해야만 정교수가 될 수 있었다.

　1756년 칸트는 우주론에 관한 논문을 발표했는데, 칸트가 기초로
깔고 있는 자연과학은 확고하게 뉴턴의 물리학에 의존하고 있었으며,
다른 한편으로는 라이프니츠의 합리론을 비판적 관점에서 받아들이
고 있었다. 1756년 우주개벽설에 관해서 발표한 칸트의 논문은 다음
과 같다.「뉴턴적 원칙에 따라서 논술된 일반적 자연사와 천체론 또는
전체 세계구조의 기초와 역학적 근원에 관한 추구」(Allgemeine
Naturgeschichte und Theorie des Himmels oder Versuch von der
Verfassung und dem mechanischen Ursprunge des ganzen Weltge-
bäudes, nach Newtonschen Grundsätzen abgehandelt). 이 논문에서
칸트는 라이프니츠의 단자론을 받아들여서 단자들로 충만한 공간을
인정하지만, 기독교적 신이 우주의 혼돈(Chaos des Kosmos)을 조화
롭게 한다는 라이프니츠의 예정조화설을 버리고 우주의 혼돈이 이성
적 법칙을 따른다고 주장한다. 겉보기에 우주의 혼돈으로 여겨지는
공간은 자신의 이성적 규칙성에 따라서 움직임으로써 세계가 탄생할
수 있었다는 것이 칸트의 입장이다. 그렇다면 기독교적 신은 우주의
발생에 전혀 영향을 끼치지 않는 신이다. 그럼에도 불구하고 만일 우
리가 칸트에게 과연 그러냐고 묻는다면 그의 답은 어떨까? 아마도 그
는, 알 수는 없어도 우주의 카오스가 이성적 법칙을 따르도록 하는 것
은 여전히 기독교적 신이라고 속삭일 것 같다.

　앞에서 우리는 칸트가 이미 청년 시절에 데카르트와 라이프니츠의
물리학 이론을 비판함으로써 양자를 보충하려고 한 입장을 볼 수 있
었다.

　칸트는 사강사로 임명되고 나서 좀 있다가 1762~1763년에 걸쳐

4편의 논문을 작성했다. 이 네 편의 논문은 비록 구체적인 틀이 잡히진 않았지만 칸트 당시의 철학(특히 형이상학)에 대한 비판적 입장을 확실히 보여준다. 4편의 논문들은 다음과 같다. 「네 개의 삼단논법 도식의 그릇된 궤변이 증명된다」(Die falsche Spitzfindigkeit der vier syllogistischen Figuren erwiesen), 「철학에서 부정적 양 개념을 안내하기 위한 시도」(Versuch, den Begriff der negativen Größen in der Weltweisheit einzuführen), 「자연신학의 그리고 도덕의 원칙의 명확성에 대한 탐구」(Untersuchung über die Deutlichkeit der Grundsätze der natürlichen Theologie und Moral), 「신존재 증명을 위하여 유일하게 가능한 증명 근거」(Der einzig möghiche Beweisgrund zu einer Demonstration für das Dasein Gottes). 이들 네 가지 논문은 우선 당시의 독단적 형이상학을 비판하고 해체하려는 목적을 가지고 있었고, 다음으로는 1770년 교수취임논문 「감각세계와 정신세계의 형식과 원리들」을 위한 기초 작업이었다.

앞에서도 한두 차례 언급했지만 칸트가 말하는 독단론(Dogmatismus)은 인식론적 근거에 대한 비판 없이 세워진 철학, 곧 형이상학이다. 이러한 독단론의 대표로 칸트는 볼프를 지적한다. 그리스어 도그마(dogma)는 의견, 결정, 철학적 명제, 종교적 명령 등의 뜻을 가졌다. 로마로 와서 도그마는 신앙명제, 기독교 교리 등의 의미를 갖는다. 칸트가 생각하는 독단론은 기독교 교리(신앙명제)와 아리스토텔레스의 형식논리학이 결합해서 만들어진 붕괴 불가능한 사변의 감옥이었다. 그래서 1762~1763년에 쓴 네 편의 논문은 궤변에 가득 찬 쓸모없는 독단론, 곧 당시의 형이상학과의 과감한 논쟁이라고 할 수 있다.

스콜라철학(아리스토텔레스의 형식·연역논리학을 답습하는)을 이어받은 근대 합리론 철학의 제자 볼프는 개념, 판단, 추리의 삼단논법에 의해서 인식이 완성될 수 있다고 보았다. 칸트는 독단론이 사용하는 형식적, 연역적 삼단논법을 가리켜서 쓸모없는 잡동사니(unnützlicher Plunder)라고 부른다. 칸트는 현실에 일치하는 사유와 인식의 필요성을 느끼고 있었다.

두 번째 논문에서 칸트는 선언판단(disjunktives Urteil)의 예를 살핀다. 선언판단에서 어떤 것은 a이거나 b이면 제3자는 끼어들 여지가 없다는 것이 연역논리학의 주장이다. 그러나 현실에서 어떤 물체는 다른 물체에 비해서 정지해 있으며, 또 다른 어떤 물체에 대해서는 움직인다고 할 수 있다. 이러한 사실은 단순한 형식논리학에서는 인식될 수 없다. 나중에 헤겔이나 하이데거가 등장하면서 논리학은 다양한 모습을 띠게 된다. 연역논리학(아리스토텔레스, 스콜라철학, 근대 합리론의 연역논리학)은 형식논리학임에 비해서(개념·판단·추리의 삼단논법 논리학) 칸트의 논리학은 인식 논리학이며, 헤겔의 논리학은 변증법 논리학이고 하이데거의 논리학은 존재론(존재의 논리학)이라고 할 수 있다. 칸트는 수학과 논리학 그리고 자연과학(우주론, 물리학, 지리학 등)을 기초로 깔고 있으므로 단순한 형식논리학에 의존하는 형이상학을 해체하고 인식론의 기초가 명확한 형이상학으로서의 철학을 구축하고자 했던 것이다.

3. 신존재는 증명할 수 있는가

칸트가 1762~1763년에 집필한 네 논문들의 각 내용을 간략하게 요약해 보기로 하자. 「네 가지 삼단논법적 도식의 그릇된 궤변」에서 칸

트는 당시의 철학 내지 형이상학을 일컬어서 "쓸모없는 잡동사니"라
고 한다. 당시의 철학은 기초닦기가 매우 허술하다는 것이다. 특히 당
시 철학을 대표하는 볼프의 형이상학이 독단론적 형이상학임을 암시
하고 있다. 「철학에서 부정적 양 개념을 안내하기 위한 시도」에서 칸
트는 형식논리에서의 선언판단이 반드시 타당한 것은 아님을 지적한
다. 예컨대 '사과는 사과이거나 아니거나이다'라는 선언판단의 논리
는 제3자를 모른다는 것이다. 조금 비약일지 모르나 헤겔 변증법의
씨앗이 보인다. 사과는 사과즙이 될 수도 있고 식초가 될 수도 있다.
사과는 사과이거나(a) 아니면 사과 아닌 것(ㄱa)이거나라는 선언판
단을 넘어서서 제3자도 허용한다. 좀 더 나아가자면 칸트는 현대의
다치논리도 예견하고 있다고 할 수 있다.

「자연신학의 그리고 도덕의 원칙의 명확성에 대한 탐구」는 칸트가
베를린 과학 아카데미의 현상논문에 응모해서 멘델스존(Moses Men-
delssohn)에 이어서 2등으로 당선된 것이다. 여기에서도 칸트는 수학
과 논리학의 절대적인 독단을 거부하고 제아무리 형식논리적으로 증
명될 수 있는 것도 현실적으로는 증명되지 않는다고 주장한다. 예컨
대 신 개념(der Begriff Gottes)은 논리적으로 제아무리 증명한다고
할지라도 현실적으로는 증명되지 않는다. 이러한 지적은 『순수이성비
판』의 변증론, 그리고 더 나아가서는 『실천이성비판』의 도덕법이나
선의지 그리고 『판단력 비판』에서의 목적론적 판단력 등이 꽃필 수
있는 싹의 모습을 엿보게 해준다.

네 번째 논문 「신존재 증명을 위하여 유일하게 가능한 증명 근거」
에서 칸트는 자신이 "해변도 없고 등대도 없는 어두운 대양에서 fin-
steren Ozean ohne Ufer und ohne Leuchttürme" 헤매는 것이 아닌
지, 알아채지 못한 조류가 자신의 항해를 혼란하게 하지 않았는지 자

문한다. 당시 형이상학자들(철학자들)이 신존재 증명에 대해서 제시한 논리는 크게 보아 세 가지였다. 칸트가 '어두운 대양'이라고 한 것은 신존재 증명을 말한다.

플라톤, 아리스토텔레스, 플로티노스 등 그리스 철학자들은 아테네의 신들을, 그리고 아우구스티누스, 아퀴나스를 뒤이은 서양의 철학자들은 거의 모두 기독교의 신을 자명하고도 명석판명한 관념(idea clara et distincta)으로 받아들이고 있다. 마르크스, 포이에르바하, 니체, 프로이트 등은 별종들이다. 마르크스는 종교는 아편이라고 했다. 포이에르바하와 니체는 인간이 타인들을 지배하기 위해서 교묘하게 날조한 것이 신이라고 하였다. 프로이트는 자신을 유물론자라고 하면서 의식은 에너지(Energie)이자 힘(Kraft)인 정신(Geist)이라고 했다. 만일 칸트가, 기독교 하나님에게 전혀 관심 없고 하루하루 살면서 입에 풀칠하기 바쁜 평민의 삶을 깊이 성찰해 보았다면 그는 신존재에 대해서 어떤 생각을 했을까?

로마, 런던, 파리, 마드리드 등은 물론이고 동유럽이나 스칸디나비아의 여러 나라를 가보아도 기독교 하나님은 사람들의 일상에 관습으로 녹아들어가 있다. 유럽인들에게는 다빈치가 그린 남자 노인네 하나님이 전혀 낯설지 않다. 전지전능해서 절대적인 힘을 가진 하나님은 유럽인들 편이다. 신은 힘센 노인네 남자니까 남성 우월주의는 매우 자연스럽게 유럽 역사를 물들인다. 유럽인들 중에는 극소수가, 남자가 신인 것이 미안해서인지 성모 마리아를 높이 숭배하기도 한다. 이 시점에서 나는 칸트가 도가의 노자, 장자나 아니면 불교의 선이나 해탈 또는 깨달음에 대해서 아주 조금이라도 알았더라면 어땠을까 하고 생각해 본다. 하긴 헤겔도 『종교철학』에서 기독교야말로 절대정신(신)이 변증법적으로 가장 발전된 종교인 세계종교라고 으스댄 것을

보면, 칸트 역시 유럽의 전통에서 굳세게 기반을 다진 기독교의 신존
재를 결코 한순간도 떠날 수 없었을 것이다.

약 60년 전 내가 대학 4학년 때로 기억된다. 주간지『타임 TIME』
을 시간 지난 것 열 권쯤 사서 영어 공부한답시고 방에 박혀 읽다가
무릎을 탁 치게 되었다.『타임』지에서 미국의 신부들과 목사들에게
설문했다. "당신은 하나님이 있다고 확신합니까 아니면 없다고 확신
합니까? 당신은 왜 신부나 목사로서 예배 활동을 계속하고 있나요?
솔직하게 답해주세요." 이 설문에 대한 답은 세 가지였다. 1) 나는 분
명히 하나님이 있다고 믿는다. 따라서 복음을 전하기 위해서 예배한
다. 2) 현재 나는 하나님이 확실히 있는지 아니면 없는지 잘 모르겠
다. 그러나 복음을 전하는 일이 선행이므로 예배한다. 3) 하나님은 없
다. 그래도 성서에 따라 예배하는 일이 인류를 옳게 인도하는 것이므
로 예배한다. 이들 세 가지 답을 한 신부나 목사의 수는 각각 삼분의
일이었다.

인간의 출현이 삼백만 년 전인가? 무수한 세월이 지나면서 어떤 곳
에서는 자연적인 태양, 달, 바다, 산 또 어느 곳에서는 거대한 동식물
을 초월적 신으로 섬겼고… 노자나 장자는 우주원리인 도를, 석가모
니는 절대경지인 깨달음을 추구했으며, 유럽인들은 서서 죽은 예수
님-하나님을 신으로 섬겼다. 종교나 신에 대한 내 입장은? 나도 물론
모든 것을 분석, 종합, 비판의 견지에서 바라보고 가장 바람직한 입장
을 가져보려고 하지만, 나는 일단 판단중지하고 그저 모든 것들을 바
라보기만 한다. 도대체 뭐하는 것이냐고? 아, 그렇구나! 그렇구나!
이렇게 속으로 되뇌면서 보이는 것을 조용히 바라본다는 것이다. 플라
톤, 아리스토텔레스, 아우구스티누스, 칸트, 헤겔 등 무수한 철학자들
의 나무들이, 잡초들이, 돌들이, 모래들이… 여기저기에 널려있구나.

다시 칸트의 네 번째 논문 「신존재 증명의 유일하게 가능한 증명 근거」로 되돌아가자. 칸트는 당시 신존재 증명을 세 가지로 나눈다. 1) 우주론적 신 증명(der Kosmologische Gottesbeweis). 세계존재는 최고의 원인, 곧 신존재를 안 가질 수 없다는 것이 바로 우주론적 신 존재 증명이다. 여기에서 세계존재는 현실적이지만, 최고의 원인은 전혀 현실성을 결여하고 단지 공허하게 사변적으로(생각에 의해서) 추리되었으므로 현실과 사고의 메꿀 수 없는 괴리가 생길 수밖에 없어서 이러한 증명은 설득력이 없다는 것이 칸트의 주장이다. 2) 물리-신학적 신 증명(der physiko-theologische Gottesbeweis). 이 세계는 질서 있고 아름다운데 그러기 위해서는 이 세계가 임의적으로 생긴 것이 아니고 세계 창조자인 신이 필히 존재하는 것이라는 주장이 바로 이 신 증명의 입장이다. 그러나 칸트는 여기서도 세계는 현실이지만 현실로부터 비약하여 세계 창조자인 신이 단지 형식적으로 사유된다고 비판한다. 3) 존재론적 신 증명(der ontologische Gottesbeweis). 존재론적 신 증명을 가장 대변하는 인물은 중세의 안셀무스이다. 안셀무스는 『프로슬로기온』(Proslogion)에서 "신은 더 이상 클 수 없는 어떤 것이다"라고 말함으로써 신은 전지전능한 존재이므로 필연적으로 존재하지 않을 수 없다고 했다. 안셀무스는 『프로슬로기온』 제15장에서 "그는 생각될 수 있는 것보다 더 크다는 것 Quod maior sit quam cogitari possit"이라고 함으로써 그, 곧 하나님(Deus)은 전지전능한, 완전하고도 절대적인 존재이므로 그러한 존재는 존재하지 않을 수 없다고 존재론적 신 증명을 제시한다. 칸트는 존재론적 신 증명에 동의한다. 나중에 칸트는 목적론적 신 증명(der teleologische Gottesbeweis)을 제시한다. 따라서 칸트의 신존재 증명은 존재론적 신 증명과 아울러 목적론적 신 증명이라고 할 수 있다.

칸트는 뉴턴 물리학의 영향을 받아 순수이성에 의해서 자연 현상을 탐구하려고 했다. 그리고 시간강사 시절 정교수가 되어 점차로 독단적 형이상학을 비판하고 루소로부터 지대한 영향을 받아 순수하게 이론적, 형식적인 철학탐구를 벗어나서 실천적 행동의 문제, 곧 원리·도덕의 문제를 탐구하게 되었다. 순수이성(이론이성)에 의해서 칸트는 자연 형이상학을 그리고 실천이성에 의해서 그는 윤리(도덕)형이상학을 탐구하게 된다.

4. 아름다움과 숭고함의 감정

칸트는 1764년 「아름다운 것의 그리고 숭고한 것의 감정에 대한 고찰」(Beobachtungen über das Gefühl des Schönen und Erhabenen)을 발표했다. 이 논문은 「아름다움과 숭고함의 감정에 대한 고찰」이라고도 할 수 있는데, 루소의 자연적인 보편의지(volonté générale)와 영국 경험론의 도덕 심리학으로부터 많은 영향을 받은 것이다. 루소의 보편의지에 맞먹을 주제를 제시한 영국 경험론 철학자는 흄이다. 흄은 『인간 본성론』(A Treatise of Human Nature)에서 인간은 누구나 도덕감(moral sense)을 가지고 있다고 했다. 아름다움과 숭고함의 감정에 대해서 칸트가 논한 의도는, 이제 칸트는 미적 아름다움과 도덕적인 숭고함을 더 이상 형식적인 이성의 논리로 탐구할 것이 아니라 감정의 측면에서 찾아야 한다는 것이다.

숭고한 도덕법이나 자유의지가 윤곽을 갖추기 위해서는 그리고 미적 판단력이 체계화되기까지는 앞으로도 매우 긴 연구와 사색의 시간을 거쳐서 『실천이성비판』(1788)과 『판단력 비판』(1790)이 나타나기를 기다리지 않으면 안 되었다. 「아름다운 것의 그리고 숭고한 것의 감정에 대한 고찰」에서 제시된 아름다움과 숭고함의 감정에 대한 칸트의 논의는 제대로 성숙하지 못하고 두 감정의 근거를 감정에서 찾고 있지만, 앞으로도 언급한 것처럼, 칸트는 아름다움과 숭고함의 감정은 결코 형식논리나 자연과학의 탐구 대상이 아님을 강조한다.

이 논문은 모두 네 절로 되어있다: 1) 숭고한 그리고 아름다운 감정의 상이한 대상들에 관해서. 2) 인간 일반에 있어서 숭고한 것의 그리고 아름다운 것의 특성에 관해서. 3) 남녀 양성의 상호관계에서 숭고함과 아름다움의 차이에 대해서. 4) 민족의 성격이 서로 다른 숭고함과 아름다움의 감정을 근거로 삼는 한에 있어서 민족의 성격에 관해서.

제1절에서 칸트는 똑같은 대상에 대해서 사람들이 서로 다르게 느끼는 근거는 대상의 특징 때문이 아니고 각 인간의 감정이 다르기 때문이라고 한다. 아름다움의 감정과 숭고함의 감정은 인간의 본성과 연관된 것이고 대상에 속한 것이 아니다. 즉 인간이 대상을 보고 쾌감이나 불쾌감(Lust oder Unlust)을 가지고 아름다움이나 숭고함을 느끼는 것은 인간 자신의 감정 때문이라는 것이다.

나는 여기에서 칸트가 "아름다운 것의 그리고 숭고한 것의 감정 Gefühl des Schönen und Erhabenen"이라는 표현보다는 오히려 "아름다움의 그리고 숭고함의 감정 Gefühl der Schönheit und Erhabenheit"이라고 썼으면 독자가 훨씬 더 쉽게 칸트의 의도를 파악할 수 있지 않았을까 생각해 본다. 칸트는 "숭고함은 움직이게 하고 아름다움은 자극한다 Das Erhabene rührt, das Schöne reizt"라고 말하며 전율적으로 숭고한 것(das Schreckhaft-Erhabene), 눈에서의 영롱한 상쾌함을 통한 아름다움(das Schöne durch glänzende Heiterkeit in den Augen)과 같은 표현을 동원한다.

제2절에서 칸트는 숭고함과 아름다움(또는 숭고한 것 das Erha-bene과 아름다운 것 das Schöne)이 제각기 가지고 있는 성질에 대해서 논의한다. 예컨대 오성(Verstand: 이해력이나 분별력)은 숭고하고 해학은 아름다우며, 담대함은 숭고하고 위대하고, 책략은 왜소하지만 아름답다. 칸트는 숭고함과 아름다움이 인간에게서 조화를 이룰 때 인간은 덕스럽다고 말한다. 그가 "도덕적인 고유성들에 있어서는 참다운 덕만 오로지 숭고하다"고 했을 때, 이러한 말은 암암리에 실천적인 도덕법이나 자유의지를 예견하게 해준다.

제3절에서 칸트는 남녀 양성에서 나타나는 숭고함과 아름다움의 차이를 관찰하는데 그러한 관찰은 그 당시에 남성과 여성에 대한 일반적인 사고방식을 반영하므로 큰 의미가 없는 것 같다.

제4절에서 칸트는 다양한 민족에게서 나타나는 아름다움과 숭고함의 감정의 특징을 살핀다. 아름다움의 감정은 이탈리아, 프랑스인에게서 가장 잘 나타난다. 숭고함의 감정을 가장 잘 대변하는 민족은 스페인, 영국, 독일의 민족이다. 칸트의 「아름다움의 그리고 숭고함의 감정에 대한 고찰」의 4절에서 나는 칸트가 유럽 중심주의 그리고 독일 중심주의를 벗어나지 못하고 있으며, 아직 인류 평등의 휴머니즘 사상을 소유하지 못하고 있음을 꿰뚫어볼 수 있었다.

칸트는 물론 유럽 민족 이외에도 아라비아인, 페르시아인, 일본인은 유럽인에게 근접하는 아름다움과 숭고함의 감정을 가지고 있다고 본다. 그러나 그는 중국인, 인도인, 북아메리카 미개인 등은 숭고함의 감정은 어느 정도 가지고 있어도 아름다움의 감정은 거의 없다고 본다. 그는 흑인에 대해서 이렇게 말한다. "아프리카 흑인은 본성상 멍청함을 뛰어넘는 어떤 감정도 가지고 있지 않다 Die Negers von Afrika haben von der Natur Kein Gefühl, welches über das Läppische stiege." 이어서 그는 이렇게 말한다. "그들은 매질로써 서로 사냥당하지 않으면 안 된다 sie mit Prügeln müssen aus einander gejagt werden."

이렇게 당당하게 말하는 칸트에게서 과연 인간 평등 사상을 발견할 수 있을까? 약간 비약 같지만 하이데거가 떠오른다. 하이데거는 2차 세계대전으로 6백만 명의 유태인이 포로수용소에서 독가스로 살해된 사실을, 4천 5백만 명 이상의 인명이 히틀러 나치 독일군에 의해서 살해당한 사실을 전혀 몰랐을까? 하이데거는 교묘하게 침묵하며 존재자의 존재에 대해서 끊임없이 강의하고 저술하였다. 1962년 박종홍 교수는 한 학기에 두세 시간만 강의하면서 고매한 하이데거와 대담하고 왔다면서 근엄한 표정으로 말씀하셨다. 하이데거는 20세기의 가장 위대한 실존주의 철학자이자 존재론자로 이름을 드높였다. 하이데거는 죽을 때까지 자신이 나치 완장을 차고 히틀러-나치에 적극적으로 협조한 악마와 같은 악행의 죄에 대해서 단 한마디 사죄의 말도 하지 않았다.

칸트는 「아름다움과 숭고함」의 논문 마지막 절에서 아프리카 흑인을 몽둥이로 때려잡아야 한다고, 사냥해야 한다고 되뇌었다. 고금동서의 유명하고 위대한 성인군자와 철학자들에게서 물론 배울 것이 많을 것이다. 그러나 부엌 한 구석의 먼지 한 알, 길거리의 잡초나 모래한 알로부터도 우주만물의 이치를 배울 수 있지 않는가? 칸트에게서 엄청나게 도움 되는, 가치 있는 많은 것들을 배울 수 있다. 그리고 또 칸트에게서 아프리카 흑인을 몽둥이로 때리면서 사냥하는 것도 배울수 있다.

5. 심령술사의 꿈

칸트가 1766년 발표한『형이상학의 꿈을 통해서 밝힌 심령술사의 꿈』
(*Traüme eines Geistersehers erläutert duch Träume der Metaphysik*)
은 한마디로 당시의 전통적, 스콜라철학적인 독단론에 물든, 인간의
실천 영역을 도외시한 형식적 형이상학에 대한 비판이다.『순수이성
비판』(1781)과『실천이성비판』(1788) 등 칸트의 본격적인 비판철학
이 등장하기까지는 아직 많은 시간이 남았음에도 불구하고 칸트는
1760년으로부터 1770년에 이르기까지 자신의 비판철학을 착실히 구
상했다. 그리고 1770년 교수취임논문을 발표하고 본격적으로 비판철
학을 구상하는 데 꼬박 10년의 시간을 인내해야만 했다.

칸트는 1763년 베를린 왕립 과학 아카데미의 공모 논문으로 발표
한「자연신학의 그리고 도덕의 원칙들의 명확성에 관한 탐구」(Unter-
suchung über die Deutlichkeit der Grundsätze der natürlichen
Theologie und der Moral)의 두 번째 고찰에서 이렇게 말한다. "형이
상학은 우리들의 인식의 첫 번째 근거들에 관한 철학 이외의 다른 것
이 아니다 Die Metaphysikist nichts anderes als eine Philosophie
über die ersten Gründe unseres Erkenntnisses." 인식(앎)의 뿌리가
명백한 철학은 칸트가 보기에 긍정적인 형이상학이다. 반대로 앎의
뿌리가 혼란스럽고 엉망인 철학이, 말하자면 전통적인 독단론적 형이
상학이다.

심령술사(Geisterseher)라는 단어에서 가이스트(Geist)는 생명, 활
력, 정신, 영혼, 혼령, 망령, 유령 등 매우 많은 것들을 뜻한다. 심령술
사(Geistereseher)는 '혼령들을 보는 자'이다. 우리나라의 무당이나
점쟁이는 일종의 심령술사이다. 그들은 초월적인 능력을 가지고 있다

고 자부한다. 1980년대 초 한 출판사에서 『터』라는 초능력과 연관된 책이 나왔다. 이 책의 저자는 소위 도사로서 일종의 심령술사였다. 그는 비명횡사한 대통령 부인의 묘지 속을 투시해 보니 머리카락과 손톱이 지나치게 길게 자랐으므로 명당으로 이장해야 한다고 말했다. 그런데 그는 아들이 아침에 등교하다가 도로에서 교통사고 당해서 세상을 등질 일에 대해서는 아차 실수로 통찰할 수 없었다고 했다.

   요약해서 말하자면 영혼 또는 혼령(혼백)은 주관적 문제이므로 객관적 자연의 주제가 될 수 없고, 우리들의 현실 세계에서도 참답게 인식할 수 없다. 그럼에도 불구하고 주관적인 혼령 문제를 자연 현실의 문제와 헷갈리게 말한다면 그렇게 말하는 사람은 공상가에 지나지 않는다. 칸트는 『심령술사의 꿈』 머리말에서 이렇게 말한다. "저승은 공상가들의 파라다이스이다. 여기에서 그들은 자기들이 멋대로 정착할 수 있는 광대한 땅을 발견한다 Das Schattenreich ist das Paradies der Phantasten. Hier finden sie ein unbegrenztes Land, wo sie sich nach Belieben anhauen können." 무당이나 점쟁이를 보면 거의 전지전능한 것처럼 보인다. 무당들은 신내림을 받았다고 한다. 무당들이 모신 신으로는 불상, 달마대사, 맥아더 장군, 이순신 장군, 아기 인형… 등 참 많다. 이런 신들(혼령들)과 접신해서 자기들은 미래를 예언한다고 한다. 무당들이나 점쟁이들이 반도체 산업의 전망, 인공지능, 정보통신 등의 발전 방법에 대해서 치밀한 방향 제시를 해줄 수 있다면 얼마나 좋을까?

   1980년대 나와 같은 학과에 독일 튜빙겐대학에서 철학박사를 딴 교수가 있었다. 어느 날 아침 커피 타임에 그 교수가 입을 열었다. "어젯밤 텔레비전에서 이스라엘 마술사 유리 겔러가 숟가락을 들고 다 함께 얏 하는 기합과 함께 숟가락을 구부리자고 해서 따라했지 뭐야!

아, 그랬더니 유리 겔러의 초능력이 내게 전해져서 숟가락이 막 구부러지는 거야!" 그 교수는 한국에서는 명문 사립대학 물리학과를 졸업하고 독일로 유학 갔던 분이다. 옛날에는 정치가나 사업가가 이름난 점쟁이를 찾아갔다. 사업이 망하거나, 국회의원 출마를 앞두거나, 결혼을 앞둔 청춘남녀거나, 대학입시를 앞둔 학부모거나 많은 사람들이 유명한 점집의 단골들이었다. 선하게 살고 깨달음을 얻자는 곳이 교회나 사찰일 텐데 대입 철만 되면, 내 자식은 붙고 남의 자식은 떨어지라는 "수능 전 백일기도"라는 현수막이 사찰이나 교회 앞에 펄럭인다. 무당이나 점쟁이가 망상에 사로잡혀 있는 것처럼 학문, 철학 또는 형이상학이 망상에 갇혀있다는 것이 칸트의 지적이다. 칸트는 끈기와 인내심을 가지고 비판철학의 길을 다져나가고 있었다.

칸트는 『심령술사의 꿈』 1부 1장에서 이렇게 고백한다. "말하자면 나는 혼령들이 존재하는지 알지 못한다. 실로 한층 더 나아가서 일찍이 나는 혼령이라는 단어가 무엇을 의미하는지 알지 못한다. Ich weiß also nicht, ob es Geister gebe, ja was noch mehr ist, ich weiß nicht einmal, was das Wort Geist bedeutet." 칸트는 이 당시 이미 영국 경험론의 실증주의 심리학과 루소의 실천적, 도덕적 보편의지(volonté générale)의 영향을 받고 있었다. 칸트가 보기에 혼령은 독단적 형이상학의 영역에 속하는 주제인데, 이러한 형이상학이 인식의 근거를 결여한다면 그것은 단지 망상일 뿐이다.

칸트는 『심령술사의 꿈』 제2부 2장에서 스웨덴의 심령술사 스베덴보리(Emanuel von Swedenborg, 1688~1772)에 대해서 흥미롭게 언급한다. 그는 대담하고 명쾌한 지성의 소유자로서 박식했으며 스웨덴의 이름난 학자로서 신비스런 능력의 소유자로 알려져 있었다. 그를 추종하는 광신자들이 생겨 스베덴보리주의자들(Swedenborgianer)이

스웨덴, 북미, 영국 등에 종교재단을 설립했다. 나중에 1893년 스베덴보리를 추종하는 81개의 종교집단이 영국의 섬들 여기저기에 번성하였다.

칸트는 심령술사 스베덴보리에 관한 두 가지 사건에 대해서, 직접 체험한 것은 아니고 증인들로부터 보고를 받았다. 첫 번째 사건: 스베덴보리는 스톡홀름에서 멀리 떨어진 괴테보리에 머물고 있었다. 스톡홀름에서 화재가 발생한 날 스베덴보리는 멀리 떨어진 괴테보리에서 혼령으로 스톡홀름의 화재 발생을 보았고, 자기 친구의 집이 전소했고 자기 집도 위험하다고 했다. 저녁에 그는 자기 집이 화재를 면했고 자기 집 앞의 집 세 채가 불탔다고 말했다. 나중에 스톡홀름에서 괴테보리로 달려 온 급사가 스베덴보리의 말이 사실이라고 증언했다. 두 번째 사건: 스톡홀름에 거주하는 네덜란드 대사의 미망인이 작은 커피점에서 스베덴보리를 만나기를 청했다. 미망인 왈, "선생님, 남편이 사망 전 은식기류 값을 다 지불하고 영수증을 받았다고 했어요. 그런데 가게에서 저에게 상당액수의 은식기류 값 지불하라는 청구서가 왔네요." 스베덴보리 왈, "이층 장롱을 찾아보세요." 장롱을 찾아본 미망인이 와서 왈, "영수증은 아무리 찾아도 없어요." 스베덴보리 왈, "장롱 속 서랍을 열어보면 그 밑에 종이가 있고 종이들 아래에 영수증이 있을 거예요." 미망인이 그 말에 따라서 서랍을 열고 그 밑을 뒤졌더니 영수증이 나왔다고 한다. 칸트의 입장은 뭘까? 믿거나 말거나인가?

칸트는 스베덴보리의 신비주의(심령술의)가 지닌 초감각적 능력의 정체에 대해서 설명해 줄 것을 스베덴보리에게 편지로 부탁했다. 스베덴보리는 바쁘신 몸이라며 곧 출판될 『천상의 비밀들』(Coelestia arcana)을 잘 읽어보면 자신을 이해할 거라고 중간 연락인을 통해서 칸트에게 알렸다. 얼마쯤 지나서 8권으로 된 스베덴보리의 책이 출판되었다. 당시 봉급 없는 강사였던 칸트는 그래도 스베덴보리의 신비주의에 관심을 가지고 무리해서 책을 사서 펼쳐보고 한마디로 실망하고 말았다. 칸트는 스베덴보리의 책들이 "헛소리 Unsinn"로 도배되어 있음을 단번에 알았다. 그러나 이 책들은 날개 돋친 듯 팔려나갔다. 흄은『인간 본성론』이 너무 안 팔려『영국사』를 썼더니 베스트셀러가 되었다. 칸트는『순수이성비판』(1781)을 출판했는데 안 팔려서, 이 어려운 책의 안내서를 내어야겠다고 생각해서 2년 후『프롤레고메나』(1783)를 출판했으나 이 책도 별로 많이 판매되지 않았다.

『심령술사의 꿈』을 하나하나 모두 상세히 소개하는 것은 별 의미가 없다.『심령술사의 꿈』에서 칸트는 우선 형이상학이 학문다운 학문 내지 철학다운 철학이 되기 위해서는 형이상학의 기초닦기가 되는 철저한 인식론 비판이 선행해야 한다는 것을 암암리에 강조한다. 다음으로 칸트는 혼령(정신이나 영혼)과 같은 주관적인 문제를 객관적 자연에 끌어들이면 망상 이외의 다른 것이 나올 수 없다고 본다. 그는 실천적인 윤리, 도덕적 영역은 자연탐구와 다른 방법으로 탐구해야 할 것도 암시한다.

칸트는 실천적 윤리·도덕의 문제를 우리가 명확히 인식할 수 없는 혼령의 영역에서 탐구하기를 거부한다. 그래서 그는 독단적 형이상학과 함께 스베덴보리의 신비주의를 냉소적으로 비웃으며 비판하는 것이다. 이와 같은 칸트의 입장은 1770년 교수취임논문과 함께 한층 더 비판적인 입장이 성숙해지며 앞으로 등장할 비판철학의 토대를 차근차근 다지는 역할을 담당한다.

6. 감각세계와 정신세계

칸트는 31세인 1755년 보수 없는 사강사(Privatdozent)가 되어 철학과 연관된 여러 분야에 걸쳐 강의를 했으며 여러 편의 중요한 논문을 발표했다. 그는 15년에 걸친 긴 사강사 기간을 끝내고 46세인 1770년 정교수로 임용되어 교수취임논문「감각세계와 정신세계의 형식과 원리들에 대하여」(De mundi sensibilis atque intelligibilis forma et principiis)를 발표했다. 사람들은 보통 이 논문을「감성계와 지성계의 형식과 원리」라고 번역하는데 이것은 일본식 번역이어서, 나는 이해하기 쉽게 원래 뜻대로 번역해 보려고 시도했다. 당시 교수취임논문은 라틴어로 작성해서 발표해야 하는 것이 관례였다. 이 논문은 칸트의 비판철학을 위해서 매우 중요한 위치를 가진다. 이 논문은 지금까지의 칸트의 철학 작업을 모두 농축시켜서 핵심 내용들을 거른 것이다. 따라서 이 논문은 앞으로 10년간의 긴 시간에 걸쳐서 수없이 가다듬고 사색하여야 칸트의 비판철학의 간판인 『순수이성비판』(1781)이 나올 수 있는, 아직은 매우(?) 불완전한, 소위 칸트 말대로 형이상학적 인식(metraphysische Erkenntnis)의 스케치에 해당한다.

나는 여기에서 우선 칸트의 교수취임논문의 핵심 내용에 대한 명백한 윤곽을 제시한 후 상세한 부분들을 살펴볼 것이다. 이 논문의 주제는 무엇인가? 이 논문은 무엇을 논의하려고 하는가? 답은 아주 간단하다. "인간은 세계를 어떻게 아는가?"라는 물음을 던지고 그 답을 찾고자 하는 것이 칸트가 이 논문을 쓴 의도이다. 세계(mundus)는 대상 또는 전체이다. 이 당시 칸트가 말하는 인간의 인식능력에는 감각(sensus)과 지성(intellectus) 두 가지가 있다. 감각은 현상세계(Phaenomenon)를 인식하며 지성(정신)은 본체세계(Noumenon)를 인식한다.

감각성질은 두 가지 형식을 가지고 있는데 감각성질의 내적 형식은 시간(tempus)이고, 감각성질의 외적 형식은 공간(spatio)이다. 여기서 칸트는 감각 인식과 정신 인식을 혼동하면 오류가 생긴다는 것을 강조한다. 이상이 교수취임논문의 간략한 핵심 내용이다.

말도 안 되는 소리 한마디. 감각의 성질을 칸트는 『순수이성비판』에서 감성(Sinnlichkeit)이라고 말한다. 그런데 독일에서 칸트로 철학박사 딴 한국의 어느 교수가 이 감성(Sinnlickeit)을 예술적인 감정으로서의 감성(Gefühl)과 한글 발음이 똑같으니까 두 개념의 의미를 똑같은 것으로 망상(착각?)하여 칸트 교수취임논문에서의 시간(tempus)을 감성 형식(Gefühlsform), 곧 예술적 감정 형식으로 확신하고 한국 시인들의 감성(Gefühl)이 칸트의 감성의 직관형식과 동일하다는 논문을 학술지에 발표한 일이 있었다. 어디 이런 교수들이 한둘이겠는가?

교수취임논문은 모두 5절로 되어있다. 이 논문과 『순수이성비판』의 구성과의 연관성은 대강 다음과 같다. 이 논문의 1절은 논문에서 칸트가 탐구하고자 하는 주제를 제시한다. 이 논문의 3절은 『순수이성비판』의 선험적 감성론(Die transzeudentale Ästhetik)의 명확한 기초가 된다. 이 논문의 2절과 4절은 『순수이성비판』의 선험적 논리학(Die transzendentale Logik)을 매우 불완전하게나마(?) 예견하게 해준다. 이 논문의 5절은 『순수이성비판』의 선험적 방법론(Transzendentale Methodenlehrd)을 예견하게 한다.

이 논문 제1부의 제목은 '세계 개념 일반에 대해서 De notione mundi generatim' 이다. 미리 말하지만 이 논문에서 칸트는 감각으로 지각할 수 있는 세계를 감각세계(mundus sensibilis) 그리고 정신(지

성)으로 인식할 수 있는 세계를 정신세계(mundus intelligibilis)라고
한다. 우리가 감각 기관을 통해서 지각할 수 있는(sensibilis) 세계가
감각세계이다. 그런가 하면 우리가 지성(intellectus) 또는 정신(mens)
에 의해서 생각할 수 있는 또는 파악할 수 있는 세계는 정신세계이다.
왜 이런 설명을 하는가? 철학 교수들은 다들 똑같이 감성계(mundus
sensibilis)와 지성계(mundus intelligibilis)라고 말하는데, 나는 감성
계, 지성계보다 감각세계, 정신세계 또는 감각성질의 세계, 지성(정
신)세계라고 표현하는 편이 훨씬 더 이해하기 쉬운 것 같다.

　이 논문의 제2절 제목은 '감성적인 것과 지성적인 것 일반의 구분
에 대하여 De sensibilium atque intelligibilium discrimine genena-
tim'이다. 칸트는 인식(cognitio)을 감각성질의(감성적) 인식과 지성
(정신)적 인식 두 가지로 나누고, 감각에 대응하는 세계를 감성적 세
계라고 부른다. 칸트는 감성(sensualitas: 감각의 성질 또는 감각의 능
력)은 주관의 수용성(receptivitas subiecti)이며, 지성(intelligentia 또
는 이성의 능력: rationalitas)은 주관의 능력(facultas subiecti)이라고
한다.『순수이성비판』으로 가면 칸트는 감성을 그대로 물려받지만 지
성은 폐기처분한다. 이 논문에서 칸트는 감성이 인식한 것은 현상하
는 대로(uti apparent: 나타나는 대로) 주관이 인식한 감각적인 것
(sensibilia: 사물)이고, 지성(정신)이 인식한 것(intellectualia)은 주
관이 있는 그대로(sicuti sunt) 인식한 지성적인 것이라고 한다. 나타
나는 대로(uti apparent) 인식한다는 것은 껍데기만 안다는 것이고 있
는 그대로(sicuti sunt) 인식한다는 것은 사물 자체를 온전히 안다는
것이다. 감성세계는 껍데기 세계이고 지성세계는 참된 세계이다. 예
컨대 남자가 여자를 볼 때 보통 겉모습만 보는데 이것은 여자의 감성
세계이다. 만일 남자가 여자의 참다운 전체를 안다면 이것은 여자의

지성적 세계이다. 감각에 겉으로 나타나는 대로의 여자가 있을 수 있고 또 본래 존재하는 그 자체로서의 여자가 있을 수 있어서 이런 여자는 정신적으로 파악할 수 있는 대상이다. 과연 그럴까?

제2절 §7에서 칸트는 도덕적 개념(conceptus morales)은 순수한 지성 자체에서 인식된다고 한다. 도덕 개념은 감성 인식의 대상이 될 수 없다는 것이다. 이 말은 『순수이성비판』의 선험적 방법론 그리고 더 나아가서 『실천이성비판』의 구성을 조금은 예견하게 해준다. 칸트는 §8에서 다음처럼 말한다. "그러나 순수한 지성 사용에 제1원리를 포함하고 있는 철학이 형이상학이다. Philosophia autem prima continens principia usus intellectus puri est Metaphysica." 그는 이어서 형이상학의 예비적 학문(scientia propaedeutica)은 지성적 인식으로부터 감성적 인식의 차이를 가르치는 것이라고 한다. 이와 같은 예비학은 한참 후 『순수이성비판』에서 확실한 윤곽을 드러나게 된다. 제2절 §9에서 칸트는 순수 지성의 보편적 진리들은 오직 지성만 인식할 수 있다고 한다. 보편적 진리들은 실재하며 실재하는 것들의 공통된 척도는 완전성인 본체(perfectio Noumenon)이다. 또한 이러한 본체는 도덕적 완전성(perfectio moralis)이다. 좀 더 상세히 살펴볼 것 같으면, 본체는 이론적 의미에서 완전하고 실천적 의미에서도 역시 완전하다.

본체는 이론적 의미에서는 최고 존재자(ens summum), 곧 신(Deus)이고 실천적 의미에서는 도덕적 완전성이다. 이러한 견해는 『순수이성비판』의 '선험적 논리학'에서 논의되고 나중에 『실천이성비판』의 뼈대를 이루는 기초가 된다. 지성적 인식에 대해서 칸트는 플라톤이나 데카르트의 전통을 따르고 있다. 물론 이 입장은 『순수이성비판』에서는 폐기처분된다. 그럼에도 불구하고 본체는 나중에 사물 자체

(Ding an sich: 물자체), 이념(Idea) 등의 개념을 가지면서 칸트철학의 문제점들을 해결하기 위해서 아등바등 몸부림친다. 왜냐하면 칸트는 이론이성(오성 내지 이해력)의 범주들을 억지로 빌려서 본체(또는 본체들)를 안타깝게도 요청하고 여기서 한 걸음 더 마구잡이로 나아가서 도덕법, 자유의지, 신 등이 도덕적 행동을 규제하는 규제 원리의 역할을 행하면서 엄연히 존재한다고 엄포를 놓기 때문이다. 신은 완전성의 대상이 아니고 완전성의 원리이므로 인간은 이 원리에 따라서 지성 인식의 능력을 발휘할 수 있다는 것이 칸트의 억지이다.

칸트는 제2절 §12에서 현상과 순수 직관에 대해서 논의한다. "대상으로서 우리의 감각에 관계되는 것들은 모두 현상이다 Quaequmque ad sensus nostros referuntur ut obiecta, sunt phenomena."에서 칸트는 순수 직관과 시간, 공간을 말하고자 한다. 감각성질은 현상을 인식하는 순수 직관을 가지고 있고 인간의 순수 직관(intuitus purus)은 공간과 시간의 개념(conceptus spatii et temporis)을 포함한다. 그래서 칸트는 계속해서 이렇게 말한다. "이로써 순수 인식은 기하학에서 공간을 그리고 순수 역학에서 시간을 고찰한다 Hinc Mathesis pura spatium, considerat in Geometria, tempus in Mechanica pura." 여기에서 순수 인식이란 감성적 인식을 말하고 감성적 인식의 직관형식은 두 가지인데 외적 형식은 공간이고 내적 형식은 시간이다. 이 견해는 나중에 『순수이성비판』의 감성론에 그대로 채용된다.

교수취임논문 제3절 제목은 다음과 같다. '감성적 세계의 형식적 원리들에 대하여 De principiis formae mundi sensibilis'. 앞에서 살펴본 것처럼 교수취임논문의 2절은 4절과 함께 대부분 『순수이성비판』의 '선험적 논리학'과 연관되고 시간, 공간 부분만 『순수이성비판』의 선험적 감성론에 연관된다. 그러나 3절은 중점적으로 시간과

공간을 감성적 인식의 조건으로 취급하고 있으므로 이 부분은 나중에
『순수이성비판』의 '선험적 감성론'과 밀접한 관계가 있으며, 이 3절
의 시간, 공간에 대한 내용은 큰 수정 없이 그대로 '선험적 감성론'의
중요 부분을 이루게 된다.

제3절 §14의 3에서 칸트는 이렇게 말한다. "그러므로 시간의 관념
은 직관이다. 그리고 그것은 감성적인 것들에서 우리가 만나는 관계
들의 조건(condicio)으로서 모든 감각에 앞서서 파악되기 때문에 감
각적인 것의 직관이 아니고 순수 직관(intuitus purus)이다." 나중에
칸트는 시간을 가리켜서 선험적인 직관형식이라고 말하는데, 이 개념
은 순수 직관을 칸트가 자신의 형이상학적 인식론의 체계에 맞게 손
질한 것이다.

말하자면 우리가 눈으로 대상을 직접 보든지 안 보든지 간에 시각
은 경험과 상관없이 순수 직관형식으로서 시간을 가지고 있다는 것이
다. 그래서 순수 직관이라고 한 것이다. 그래서 『순수이성비판』에서
칸트는 "우리의 인식은 감각경험과 함께 시작되지만, 감각경험으로부
터 나오는 것은 아니다"라고 말한 것이다. 칸트는 뉴턴과 라이프니츠
의 영향을 크게 받았지만 시간에 대해서는 뉴턴보다 라이프니츠의 입
장을 따랐다. 뉴턴의 물리학적 시간(공간과 함께)은 절대적 실재이자
사물들 자체(자연 자체)의 속성이었다. 그러나 라이프니츠는 뉴턴과
클라크의 시간론에 반대해서 시간(공간과 함께)은 현상적이며 혼란
스러운 관념이요 표상이라고 했다. 그러나 칸트는 라이프니츠 편에
서면서도 시간, 공간의 관념을 정리해서 교수취임논문에서 시간과 공
간을 주관의 감성적 인식에 있어서의 조건, 곧 순수 직관이라고 했다.

쉬운 예를 들어보자. 앞에 장미꽃 한 송이가 있다고 하자. 눈으로
볼 때 꽃이 움직이는지 안 움직이는지 알 수 있고 또 꽃의 크기를 알

수 있다. 아직 확실한 꽃 개념이 생기지 않았다. 우선 장미꽃이 눈이
라는 카메라에 찍히는 것이다. 꽃의 움직임(운동 내지 시간)과 꽃의
크기(공간)가 내 눈의 카메라에 찍힌다. 여기서 문제는 꽃의 운동(시
간)을 붙잡을 수 있는 시간(빠르기)의 틀이나 그물(형식)이 나의 시
각(또는 다른 감각들)의 성질 안에 본래부터 존재한다는 것이다. 또
꽃의 크기(공간)를 파악할 수 있는 조건(순수 직관)이 감각에 본래부
터 있다는 것이 칸트의 주장이다. 칸트의 설명만 따라가면 참으로 그
럴듯하다. 개나 소도 눈은 있지만 순수 직관은 안 가지고 있을까? 오
늘날 우리들이 신경생리학이라든지 인지이론을 조금이라도 접할 수
있다면 칸트식의 황당한 인식론(인지이론)은 가까이 하지 않을 것이
다. 그럼에도 불구하고 우리는 칸트의 감성적 인식에 있어서 시간과
공간에 관한 논의에 접할 때, 그의 끈질긴 탐구정신, 비판정신 그리고
종합정신을 배울 수 있다. 교수취임논문 제3절 §15에서 칸트는 공간
에 대해서 설명한다. 그는 공간의 개념(conceptus spatii)은 모든 외적
감각의 근본 형식(omnis seusationis externae forma fundamentalis)
이라고 한다. 시간은 현상의 내면을 통해서 움직이면서 흘러가므로
모든 내적 감각의 근본 형식(조건)임에 비해서 공간은 크기로서 현상
의 외면을 장식하니까 모든 외적 감각의 근본 형식이라는 것이다.

칸트는 뉴턴의 물리적 시간을 그대로 이어받으면서 그것을 자기 나
름대로 인식주관의 감성적 인식에 있어서 인식의 순수 직관으로 변형
시킨다. 사색의 여유가 있는 독자라면 아우구스티누스의 종교적 시
간, 베르그송의 공감으로서의 시간, 러셀의 시간·공간의 사건, 심리
적 시간 등을 살펴보기를 바란다. 칸트의 시간과 공간에 대한 생각이
지극히 편협한 것이고 합리론적이기를 넘어서서 매우 관념론적인 특
징을 가진다고 볼 수 있다.

교수취임논문 제4절의 제목은 '지성적 세계의 형식적 원리에 대해서 De principio formae mundi intelligibilis' 이다. 『옥스퍼드 라틴어 큰 사전』에 의하면 'sensibilis(감성적)'의 뜻은 '감각으로 파악할 수 있는' 또는 '지각할 수 있는, 감각 가능한' 등이며 이 단어의 명사는 sensus(감각)이고 동사는 sentio(감각하다)이다. 'intelligibilis(지성적)'의 뜻은 '마음(정신)으로 파악할 수 있는' 또는 '지성적인' 등이고, 명사는 intellectus(지성)로 뜻은 '구분하는 행위', '이해하거나 파악하는 행위', '두 사람간의 이해나 동의', '의미' 등이다. 동사형 intellego(또는 intelligo)의 뜻은 '정신적으로 파악하다', '이해하다', '추리로 이해하다', '연역하다', '존재하는 것으로 알다', '…의 가치를 알다', '…의 의미를 알다', '이해력을 가지다' 등이다. 간단히 말해서 지성적 세계(mundus intelligibilis)는 정신적 세계로서 감각세계(감성적 세계)와 대비된다. 앞에서 말한 것처럼 교수취임논문 4절은 2절과 함께 『순수이성비판』의 선험적 논리학에 연관된다.

칸트는 교수취임논문 제4절 §20에서 다음처럼 말한다. "세계의 실체들은 다른 것(타자)에 의한 존재자들이지만, 모두 다른 것들이 아니라 일자(하나)에 의해서 존재한다 Substantiae mundanae sunt entia ab alio, sed non a diversis, sed omnia ab uno." 몇 줄 아래에서 그는 계속해서 이렇게 말한다. "그러므로 우주의 실체들의 연결에 있어서 통일은 모든 것이 일자(하나)에 의존하는 결과이다 Ergo Unitas in coniunctione substantiarum, universi est consectarium, dependentiae omnium ab uno." 이들 두 문장의 뜻은 이미 제2절에서 살펴본 것과 동일하다. 감성 인식의 세계는 현상(Phaenomenon)이고 지성 인식의 세계는 본체(Noumenon)이다. 본체는 칸트가 이 논문에서 밝히듯이 플라톤의 이데아에 해당한다.

플라톤의 이데아(idea)에 대한 쉽고 간단한 설명. 현상세계에(감각 세계 또는 감성세계에) 수많은 사과들이 있다. 부사도 있고 홍옥도 있고, 먹다 만 사과, 잘 익은 사과, 덜 익은 사과, … 이렇게 서로 다른 수많은 사과들이 있을 수 있는 근거는 무엇인가? 플라톤 왈, 수많은 현상 사과들을 있을 수 있게 해주는 원형(불변하는 정신적 모범으로서의 관념 내지 개념)이 분명히 존재하기 때문에 현상의 수많은 사과들이 원형 사과, 곧 이데아 사과를 본떠 존재할 수 있다. 매우 그럴듯하고, 아우구스티누스는 물론이고 칸트도 교수취임논문에서 플라톤의 이데아 이론을 추종한다.

플라톤은 감각 대상으로서의 우주만물 모든 것들은 모두 원형들(idea들)을 가지고 있고(이데아계), 이 모든 이데아들 중의 최고 이데아는 선(to agathon)의 이데아라고 한다. 플라톤의 선의 이데아는 바울과 아우구스티누스에 이르러 일자(unum, 하나)인 신(Deus, 하나님)이 되었으며 선(bonum)의 뜻은 그대로 담고 있었다. 나는 고등학교 다닐 때 가끔 교회에 나가서 기도하는 사람들이 왜 "하나님 아버지!"라고 외치는지 궁금해했다. 기독교의 선구인 유태교에서 유태인들은 "하나님 어머니!"는 전혀 생각해 본 일이 없을까? 하나님 아버지가 인간의 마음속에 존재하는 한 남성 우월주의와 가부장제도가 계속 존속할 것이다. 한국 여성들은 결혼해도 자신의 성을 여전히 가지지만 유럽 여성들은 일단 결혼하면 남편의 성을 가지게 된다. 그러면서도 유럽인들은 입으로는 인간 평등과 남녀 평등을 소리친다. 우주만물 실체들(idea들)의 궁극적 근거와 원리는 하나님(Deus, 신)이라고 철석같이 믿으면서 말이다. 칸트는『순수이성비판』에서 감성 인식과 감성적 세계(감각세계)는 그대로 인정한다. 그러나 그는 지성 인식과 지성적 세계에 대한 주장은 폐기처분한다.『순수이성비판』에서 칸트는 지성적 세계의 인식 대신에 지성적 세계의 이념들(자유, 영혼불멸, 신)이 인식이나 실천을 규제하는 원리들이라는 핑계를 내세워 지성적 세계를 요청한다. 매우 영리하고 약은 것 같지만 좀 비겁한 것 같기도 하다.

교수취임논문 5절의 제목은 다음과 같다. "형이상학에서 감각적인 것과 지성적인 것에 관한 방법에 대하여 De methodo circa sensitiva et intellectualia in metaphysica." 이 논문의 §24에서 칸트는 이렇게 말한다. "감각적인 것과 지성적인 것에 관한 모든 형이상학적 방법 (omnis metaphysicae methodus)은 무엇보다 다음과 같은 지침으로 되돌아간다. 즉 감각적 인식에 고유한 원리들이 자신의 한계를 넘어가서 지성적인 것에 영향을 미치지 않게끔 매우 조심해야만 한다." 감각 인식(감성 인식)과 지성 인식(정신적 인식)은 서로 질적으로 다른 것이고 또 각각의 세계도 다르기 때문에 한계를 명백히 해야 한다는 것이 제5절의 주요 내용이다. 인식능력의 명확한 구분은 나중에 비판철학에 가서 『순수이성비판』의 순수이성, 『실천이성비판』의 실천이성 그리고 『판단력 비판』의 판단력으로 명확하게 이루어진다.

교수취임논문 제5절은 2절과 4절의 내용을 이어받으면서, 감성 인식이 지성 인식의 영역을 침입할 경우 또는 이들 두 가지를 혼동할 경우 어쩔 수 없이 생기는 오류에 대해서 언급한다. 감성 인식이 지성적 인식의 형태를 지닐 때 나타나는 모든 신기루(omnes praestigiae)는 몰래 훔친 공리들(formulas subrepticia)이다. 무슨 말? 감성 인식이 시간과 공간의 조건을 멋대로 넘어가서 이념들(예컨대 자아의 자유, 영혼불멸, 신 등)을 안다고 큰소리치면 그것은 헛된 신기루이고 훔친 공리에 지나지 않는다는 것이다.

칸트는 훔친 공리들을 세 가지로 구분하는데 그것들을 각각 요약하면 다음과 같다. 1) 대상 직관을 위해서 유일하게 가능한 감각적 조건(conditio sensitiva)은 대상 자체의 가능성의 조건(conditio ipsius possibilitatis obiecti)과 동일하다. 이 말은 감성의 순수 직관(시간과 공간)으로 본체를 직관할 수 있다는 것을 뜻하는데, 이런 주장은 신기루이자 부당하게 훔친 공리라는 것이다. 2) 대상에 대해 지성적 개념을 형성할 수 있게 해주는 감성적 조건은 그 대상 자체의 가능성의 조건과 동일하다. 3) 주어진 대상을 지성적 개념에 포섭시키는 감성적 조건이 있는데, 이 조건은 그 대상 자체의 가능성의 조건과 동일하다. 이들 세 가지 그릇된 공리들은 감성 인식과 지성 인식을 명백히 구분해야만 감각세계(감성적 세계)와 정신세계(지성적 세계)를 구분할 수 있다는 것을 밝히기 위한 것이다. 이 문제에 대해서 칸트는 『순수이성비판』의 선험적 방법론에서 그리고 선험적 논리학의 제2부 선험적 변증론에서 자신의 형이상학적 인식론의 윤곽을 분명하게 제시하면서 나름대로 수많은 수정을 가하여 체계적으로 기술하고 있음을 알 수 있다.

7. 비판적 고찰

나는 지금까지 이 책의 4장 '칸트의 글쓰기'에서 칸트의 비판철학이 등장하기까지의 인내로 가득 찬 길고 긴 칸트의 글쓰기 과정을 나름대로 친절하게 소개하였다. 가끔 내 글쓰기의 열정이 과할 때는 감정적인 발언도 서슴지 않았다. 칸트가 젊어서부터 공부벌레면서 매우 꼼꼼한 샌님이었던 것은 부정할 수 없다. 1970년대 독일 유학 시절 칸트와 헤겔의 철학 성격에 대한 농담을 들은 것을 아직도 기억하고 있다. "칸트는 길거리에 1페니(우리 돈으로 5원 정도 되는 동전)가 떨어져 있으면 그것을 꼼꼼히 챙겨서 주머니에 넣는다. 그러나 헤겔은 1페니나 10페니는 쳐다보지도 않고 적어도 5마르크(우리 돈으로 2500원 되는 주화)가 되어야 주워서 주머니에 넣는다"는 농담이었다.

칸트가 대학 졸업할 때쯤부터 사강사가 되기까지 그리고 사강사 시절부터 정교수에 취임해서 교수취임논문 「감각세계와 정신세계의 형식과 원리들에 대하여」(De mundi sensibilis atque intelligibilis forma et principiis, 감성적 세계와 지성적 세계의 형식과 원리들에 대하여)를 발표할 때까지 그는 비판철학의 체계를 구상하고 있었다. 그의 철학 작업은 이때부터 다시 만 10년의 담금질을 끝내고 『순수이성비판』의 열매를 맺을 수 있었고 계속해서 『실천이성비판』과 『판단력 비판』이 나왔다.

칸트는 플라톤, 기독교 철학(신학), 영국 경험론과 대륙 합리론, 뉴턴 물리학 등으로부터 지대한 영향을 받았고 동시에 이들을 비판함으로써 종합적인 비판철학을 구성할 수 있었다. 칸트의 학문적 업적은 그보다 조금 이르거나 동시이거나 또는 조금 늦은 제바스치안 바하, 괴테, 실러 등이 독일의 정치적 통일 분위기와 동일한 정신을 가졌다는 사실과 깊은 연관성이 있다고 보는 것이 내 견해이다. 이 점은 다른 곳에서 다시 논의할 것이다.

나는 칸트가 유물론자(동시에 물활론자) 데모크리토스, 고대 그리스 소피스트들(궤변철학자들), 르네상스 시절의 쿠자누스, 파라켈수스, 브루노, 그리고 그들 이전의 기독교 신비주의 철학자 마이스터 에크하르트 등을 접할 수 있었으면 하는 아쉬움이 있다. 그리고 또 이미 4세기에 유럽에 알려진 불교에 관해서 조금이라도, 칸트가 신 없는 깨달음의 절대 경지를 알았더라면 하는 아쉬움도 있다.

내가 보기에 칸트를 비롯해서 동서고금의 모든 사상가들은 모두 위대하다. 그러나 또 다른 내가 보기에 소크라테스를 위시해서 모든 철인들 그리고 고금동서의 모든 인간들은 들과 산의 풀과 나무와 같다. 소나무는 위대하고 잔디는 무가치할까? 나는 길가에 작은 먼지 덩어리일 때도 있고 냇물에 피라미 한 마리 또는 산등성이를 넘어 날아가는 한 마리 기러기일 때도 있다. 물론 또 다른 나도 비판하고 수정하고 주장한다.

그러나 나에겐 영원불변하거나 보편필연적인 존재나 진리는 너무 거리가 멀다. 역사, 문화, 유전인자, 관습과 습관 그리고 환경 등을 통해서 인간은 문명과 문화 그리고 예술, 종교, 학문, 과학 등을 가다듬어 오지 않았을까? 여기서 엄청나게 큰 문제는 역사가 너무나도 인간 중심적이었으며 소위 모든 진리(자유, 평등, 박애도 물론)는 권력을 등에 업고 거들먹거려 왔음에도 불구하고 인간은 그 사실을 수단 방법 가리지 않고 숨겨왔다는 것이다.

소위 선진국이며 문명과 문화를 앞장서서 이끌어왔다는 영국, 프랑스(스페인, 포르투갈), 독일, 네덜란드 그리고 이들보다 뒤에 미국이 아프리카 흑인들에게 한 짓을 되돌아보자. 아프리카 대륙과 남미를 식민지로 만들고 (동남아 여러 국가들을 포함해서) 온갖 착취를 자행한 백인들의 행태는? 백인의 선진국들이 찬란한 문명과 문화를 이룩했다고 한다. 독일인과 일본인이 세계대전에서 저지른 짓은? 그들은 현대 사회의 지금 이 시점에서도 거들먹거리면서 인간의 수치심마저 망각하고 있다. 위대한 칸트의 「아름다움과 숭고함의 감정」에서 그가 유럽 중심주의 그리고 독일 우월주의를 말하고 더 나아가 아프리카 흑인을 때려잡고 사냥해야 한다고 외칠 때 나는 위대한 칸트에게 소름 끼치지 않을 수 없다. 1970년대 독일 유학 시절, 기숙사 강당에서 독일과 타국의 축구 시합을 독일 학생들과 텔레비전으로 볼 때 독일 학생들은 맥주를 마시고 약간 취기가 있는 상태에서 "하일 히틀러! 하일 히틀러!" 외치고 있었다.

나는 이제부터 인간은 인간 중심적인 사고방식을 버리고 자연 중심적, 세계 중심적 또는 우주 중심적인 사고를 가져야만 인간이 바람직한 삶을 영위할 수 있지 않을까 하는 생각을 해본다. 물론 불교도 많이 퇴색했지만 그래도 내가 가끔 불교를 들먹이는 것은 기독교가 지나치게 백인 중심적, 남성 중심적, 가부장적, 인간 중심적이기 때문이다.

칸트의 비판철학과 체계철학도 배우면 학문에 좋은 양식이 된다. 그러나 칸트철학에서 섭취할 것은 섭취하고 버릴 것은 과감히 버림으로써 나는 맛있는 나만의 비빔밥 학문을 조리할 수 있다고 믿는다. 나는 칸트에게서 비판정신, 분석과 종합정신 그리고 체계정신은 받아들인다. 그러나 나는 칸트의 선험적인 보편필연적 감성의 직관형식, 보편개념들(신, 인간의 자유의지, 영혼불멸) 등은 과감히 쓰레기통에 던져버린다. 요새는 쓰레기도 잘만 다루면 재활용하여 소중한 생활용품으로 만들 수 있는 시대이다.

5

우리는 무엇을 알 수 있는가 (1)

1. 장미꽃 한 송이 그리고 감각세계의 현상

칸트는 우리들 인간의 영혼의 능력(Seelenvermögen) 또는 정신의 능력을 사유(Denken), 의욕 또는 욕구(Wollen 또는 Begehren), 느낌(Fühlen: 감정) 등 세 가지로 나눈다. 이 세 가지에 따라서 『순수이성비판』(*Kritik der reinen Vernunft*, 1781 A판, 1787 B판), 『실천이성비판』(*Kritik der praktischen Vernunft*, 1788), 『판단력 비판』(*Kritik der Urteilskraft*, 1790)이 구성된다. 칸트는 1770년 교수취임논문 「감각세계와 정신세계의 형식과 원리들에 대하여」(De mundi sensibilis atgue intelligibilis forma et principiis)를 쓴 후 1771년 6월 7일 친구 헤르츠(Marcus Herz)에게 보낸 편지에서, 감성(Sinnlichkeit: 감각성질)과 오성(Verstand: 이해력, 분별력)이라는 인간의 영혼능력의 주관적 원리들(subiective principien)과 전체 철학에서 바로 대상으로 향하

는 것(was gerade auf die Gegenstände geht in der ganzen Welt-weisheit)과의 구분이 매우 중요하다는 것을 강조했다.

앞에서도 잠깐 언급했지만 나는 독자의 이해를 쉽게 하기 위해서 칸트의 교수취임논문 제목을 「감각세계와 정신세계의 형식과 원리들」이라고 번역했는데 그것을 이제부터 「감성적 세계와 지성적 세계의 형식과 원리들」로 직역해도 무리가 없을 것이다. 칸트는 1771년부터 교수취임논문의 감성적 세계와 순수 직관(감각성질의 직관)은 살리고 다른 부분은 폐기처분한 채 장고에 들어갔다. 드디어 1781년 57세 때 『순수이성비판』과 함께 칸트의 비판철학과 체계철학의 확고한 구조가 드러나기 시작했다. 나는 이 책의 5, 6장에서 『순수이성비판』(A판과 B판)과 『학문으로 등장할 수 있는 미래의 모든 형이상학을 위한 입문』(『프롤레고메나』, *Prolegomena zu einer jeden künfti-gen Metaphysik, die als Wissenschaft wird auftreten können*, 1783)을 주로 참조하면서 칸트의 인식론(사유론)을 살펴볼 것이다. 이 책의 7, 8장에서 나는 『윤리형이상학을 위한 기초닦기』(*Grundlegung zur Metaphysik der Sitten*, 1785), 『오직 이성의 한계 내에서의 종교』(*Die Religion innerhalb der Grenzen der bloßen Vernunft*, 1793), 『실천이성비판』 등 세 권을 중심으로 칸트의 도덕철학(윤리학)을 살펴볼 것이다. 그리고 9장에서 나는 『판단력 비판』의 주요 내용을 요약함으로써 칸트의 미학과 목적론의 의미를 간략히 살필 예정이다. 칸트의 비판철학 전체를 해설하고 또 비판하자면 밑도 끝도 없고, 지나치게 방대한 분량과 내용을 소화할 수 없으므로 나는 앞에서 몇 차례 말한 대로 내가 필요하다고 생각하는 부분만 취사선택해서 가능한 한 간략히 살펴볼 것이다.

칸트는『순수이성비판』뒷부분에서 다음의 세 가지 물음을 던진다. 1) 나는 무엇을 알 수 있는가 Was kann ich wissen? 2) 나는 무엇을 행해야만 하는가 Was soll ich tun? 3) 나는 무엇을 희망해도 되는가 Was darf ich hoffen? 이 세 물음은 인식(사유), 의욕(욕구: 윤리), 느낌에 대한 물음이다. 내가 분명히 기억하건대『논리학 강의』에서 칸트는 이 세 물음을 네 가지 물음으로 확장한다. 1) 우리는 무엇을 알 수 있는가 Was können wir wissen? 2) 우리는 무엇을 행해야만 하는가 Was sollen wir tun? 3) 우리는 무엇을 희망해도 되는가 Was dürfen wir hoffen? 4) 인간이란 무엇인가 Was ist der Mensch? 칸트의 비판철학은 철학적 인간학 또는 인간학이라고도 할 수 있다.

『순수이성비판』에서 칸트는 독단적 형이상학을 타파하고 보편·타당한 형이상학을 (철학을) 구축하기 위해서 형이상학의 뿌리인 인식론을 철저히 검토하고, 동시에 보편·필연적인, 곧 선천적(apriori)으로, 다시 말해서 모든 경험에 선행해서 이성이 가지는 능력을 밝힌다. 선천적(apriori)은 후천적(aposteriori, 경험적)에 대립한다. 그래서 칸트는 이성은 인식의 형식들을 포함하며 이성의 활동은 종합 활동이라고 한다. 인식의 선천적 형식들(apriorische Formen der Erkenntnis)은 다음과 같다. 1) 감성직관(감각성질의 직관)의 형식들은 시간과 공간이다. 2) 오성(Verstand: 이해력 또는 사유)의 형식들은 범주들(Kategorien)이다.

장미꽃 한 송이가 나(주관)의 앞에 있다고 하자. 우선 꽃이 내 시야에 들어오는데, 그 꽃이 움직이는지 안 움직이는지 그리고 그 꽃이 큰지 작은지가, 다시 말해서 꽃의 운동과 크기가, 내 시각성질이 경험과 상관없이 가지고 있는 시간과 공간의 틀에 잡힌다. 이렇게 시작에 잡힌 그림(상)을 표상(Vorstellung)이라고 한다. 카메라 액정 화면에 가장 먼저 뜨는 것은 대상의 상인데 칸트는 이 상을 표상이라고 한다. 표상은 아직 붉은 장미꽃 한 송이가 되지 못한다. 붉은 장미꽃 한 송이라는 개념이 성립하기 위해서는 오성(사유, 이해력)의 범주가 표상을 능동적으로 장식해야 비로소 확실한 개념 형성 과정이 완성된다. 흄은 장미꽃 한 송이를 볼 때 처음에는 인상(impression)이 강하게 나타나고 이 인상이 약해지면 그때 비로소 장미꽃 한 송이라는 관념(idea)이 생긴다고 했다. 그놈이 그놈이다. 단지 칸트는 감성(Sinnlichkeit)이나 오성(Verstand: 사유, 이해력)이 불변하는 선천적 형식들을 가지고 있으므로 표상과 개념이 만들어진다고 보는 점에서 흄과 다르다. 칸트는 경험론과 합리론을 종합했지만 여전히 합리론과 관념론에 기울고 있다.

2. 시간과 공간 그리고 자연과학의 세계

칸트는 사강사 시절 이전부터 그리고 사강사가 되고 나서 정교수가 될 때까지 그리고 또 『순수이성비판』이 나올 때까지 물리학, 수학, 논리학을 끊임없이 연구했으며, 무엇보다도 보편타당한 자연과학의 근거를 확립하려고 했다. 다시 말해서 자연 형이상학의 명확한 인식근거를 찾아야만 전통적인 독단론 형이상학을 타파할 수 있다고 생각했다.

감각경험을 근거로 삼는 자연과학은 영국 경험론의 자연과학이다. 로크나 흄처럼 감각경험을 뿌리로 삼는 자연과학은 보편필연성을 결여하고 단지 의심스러울 뿐만 아니라 상대적인 자연과학이 될 뿐이다. 칸트는 교수취임논문에서의 시간·공간론을 『순수이성비판』에서 그대로 받아들여서 시간·공간(Zeit·Raum)을 인식의 선천적 직관형식(apriorische Anschauungsformen der Erkenntris)이라고 부른다. 공간은 외부의 크기를 붙잡는 직관형식이므로 그것은 감성(감각성질)의 외적 직관형식이다. 시간은 내면에서 움직이는 운동(빠르기)을 붙잡는 직관형식이므로 그것은 감성의 내적 직관형식이다. 그러나 외적 직관형식은 결국 내적 직관형식에 포함되기 때문에, 공간은 비록 감성의 외적 직관형식임에도 불구하고 궁극적으로는 감성의 내적 직관형식에 포함된다는 것이 칸트의 입장이다.

칸트에 의하면 감각경험만으로는 대상의 상(표상)이 그려지지 않는다. 대상의 상(표상)이 그려지기 위해서는 감각경험의 직관(형식)이 반드시 필요하다. 직관형식이 수동적으로 작동해야만 대상이 시간·공간이라는 그물(틀), 곧 직관형식에 붙잡혀서 상이 맺힐 수 있다. 이제 칸트는 서서히 확고부동한 자연과학의 인식론적 기초를 닦아가고 있는 것이다. 그러나 감각경험의 직관형식(시간·공간)만 가지고는 단지 상만 그려졌을 뿐 명백한 개념이 성립하지 못한다. 바야흐로 사유(Denken, 생각 내지 사고)의 형식이 능동적으로 대상의 상(표상)을 꾸미고 장식함으로써 대상의 개념이 형성되어 자연과학의 인식론적 토대가 완성된다는 것이 칸트의 생각이다.

3. 미인 한 사람 그리고 개념

칸트는 경험적 감각직관의 대상을 표상(Vorstellung)이라고 부른다. 이 말의 뜻을 분석해 보자. 예컨대 "나는 한 사람의 미인을 안다"라고 할 경우, 보통 미인을 보고 안다는 것을 말한다. 아는 것은 물론 감각으로 안다는 것이다. 그러나 감각으로 아는 것은 앞 절에서도 보았듯이 반쪽만 아는 것이다. "나는 한 사람의 미인을 나의 경험적 감각 직관의 형식으로 안다"고 할 때도 역시 미인에 대한 나의 앎은 아직 분명치 않다. 이 경우의 "한 사람의 미인"은 칸트에 의하면 아직 완전한 앎이 되지 못한 '현상'에 지나지 않는다. 앞 절에서도 이미 언급한 것처럼 표상은 상(모습 또는 형태)에 지나지 않는다. 경험적 감각 직관의 형식은 대상을 파악하는 틀 내지 그물이라고 할 수 있고 그것들은 바로 시간과 공간이다. 감각 직관은 대상의 빠르기를 파악하는 틀(시간)과 대상의 크기를 붙잡는 틀(공간)이 있어서 '미인 한 사람'을 파악함으로써 미인의 표상(상)을 만든다는 것이다. 이 상(표상)을 사유(Denken), 곧 오성(Verstand: 이해력 또는 분별력)의 선천적 형식인 범주들이 능동적으로 파악함으로써 또는 구성함으로써 "한 사람의 아름다운 미녀"라는 개념이 형성되어 인식(앎)이 완성된다는 것이다.

　다시 한번 표상에 대해서 정리해 보자. 인간(나)으로서의 인식주관이 있고 외부의 대상이 있다고 하자. 이 경우 나는 대상을 보고 "이 사람은 한 사람의 아름다운 미인이다"라고 판단하면서 인식주관으로서의 나 자신이 "한 사람의 아름다운 미인" 개념을 가지게 된다. 사유(오성)의 범주에 대해서 나는 이 책 제6장의 4절에서 구체적으로 살펴볼 것이다. 칸트는 표상(Vorstellung)에서 감각에 대응하는 것을 현상의 재료(die Materie der Erscheinung)라고 하고, 잡다한 현상을 특정한 질서로 정리할 수 있는 것을 현상의 형식(die Form der Erscheinung)이라고 한다. 여기에서 아리스토텔레스의 형이상학에 따라서 현상의 질료(Materie)와 형상(Form)의 뜻으로 새겨도 큰 무리는 없겠지만 나는 현상의 재료와 형식이라는 개념을 사용하기로 한다.

　대상과 감각 직관이 만날 때 앎이 시작된다. 대상과 주관에 감각 직관이 만나서 표상이 생긴다. 표상(상)의 두 가지 요소는 재료와 형식이다. 칸트에 의하면 재료(질료)는 후천적(a posteriori)임에 비해서 형식(형상)은 선천적(a priori)이다. 후천적이라는 말은 경험적이라는 의미를 가진다. 선천적이라는 말은 본래부터 또는 감각경험과 상관없이라는 의미를 가진다. 참고 삼아 칸트철학에서 자주 등장하는 선험적(transzendental)은 '선천적'과 거의 유사한 뜻을 가지며, '경험에 앞서는'의 의미를 가진다. 그런가 하면 초월적(transzendent)이라는 말은 인간의 능력을 뛰어넘는 대상(존재)에 대해서 언급할 때 쓰는 말이다.

더 자세히 보자. 우선 외부 대상이 있다. 다음으로 나(주관)는 경험적 감각 직관을 가지고 이 외부 대상과 만나면서 표상을 만들어 낸다. 칸트는 범주들의 통일에 일치하는 것으로 생각된 현상(Erscheinung)을 페노메나(Phaenomena : 현상)라고 부름으로써 아직 범주에 의해서 규정되지 않은 현상(Erscheinung)과 구분하고자 하나 두 가지 용어를 혼용하거나 현상(Erscheinung) 개념을 많이 사용한다. 그러면 이제 칸트의 인식론을 다음처럼 요약할 수 있다. 1) 외부 사물(대상)이 존재한다. 2) 주관의 감각 직관형식과 외부 사물이 만나서 표상이 만들어진다. 3) 사유(오성)의 형식(범주들)이 표상을 가다듬어서 개념이 형성된다. 4) 개념들로 구성된 세계는 현상이다.

칸트는 다음처럼 말한다. "감성 없이는 우리들에게 어떤 대상도 주어지지 않을 것이며, 오성 없이는 어떤 대상도 사유되지 않을 것이다. 내용 없는 사유는 공허하며, 개념 없는 직관은 맹목적이다. … 오직 오성과 감성이 합일함으로써만 인식이 생길 수 있다. Ohne Sinnlichkeit würde uns kein Gegenstand gegeben und ohne Verstand keiner gedacht werden. Gedanken ohne Inhalt sind leer, Anschauungen ohne Begriffe sind blind. ⋯ Nur daraus, daß sie sich vereinigen, kann Erkenntnis entspringen." 장미 한 송이나 미인 한 사람을 직접 보고, 다시 말해서 주관으로서의 내가 경험적 감각 직관형식에 의해서 우선 장미꽃이나 미인을 수동적으로 받아들여서 표상이나 상을 만들고, 다음으로 사유(오성)의 형식인 범주에 의해서 능동적으로 그 상(현상이나 표상)을 생각함으로써 장미꽃이나 미인에 대해서 "한 송이 붉은 장미꽃" 또는 "한 사람의 절세미인"과 같은 개념을 형성한다는 것이 칸트의 주장이다. 이처럼 대상인식에 대한 철저한 인식론은 현상으로서의 자연을 보편·필연적으로 알 수 있게 해준다는 것이 칸트의 견해이다. 칸트가 말하는 순수이성은 자연 현상을 철두철미하게 파악하기 위한 이론이성이다.

칸트는 『순수이성비판』에서 종래 인간의 인식능력으로 자신이 사용하던 지성(intellectus) 개념을 사용하지 않고, 라틴어의 이성(ratio) 개념과 유사한 의미를 가진 이성(Vernunft)을 인간의 마음(Gemüt)과 비슷한 뜻으로 사용한다. 인간의 사유능력인 지성(intellectus)은 중세 철학사를 더듬다 보면 신의 절대적인 지성(intelligentia)을 본떠서 신(하나님)이 인간에게 하사한 반쯤 절대적인 앎의 능력이다. 그러나 로고스(logos)와 밀접한 관련이 있는 이성(ratio)은 라틴 문화권에서 인간의 합리적인 능력으로 여겨진 개념이다. 그러나 이성(ratio) 역시 완전한 말, 법, 원리 등의 뜻을 가진 고대 그리스의 로고스와 밀접한 관계를 가진 개념이므로 그것 역시 완전성을 품고 있다. 서양철학은 칸트철학을 포함해서 거의 다 완전성과 절대성을 전제로 깔고 그것을 향해서 무한 질주하는 돌격의 철학이다.

우리는 오늘도 칸트와 헤겔 그리고 예수 그리스도의 철학과 종교를 따르면서 완전하고 절대적인 삶(천국?)을 향해서 숨을 헐떡이며 달려가고 있다. 그런데 내가 팔십 이상을 살다 보니까 완전하고 절대적인 삶은 어디에도 없다. 모든 사람들은 이 사실을 다 알면서도 완전하고 절대적인 삶이 마치 있는 것처럼 재미있게 삶을 유희로 삼고 살아가고 있는 것일까?

지금까지 칸트가 감각 직관과 오성범주의 합일에 의해서 대상에 대한 인식을 완성함으로써 개념을 만든다고 한 것을 살펴보았다. 오성범주와 인식론에 대해서는 앞으로 계속해서 언급할 것이다. 그런데 칸트가 말하는 직관(Anschuung)과 전혀 다른 의미에서 직관을 언급하는 몇 가지 견해를 짚고 넘어가기로 하자. 1) 일상적 의미의 직관: 야구나 배구를 운동장에 가서 직접 보는 것을 직관한다고 한다. 2) 쇼펜하우어의 직관: 지성에 의해서 세계를 보면 껍데기 세상, 곧 표상으로서의 세계지만 직관(사물을 꿰뚫어 보는 정신 능력?)으로 보면 세계는 삶에의 의지(Wille zum Leben)이다. 칸트는 참다운 대상, 곧 사물 자체(Ding an sich)는 우리가 알 수 없다고 했지만, 쇼펜하우어는 직관 능력에 의해서 사물 자체인 삶에의 의지를 알 수 있다고 했다. 니체가 초인(Übermensch)이나 힘에의 의지(Wille zur Macht) 또는 운명애(amor fati)를 알 수 있다고 했을 때 그럴 수 있는 능력은 직관이다. 3) 베르그송의 공감으로서의 직관: 베르그송은 이 세계를 살아서 움직이는 삶 자체(la vie même)로 보았다. 그는 인간의 지성(l'intelligence)은 모든 것을 공간화시키고 죽은 것으로 만든다고 주장한다.

베르그송은 칸트를 강하게 비판하면서 칸트의 이성은 지성이며 칸트가 지성에 의해서 해명하는 시간과 공간은 모두 공간에 불과하다고 말한다. 왜? 칸트가 제시하는 시간은 측정 가능하며 분할 가능하기 때문에 그것은 참다운, 살아있는 흐름(지속: durée)이 될 수 없다는 것이 베르그송의 주장이다. 예컨대 우리들이 1초, 2초, 3초, … 이렇게 시간을 셀 때 그것은 분할된 공간이고 생동하는 흐름으로서의 참다운 시간, 곧 지속이 아니다. 지성은 세계의 모든 것을 공간화하며 단지 삶의 유용성 또는 실용성을 가져다주는 데 기여하고, 생동하는 삶 자체와는 무관하다. 삶 자체를 알기 위해서는 우리들을 삶 자체와 하나 되게 해주는 공감(sympathie) 또는 직관의 능력을 사용하여야만 한다는 것이 베르그송의 입장이다. 내가 알기로 불교라든가 신유학(주자학) 또는 성리학에서의 인식론은 모두 주관의 직관적 인식을 바탕으로 삼고 있는 것 같다. 물론 불교의 유식설(唯識說)은 합리주의의 성격을 많이 띠지만 전체적으로 볼 때 여전히 직관적 인식론의 경향을 지니는 것 같다.

4. 독단적 지성과 비판적 지성

칸트의 비판철학 전체를 살펴보면 허점도 많고 또한 문제투성이임을 도처에서 찾아볼 수 있다. 칸트는 이미 선험적 감성론에서 선험적(transzendental), 선천적(apriori)이라는 요술방망이 내지 만능키를 내보인다. '선험적', '선천적'은 보편필연적이니 더 이상 따지지 말라는 독단적 바탕을 단단히 깔고 있다. 칸트는 논리학도 선험적 논리학이라고 하며, 범주 또한 선천적 오성 개념으로서의 범주라고 한다. 칸트는 자신이 제시하는 직관형식(시간, 공간)도 선천적이고 구상력(Einbildungskraft)과 통각(Apperzeption)도 선험적이니까 다른 소리하지 말라고 한다. 나는 이 시점에서 칸트의 비판철학이 과연 그가 타파하고자 한 독단론을 제대로 비판하고 붕괴시켰는지 아니면 소위 그의 비판철학이 깨어있는 자기반성을 행할 틈도 없이 다시 독단론의 늪으로 빠져들어 갔는지의 여부를 묻지 않을 수 없다.

포퍼(K. Popper)의 진리에 관한 설명이 언뜻 생각난다. 또 『논리철학논고』 마지막 부분에서 비트겐슈타인이 강하게 내뱉은 말이 언뜻 떠오른다. 포퍼는 진리는 언젠가 폐기처분되고 수많은 가설들 중 한 가지가 진리의 모습을 띤다고 했다. 그 새 진리는 언젠가 다시 폐기되고 가설들 중 하나가 진리로 되고…. 비트겐슈타인의 말: "내 글을 다 이해하고 사다리를 다 올라온 사람은 사다리를 차버리세요. 말할 수 없는 것에 대해서는 침묵합시다." 칸트는 우리들 인간이 인식할 수는 없지만 추리할 수 있는 선험적 이념들(transzendentale Ideen)이 있다고 한다. 이상하다. 추리는 개념과 판단에 의해서 이루어지는데, 알 수 없는(인식할 수 없는) 그러나 경험과 상관없는 순수한 이성개념(reine Vernunftbegriffe), 곧 영혼, 세계, 신이라는 선험적 이념들이 존재하지 않으면 안 된다고 칸트가 주장한다. 선험적 이념들에 대한 칸트의 주장은 매우 허술하지만 이 문제는 앞으로 보다 더 상세히 다룰 시간이 있을 것이다.

칸트의 비판철학은 독단론 내지 독단적 지성의 문제점을 비판함으로써 단단한 인식론의 토대를 가진 비판적 정신에 의한 비판철학을 구축하고자 한다. 나는 이 책의 5, 6장에서 『순수이성비판』에서의 (물론 『프롤레고메나』를 포함해서) 칸트의 비판철학의 내용을 중심적으로 살펴보고 있으므로 5, 6장에 걸쳐서 순수이성(reine Vernunft)의 의미를 여러 각도에서 음미해 볼 것이다. 크게 보면 칸트가 말하는 이성은 영혼(Seele)의 또는 마음(Gemüt)의, 아니면 정신(Geist)의 능력이다. 앞에서도 잠시 언급했지만 칸트 당시 학자들은 정신의 능력을 지·정·의, 곧 사유(Denken), 의욕(Wollen 또는 Begehren), 느낌

(Fühlen)으로 구분했다. 칸트 역시 당시의 경향에 따라서 세 분야에 걸친 독단론(Dogmatismus)을 비판하고 바탕이 확고한 비판철학을 세우기 위해서 『순수이성비판』, 『실천이성비판』, 『판단력 비판』 등 세 권의 방대한 비판철학 책들을 집필함으로써 자신의 비판철학의 체계를 굳혔다. 그런데 칸트의 비판철학 전체를 장식하는 이성은 너무 애매모호하다. 도대체 이성이 무엇이냐?

　칸트는 이성(Vernunft)을 크게 세 가지로 나눈다. 그것들은 각각 순수이성(reine Vernunft), 실천이성(praktische Vernunft) 그리고 판단력(Urteilskraft)이다. 그는 『순수이성비판』에서 자연 형이상학의 근거를 다지고, 『실천이성비판』에서 윤리형이상학의 바탕을 굳히며, 『판단력 비판』에서 아름다움과 목적론에 근거를 확고하게 하고자 한다. 다시 순수이성이 무엇인지 알아보자. 순수이성은 감각경험이 있든지 아니면 없든지 간에 감각경험과는 상관없이 주관의 정신 안에 존재하는 인식능력이다. 순수이성은 감각경험과 상관없으므로 그것은 선천적(apriori)이자 동시에 경험에 앞서서 있으므로 선험적(transzendental)이다.

　칸트의 『순수이성비판』에서 '비판 Kritik'이 뜻하는 의미는 간단히 말해서 철두철미한 탐구이다. 그러므로 인식능력은 선천적이자 동시에 선험적이고, '순수이성비판'은 선험적 인식능력에 대한 탐구이다. 칸트 말대로 하자면 감각경험은 대상에 대한 명확한 상을 만들 수 없을 뿐만 아니라 개념도 만들 수 없다. 감각경험의 직관형식(시간, 공간)이 작동하지 않고 눈만 멀뚱멀뚱 뜬 채로 눈앞의 장미꽃을 제아무리 바라보아도 멍청하기만 하고 결코 장미꽃의 상이 맺히지 않는다. 시간과 공간이 대상을 수동적으로 붙잡아야 상이 맺히고, 이어서 오성(사유 또는 이해력)의 범주형식들이 능동적으로 상을 장식해야만 개념이 완성됨으로써 대상인식이 이루어진다는 것이 칸트의 주장이다.

귀찮지만 몇 차례 반복해서 내가 칸트의 인식론을 말하는 것은 그의 인식론이 현재의 내가 보기에 매우 희한하기 때문이다. 물론 칸트는 경험론과 합리론의 인식론을 종합한 업적이 있다. 그렇지만 현대를 살아가는 사람이라면 앎의 문제에 있어서 역사적, 천문학적, 신경생리학적, 생물학적, 문화적 배경과 맥락을 함께 고려하지 않을 수 없다. 객관 대상에 대한 앎(인식)은 물론이고 수학, 논리학, 자아, 영혼 그리고 신에 대한 모든 앎은 위에서 열거한 여러 분야와 밀접히 연관되어 때와 장소에 따라서 다양하게 변화, 변형되어 온 것이 아닌가? 그러한 앎은 앞으로도 역시 느리게 또는 빠르게 다양하게 변화할 것이다. 어떻게 보면 삶의 힘(권력)이 인간을 좌지우지하는 것 같기도 하다. 불교는 깨달음을 최상의 목적으로 제시한다. 유교는 성인군자를 내세운다. 기독교는 절대자 하나님의 삼위일체에 대한 절대복종을 강요한다. 플라톤, 칸트, 헤겔, 퇴계, 율곡… 등 철학자들은 자신의 이론이야말로 진리라고 외친다. 내 제자들은 자기들이 독일에서 하이데거로 또는 칸트로 철학박사를 땄으니 자기들이 하이데거의 아니면 칸트의 최고 권위자라고 소리친다. 모두 다른 사람이나 다른 집단은 독단론이며 자신의 사상과 신앙과 철학만이 참답게 비판적이고 단단하다고 주장한다.

5. 공간과 시간

칸트는 인식능력에 대한 검토와 비판을 결여한 전통 형이상학을 사이

비 학문으로 여긴다. 그런가 하면 그는 자신의 참다운 전체 지식체계
를 형이상학이라고 본다. 그러므로 그는 자연 형이상학이라든가 윤리
형이상학과 같은 개념을 사용하는데, 그것들은 자연의 전체 지식체계
또는 윤리의 전체 지식체계에 대응한다. 칸트의 형이상학은 크게 자
연 형이상학(순수이성의 형이상학 또는 이론이성의 형이상학), 윤리
형이상학(자유 형이상학) 그리고 미학의 형이상학이나 목적론의 형
이상학 등 세 가지 내지 네 가지로 나누어볼 수 있다. 여기서는『순수
이성비판』의 '선험적 감성론 Transzendentale Ästhetik'에 등장하는
감성직관형식인 공간과 시간을 비교적 상세히 살펴보자. 공간과 시간
에 대한 이해는 칸트 읽기의 확실한 걸음마를 가르쳐줄 수 있다.

　칸트는『순수이성비판』에서 네 가지 가장 중요한 물음을 던지고 그
물음들에 대해서 답하고자 한다. 1) 어떻게 순수 수학(reine Mathe-
matik)이 가능한가? 2) 어떻게 순수 자연과학(reine Naturwissen-
schaft) 내지 순수 물리학(reine Physik)이 가능한가? 3) 자연적 경향
으로서의 형이상학(Metaphysik als Naturanlage)이 어떻게 가능한
가? 4) 학문으로서의 형이상학(Metaphysik als Wissenschaft)이 가능
한가? 첫 번째와 두 번째 물음에 대한 열쇠가 바로 감성(감각성질)의
직관형식들(Anschauungsformen der Sinnlichkeit)임은 앞에서 수차
례 언급했다. 물론 두 번째 물음에 대해서는 사유능력인 오성(이해
력)이 가미되어야 한다.

　여기서『순수이성비판』의 주제들과 내용을 아주 간략히 살펴보고
시간, 공간의 문제로 넘어가자.『순수이성비판』B판 서론에서 칸트는
판단들을 분석하고, 결론적으로 선천적 종합판단이 자신의 선험철학
내지 비판철학의 바탕임을 밝힌다. 나는 판단 문제를 이 책의 6장 4절
에서 구체적으로 다룰 것이다.『순수이성비판』의 1장은 선험적 원칙

론(Transzendentale Elementarlehre)이다. 이 1장의 1부가 선험적 감성론(Die transzendentale Ästhetik)이고 여기서 칸트는 공간과 시간을 논한다. 1장의 2부는 선험적 논리학(Die transzendentale Logik)이다. 여기서 칸트는 선험적 분석론(Die Analytik der Begriffe)과 원칙들의 분석론(Die Anlytik der Grundsätze)으로 나누어서 오성에 의해서 어떻게 개념이 형성되는지를 논의한다. 이어서 칸트는 선험적 변증론(Die transzendentale Dialektik)에서 순수이성의 이율배반을 논하면서 순수이성의 인식능력의 한계를, 그리고 순수이성(이론이성)이 자신의 한계를 넘어설 때 범하는 오류를 지적한다. 이렇게 해서 칸트는 자신의 자연 형이상학의 기초닦기를 견고하게 하고자 한다. 『순수이성비판』의 2장은 선험적 방법론(Transzendentale Methodenlehre)이다. 여기서 칸트는 경험을 초월하는 실체(실재)에 대한 학문, 곧 전통적 독단론적 형이상학이 주장하는 소위 초월적 형이상학 대신에 자연과학의 형이상학의 근거를 제시한다. 그리하여 그는 자연 형이상학이 근거를 가지는 선천적 인식의 완전한 체계를 포함하는 선험적 형이상학(transzendentale Metaphysik)을 정립하고자 모색한다.

　간단히 정리해 보자. 『순수이성비판』에서 칸트는 선험적인, 곧 감각경험과 상관없는 수학, 물리학, 자연과학 등의 지식을 근거로 삼아서 인간의 이성이 마지막에 부딪히는 영혼불멸, 세계, 신 등도 인식하고자 하지만 이것들은 이념들(플라톤의 이데아들?)이므로 인간이 감각현실 세계에서 결코 인식할 수 없는 대상들이다. 이 이념들은 인간이 인식할 수 없지만, 인간이 인식하고 행동하는 데 있어서 방향을 제시해 주는 규제적 원리들(regulative Prinzipien)임이 확실하다는 것이 칸트의 주장이다. 이 이념들을 알 수 없다고 해놓고 그것들이 규제적이라는 것은 어떻게 알까? 칸트는 예컨대 세계를 마주한 주관의 자유가 없다면 윤리적 실천행위가 불가능하다고 한다. 또 영혼불멸이나 신이 없다면 인간의 자유의지라든가 행복 그리고 희망 등도 무의미하므로 자유, 영혼불멸, 신 등은 인식원리가 아니라 삶의 규제원리로서 필연적으로 요청(Postulat)의 대상이라고 한다. 칸트는 안타깝고 안쓰러운 플라톤인가?

  그러면 이제 공간과 시간의 논의로 되돌아가 보자. 감성(감각성질)의 선험적 내용은 무엇일까? '선험적 transzendental'은 경험에 앞선 또는 '경험에서 생기지 않은', '경험과 상관없는'의 의미를 가진다. 칸트는 "우리의 모든 인식은 경험과 함께 시작하지만, 우리의 모든 인식이 경험으로부터 생기는 것은 아니다 Alle unsere Erkenntnis beginnt mit der Erfahrung, aber nicht alle unsere Erkenntnis stammt aus der Erfahrung"라고 말한다. 사과를 눈으로 보아야 사과의 상을 형성하고 사과라는 개념을 만들 수 있긴 하다. 그러나 사과를 눈으로 볼 때, 곧 사과를 눈으로 직관할 때 직관의 형식(틀이나 그물)이 함께 작용해야 사과의 상이 맺힐 수 있으므로, 그저 멍청하니 사과를 바라보기만 해서는 사과를 알 수 없다는 것이다. 반드시 인간 주관의 바라보는 직관(감각경험)의 형식들(시간·공간)이 동반되어야만 사과의 상이 맺힐 수 있다는 것이다. 아주 그럴듯하지만, 여유를 가지고 생각해 보면 엄청나게 노력해서 꾸며낸 허구 같기만 하다.

  칸트는 순수 수학이 어떻게 가능한가?라는 물음에 답하기 위해서 공간과 시간을 논한다. 순수 수학은 선험적 수학이다. 순수 수학의 성립 근거가 밝혀지면 물리학의 근거도 밝혀지겠고 따라서 자연(현상) 형이상학도 성립할 수 있을 것이다. 결국 칸트의 궁극적인 물음은 "어떻게 선천적 종합판단이 가능한가 Wie sind synthetische Urteile a priori möglich?"이다(이 문제는 이 책 6장 4절에서 상세히 논의한다). 현재 대부분의 우리들은 물리적 시간과 공간, 곧 세계(객관적 대상 영역이나 사태)에 실재하는 흐름(움직임 또는 운동)과 크기(연장)로서의 시간과 공간을 상식적인 시간과 공간으로 알고 있다.

칸트 이전 고대 그리스의 아리스토텔레스는 공간을 사물의 성질로 알았다. 데카르트는 공간을 실재하는 물질과 동일한 것으로 보았다. 그런데 라이프니츠는 공간을 잘 정립된 현상(phaenomenon bene fundatum)으로 보았다. 그에게 있어서 공간은 현실적인 사물과 아울러 가능적인 사물의 질서였다. 칸트에게는 공간이 사물도 아니고 사물의 성질도 아니며 또 현상도 아니다. 칸트에게 있어서 공간은 외부에서 우리들의 의식으로 들어오는 것이 아니다. 공간은 인간 주관의 인식 조건이다. 이러한 입장은 칸트의 교수취임논문에서 발표되었고, 시간과 공간에 관한 칸트의 견해는 『순수이성비판』에서도 큰 변화 없이 그대로 받아들여지고 있다. 그러나 『순수이성비판』에서는 교수취임논문의 큰 테두리가 거의 전부 폐기처분되고 있음을 잘 알 필요가 있다. 칸트에 의하면 공간에 대한 직관은 시간적으로가 아니라 논리적으로 인상(Empfindung)보다 선행한다. 왜? 공간은 순수한 감각성질의 선천적 직관형식(apriorische Anschauungsform der reinen Sinnlichkeit)이기 때문이다. 아마도 칸트는 인간의 감각성질과 모기, 나비, 개, 소, 원숭이 등의 감각성질이 전혀 다르다고 생각한 것 같고 인간 이외의 동물들의 감각성질에는 공간과 시간이 없다고 생각한 것 같다. 감각성질(Sinnlichkeit)은 보고, 만지고, 듣고, … 등 감각(Sinn)이 가진 성질이고 이것은 감정(Gefühl), 곧 우리가 예술적 감성이라고 표현하는 개념과는 전혀 다른 것이다. 칸트는 『순수이성비판』의 선험적 감성론의 1절에서 공간(Raum)에 대해서 그리고 2절에서 시간(Zeit)에 대해서 논의하고 증명하고자 한다.

칸트는 순수 수학의 가능성을 찾기 위해서, 곧 감성(감각성질)의
선험적 내용을 알기 위해서 공간과 시간을 논의하고 증명한다. 왜?
감성의 직관형식이 공간과 시간이기 때문이다. 칸트가 확신하건대 순
수 수학이란 보편필연적 학문이고 이런 학문이 가능하기 위해서는 선
천적인, 곧 변화무쌍한 경험과는 상관없는 직관형식으로서의 공간과
시간이 필히 전제되지 않으면 안 된다. 따라서 칸트는 공간과 시간의
선천성(Apriorität)을 증명하는 것이다.

칸트는 공간과 시간은 결코 감각경험적 인상(Empfindung)이 아니
라고 말한다. 경험적 인상은 흄의 인상(impression)에 해당하는데, 칸
트는 공간과 시간이 그런 인상일 수 없다고 한다. 오히려 공간과 시간
은 인상을 쪼개고 정리한다는 것이다. 이어서 칸트는 공간과 시간은
외적 인상에서 성립하는 표상(Vorstellung)이 아니라고 한다. 표상은
감성적 직관형식인 공간과 시간에 의해서 생긴 것이기 때문이다. 『순
수이성비판』에서 칸트는 직관형식에 의해서 잡다한 표상들(mannig-
faltige Vorstellungen)이 생기고, 이 표상들은 구상력(Einbildungs-
kraft: 상상력)과 통각(Apperzeption)의 도움을 받으면서 오성범주,
곧 오성형식에 의해서 개념(Begriff)이 형성된다고 한다. 이런 과정을
거치면 순수 수학의 기초닦기가 단단해진다고 하는 것이 칸트의 입장
이다.

다음으로 공간과 시간은 직관(형식)이고 결코 개념이 아니다. 개념
은 오성범주, 곧 논증적 사유(diskursives Denken)에 의해서 형성되
는 데 비해서 공간과 시간은 직관에 선천적으로 직접 주어진 직관형
식이기 때문이다. 다음으로 공간과 시간은 객관 사물에 속하는 것이
아니고 주관적 자아에 속한다. 따라서 공간과 시간은 인간의 인식의
주관적 조건(직관형식)이다. 칸트는 이어서 무한한 인상은 존재할 수

없는데, 공허한 공간과 공허한 시간은 무한하기 때문에 공간과 시간
은 인상으로부터 생길 수 없다고 한다. 칸트는 이상과 같은 논의를 통
해서 공간과 시간이 선험적(transzendental)이라는 것을 증명했다고
본다. 경험은 개연적이고 우연적임에 비해서, 수학적 명제와 법칙은
보편·필연적이라는 것이 칸트의 입장이다. 수학에 있어서 기하학은
공간을 기초로 삼고, 산수는 시간을 기초로 삼는데, 공간과 시간이 선
천적으로 수학 역시 선천적인 학문임이 증명된다고 칸트가 주장한다.

　이상과 같이 공간과 시간의 선천성을 증명하고 따라서 선험적 수
학, 선험적 자연과학 그리고 선험적 형이상학을 증명하고 성립시킬
수 있다고 확신한 칸트의 입장은 다분히 데카르트 냄새가 난다. 데카
르트는 방법론적 회의에 의해서 보편·필연적 관념들, 곧 자아, 수학
과 논리학의 명제들, 신 개념에 도달할 수 있다고 말했다. 데카르트의
방법론적 회의는 칸트에게서 선험적 감성론과 선험적 논리학으로 훨
씬 더 구체적으로 변형한다. 그래서 칸트는 순수 수학 그리고 순수 자
연과학이 또한 형이상학이 가능하다고 말한다. 그럼에도 불구하고 칸
트는 안타깝게도 자유, 영혼불멸, 신 등의 이념들과 아울러 사물 자체
는 인간이 인식할 수 없다고 한다. 왜? 인간은 자기 자신의 틀, 곧 직
관형식으로서의 공간과 시간 및 오성형식으로서의 범주, 다시 말해서
자신의 인식조건 한도 안에서만 인식할 수 있고 자신의 인식조건을
초월하는 자유, 영혼불멸, 신과 사물 자체(Ding an sich)는 전혀 알
수 없기 때문인 것이다. 무슨 소리인가? 인간이 알기는 아는데 껍데
기만 알고 알맹이는 모른다는 것이다. 그래서 후에 쇼펜하우어는 알
맹이, 곧 삶에의 의지(Wille zum Leben)를 직접 알 수 있다고 했고,
베르그송은 공감 내지 직관에 의해서 껍데기는 아예 버리고 알맹이
삶 자체(la vie même)를 알 수 있다고 했다. 칸트의 인식론은 너무 너

무 성실하고 진지하지만 너무 너무 안타깝고 답답하다. 칸트는 대상
을 알면서도 알 수 없다고 고백하는 플라톤과 기독교의 신자이다. 칸
트의 공간과 시간에 관한 논의에서 나는 많은 부분을 내가 번역한 프
리틀라인의 『서양철학사』에서 인용하고 참고했음을 밝힌다.

6. 전통 형이상학의 문제점

앞에서도 잠깐 언급했지만 칸트가 『순수이성비판』에서 던지는 큰 물
음은 "우리는 무엇을 알 수 있는가 Was können wir wissen?"이다.
이 물음을 잘게 쪼개서 칸트는 네 가지 물음을 던지는데 그것들은 이
렇다. 1) 어떻게 순수 수학이 가능한가? 2) 어떻게 순수 자연과학이
(물리학이) 가능한가? 3) 어떻게 자연적 경향으로서의 형이상학이 가
능한가? 4) 학문으로서의 형이상학은 가능한가? 이들 네 가지 물음
에 대한 칸트의 답은 일단 가능하다이다. 그러나 네 번째 물음에 대한
답에서 칸트는 매우 미적거리는데 이 점에 대해서는 뒤에 가서 살펴
보기로 하자. 나는 이 책 6장 1절에서 칸트의 형이상학에 대한 견해를
비교적 상세히 다룰 예정이고 여기에서는 칸트가 바라보는 전통 형이
상학의 문제점에 대해서 가능한 한 간략하게 살펴보고자 한다.

칸트는 자연적 경향으로서의 형이상학은 긍정한다. 그렇지만 학문
으로서의 형이상학은 반대한다. 『순수이성비판』의 선험적 변증론 편
에서 칸트는 학문으로서의 형이상학은 인간의 인식조건을 초월하는
대상을 마치 인식 가능한 대상처럼 다룸으로써 오류추리를 하고 이율
배반을 범하기 때문에 당연히 우리들이 긍정할 수 있는 학문이 될 수
없다고 한다. 칸트가 지적하는 전통 형이상학은 예컨대 플라톤, 아리

스토텔레스와 고대 그리스 철학자들의 형이상학, 그것들을 이어받은 아우구스티누스를 비롯한 기독교 교부철학자들의 형이상학, 토마스 아퀴나스를 위시한 스콜라 철학자들의 형이상학, 라이프니츠–볼프의 독단주의(Dogmatismus) 형이상학 등이다.

칸트에 의하면 초감각적 실체나 실재를 기술하는 형이상학은 단지 신념일 뿐이고 학문일 수 없다. 학문은 수학이나 자연과학(물리학)처럼 감성의 직관형식과 오성형식(범주)을 사용하여야 하는데, 경험을 초월하기 위해서 직관형식과 오성형식을 사용할 경우 오류가 생긴다. 예컨대 전통 형이상학에서는 사유하는 주관이나 자아의 관념으로부터 인간의 모든 사유를 통일하는 무조건적 원리나 존재가 있다고 증명하고자 한다. 즉 세계, 영혼불멸, 신 등의 이념들은 직관형식이나 오성범주로 파악될 수 없는 것들이다. 그럼에도 불구하고 전통적 형이상학자들은 인식 조건의 한계를 마구 벗어나서 세계, 영혼불멸, 신 등의 이념들은 인식할 수 있다고 주장하는데, 그러한 주장은 인식의 보편필연적인 근거를 상실한 것이므로 무의미한 형이상학적 주장이라는 것이 칸트의 비판이다.

7. 비판적 고찰

지금까지 이 책의 5장 '우리는 무엇을 알 수 있는가 (1)'에서 나는 칸트의 인식론의 반 정도를 들쑥날쑥 여기저기 기웃거리면서 나름대로 살펴보았다. 1962년 봄에 동숭동 캠퍼스에서 처음으로 최재희 교수의 『순수이성비판』 강독을 접한 이후 십여 년 지나서 뷔르츠부르크대학 유학 시절 베를링거 교수 밑에서 칸트, 셸링, 헤겔에 몰두했고, 귀국

해서도 가끔 칸트 전집 중 필요한 부분들을 읽곤 했다. 내가 칸트에게
서 산 것들은 그의 분석정신, 비판정신, 종합정신 등이었고, 오랜 기
간 동안 나는 칸트의 정신을 높이 평가했다.

그러나 특히 칸트의 인식론을 접할 경우 개별 과학들에 관한 칸트
의 지식이 그다지 광범위하지도 그렇다고 깊지도 않다고 느꼈을 때
아쉬움이 컸다. 아리스토텔레스의 『자연학』(Physica)이나 칸트 당시
의 생물학 그리고 의학 등에 대한 지식을 칸트가 소유했더라면 그의
인식론의 방향과 형태가 많이 바뀌었을 것 같다. 내가 보기에 칸트의
인식론은 여전히 거대담론과 또한 그가 비판 대상으로 삼은 독단론의
영역을 벗어나지 못하고 있는 것 같다. 인식론에 대한 내 생각은?

나는 내 몸 전체로 나와 대상과 세계를 안다. 앎이란 의식이고, 나
는 내 몸으로 의식한다. 내 몸은 유전인자를 가지고 있고, 역사와 문
화 그리고 성장 과정과 환경 등 여러 요인들과 밀접한 연관성을 가지
고 객관과 주관을 의식한다. 내가 말하는 의식은 프로이트, 후설 그리
고 불교의 의식 등의 냄새가 난다. 나는 '내가 안다', '내가 의식한다'
등으로 말하기도 하며 '내가 산다'라고 말하기도 한다. 나는 완전성
과 절대성(인식이나 존재에 있어서)을 인정하지 않는다. 나는 '내가
산다'라고 말하는 것이 좀 찜찜해서 '모든 것이 다 그렇고 그렇다'라
고 말하지만, 이심전심(以心傳心) 불립문자(不立文字), 역시 안타까운
표현인 것 같다.

6

우리는 무엇을 알 수 있는가 (2)

1. 과거 학문의 여왕의 정체를 밝히자

나는 앞에서 칸트가 『순수이성비판』에서 네 가지 물음들을 제시하고 그 물음들을 해결하고자 한다고 말했다. 반복해서 말하는데 네 가지 물음들은 이렇다. 1) 어떻게 순수 수학이 가능한가? 2) 어떻게 순수 자연과학(물리학)이 가능한가? 3) 자연적 경향으로서의 형이상학이 어떻게 가능한가? 4) 학문으로서의 형이상학이 가능한가? 칸트가 말하는 순수 수학은 선천적 종합판단(synthetisches Urteil apriori)으로서 수학 명제, 곧 공간을 근거로 삼는 기하학과 시간을 근거로 삼는 산수이다. 이 장의 4절에서 나는 개념 성립을 위한 구상력(Einbildungskraft), 통각(Apperzetion), 판단 그리고 범주에 대해서 비교적 명확하게 정리해 보고자 한다. 순수 자연과학(물리학)은 개념 성립에 의해서 가능하다. 그런데 세 번째와 네 번째 물음이 문제이다. 칸트의 비판철학은 철학(Philiosophie) 내지 세계지혜학(Weltweisheit) 또는 독단적 형이상학(dogmatische Metaphysik)에 대한 엄밀한 검토로서의 비판을 목적으로 삼는다.

형이상학(Metaphysik)이라는 말은 기원후 1세기 로마의 안드로니코스가 아리스토텔레스의 유작들을 정리하던 중 자연학(ta physica) 다음에(meta) 정리하게 된 책이 철학의 분과들 중 가장 중요한 사물들(존재자들)의 생성 소멸과 아울러 존재 원리들을 다룬 제1철학에 해당하는 것이었다. 그래서 그는 이 책을 『자연학 다음의 것』(ta meta ta physica)이라고 이름 붙였다. 이때부터 책 이름과 책 내용은 전혀 다름에도 불구하고 제1철학의 내용을 다룬 아리스토텔레스의 책과 아울러 그 책의 내용을 함께 『형이상학』(metaphysica)이라고 부르게 된 것이었다. 아리스토텔레스의 형이상학은 존재론, 범주론, 실체론 또는 형상론(eidos론) 등 다양하게 일컬어져 왔다. 서양 철학의 모든 형이상학은(칸트의 형이상학까지도), 현대의 하이데거의 존재론에 이르기까지 아리스토텔레스로부터 지대한 영향을 받았다.

나는 여기에서 전통 형이상학에 대한 칸트의 비판적 견해를 살필 것이고, 구체적인 칸트의 형이상학 비판에 대해서는 이 장의 5절과 6절에서 다룰 것이다. 칸트는 『순수이성비판』 A판 머리말 앞부분에서 전통 형이상학에 관해서 이렇게 말한다. "형이상학이 모든 학문들의 여왕으로 일컬어진 시기가 있었다 Es war eine Zeit, in welcher sie die Königin aller Wissenschaften genannt wurde." 이어서 그는 이렇게 말한다. "처음에 형이상학의 지배는 독단론자의 통치 아래 전제군주적이었다 Anfänglich war ihre Herrschaft, unter der Dogmatiker, despotisch." 간단히 말해서 아리스토텔레스 이후 라이프니츠-볼프에 이르기까지, 곧 칸트 바로 이전까지 형이상학이 모든 학문들의 여왕이었다는 것이 칸트의 지적이다. 그런데 그게 어떻다는 말인가? 전통 형이상학이 무슨 문제가 있다는 것인가?

이미 앞에서 밝힌 것처럼 칸트는 자신의『순수이성비판』의 선험적 감성론과 선험적 분석론을 통해서 우선 객관적 경험의 형이상학(선험적 순수 수학)의 성립을 증명한다. 다음으로 그는 자연과학의 형이상학도 성립 가능함을 증명한다. 칸트가 제시하는 세 번째 형이상학은 심리학적 가능성으로서의 형이상학이다. 이 형이상학은 도식화되지 않은 범주를 사용하여 사물 자체(Ding an sich)를 사유할 수 있다고 주장한다. 칸트에 의하면 대부분의 전통 형이상학은 심리학적 형이상학이다. 칸트는 더 나아가서 이러한 심리학적 형이상학이 범주의 인식기능을 초월해서 사물 자체를 인식할 수 있다고 주장한다면 그것은 객관적 인식의 한계를 벗어나기 때문에 학문으로 성립할 수 없다고 한다. 칸트의 입장은, 감성형식과 오성형식(범주)의 사용은 오직 현상(Phaenomena) 안에서만 가능하고, 그것들을 초월적인 대상에 관해서 인식능력으로 사용한다면 당연히 이율배반을 범하고 오류추리를 하게 된다는 것이다.

인식대상을 초월하여 오성이 추리할 경우 오류추리 내지 궤변추리가 생길 수밖에 없다는 것이 칸트의 견해이다. 예컨대 사물 자체 그리고 세계, 영혼불멸, 신 등에 대해서 인간 오성은 인식할 능력도 권한도 없다는 것이다.『순수이성비판』의 선험적 변증론에서 칸트는 오성 또는 이성이 사물 자체와 초감각적, 초오성적 실재를 인식할 수 있다는 독단적 형이상학의 주장을 비판한다. 이러한 비판철학의 정신은 신칸트학파의 서남독일학파(빈델반트, 릭케르트)와 마르부르크학파(코헨, 카시러, 나토르프)가 이어받았다. 그리고 현대의 현상학을 대변하는 후설 역시 엄밀한 학문으로서의 철학(Philosophie als strenge

Wissenschaft)을 성립시키기 위해서 칸트의 비판철학의 정신을 이어받고 있다.

그러나 과연 시간과 공간이 수학의 완벽한 근거가 되는가? 즉 감성의 직관형식이 수학의 보편필연적 근거인가? 오성형식인 열두 범주가 자연과학의 보편필연적인 근거인가? 감성의 직관형식과 오성형식이 선천적(apriori)이라는 것은 칸트만의 만능열쇠이자 도깨비방망이인가?

이렇게 칸트의 인식론 내지 인식의 형이상학에 대해서 부정적인 견해를 제시하면서도 다른 한편으로 나는 칸트가 종래의 전제군주적 형이상학을 깡그리 해체하고자 한 그의 모험적인 시도를 높이 평가하지 않을 수 없다. 사실 칸트는 학문, 곧 세계지혜학으로서의 철학(Phi-losophie als Weltweisheit)을 다지기 위해서 몇십 년간 인고의 세월을 견디면서 비판철학의 세계를 구축했던 것이다. 이렇게 볼 때 중국의 주자학이나 한국의 성리학이 거대한 형이상학의 체계를 구축한 것은 매우 큰 인류의 업적이긴 해도 인식론이 지나치게 허약하다. 무조건 천성(天性)과 인정(人情)이 있고 따라서 사단칠정(四端七情)이 있다고 들이밀면 이런 이론이야말로 어처구니없는 형이상학의 껍데기에 지나지 않는다. 자세히 보면 칸트 역시 세밀히 검토하지 않은 전제들이 그의 소위 비판철학 곳곳에 숨어있는 것이 사실이다.

2. 칸트가 말하는 비판의 뜻

칸트는 『순수이성비판』 A판 머리말에서 자신이 사용하는 비판의 뜻을 명확히 밝히고 있다. 그는 『순수이성비판』에서의 비판이 책들과

체계들의 비판(Kritik der Bücher und Systeme)이 결코 아니라고 강
조한다. 쉽게 말하자면 대충 특정한 책들을 또는 체계들을 한꺼번에
좋다거나 나쁘다고 하는 그러한 거대담론의 비판이 아니라는 것이다.
그는 자신의 비판이 "모든 인식에 관한 이성 능력 일반의 비판 die
Kritik des Vernunftvermögens überhaupt in Ansehung aller Erken-
ntnisse"이라고 한다. 이성 능력? 여기에서 이성은 인식하는 마음
(Gemüt)이다. 이 마음은 영혼(Seele)이나 정신(Geist)으로 이해할 수
도 있다. 그런데 조건이 있다. 모든 경험을 떠나서 칸트의 비판은 대
상을 인식하는 이성 능력을 탐구한다. 그러므로 칸트의 비판은 "형이
상학 일반의 가능성이나 불가능성의 결정 그리고 형이상학의 원천은
물론이거니와 범위와 한계에 대한, 그러나 모든 것을 원리로부터 행
하는, 규정 die Entscheidung der Möglichkeit oder Unmöglichkeit
einer Metaphysik überhaupt und die Bestimmung sowohl der
Quellen, als des Umfanges und der Grenzen derselben, alles aber
aus Prinzipien"과 같이 상세히 풀이된다. 넓게 보자면 칸트의 비판은
지금까지 학문들의 여왕 자리를 차지하고 있었던 형이상학에 대한 비
판이다. 그러나 보다 더 상세히 볼 경우 칸트의 비판은 위에서 살펴본
것처럼 인식론 비판, 곧 이성 능력에 대한 비판이다.

　칸트는 비판(Kritik)의 뜻을 명백하게 정립함으로써 자신의 비판철
학에 웅대한 체계, 다시 말해서 『순수이성비판』, 『실천이성비판』, 『판
단력 비판』이라는 비판철학의 구조를 만들고자 했다. 칸트는 비판을
통해서 인간의 문화유산 중에서 중요한 한 자리를 차지하는 철학
(Philosophie), 즉 세계지혜(Weltweisheit)의 학문의 세 가지 요소들
인 사유(Denken)와 의욕(Wollen 또는 Begehren)과 느낌(Fühlen)에
대한 보편필연적인 학문을 구성하려는 욕심이 있었다. 칸트는 종래의

존재론보다 더 범위가 넓게, 인간의 선천적인 인식능력의 한계를 넘는 존재나 대상에 대한 형이상학도 철저한 검토와 탐구의 주제로 보았다.

이제 칸트가 뜻하는 비판의 의미가 어느 정도 분명하게 되었다. 기독교인들이 "비판하는 자는 비판을 받으리라"라는 말을 자주 하는데 이 말은 "비난하는 자는 비난을 받으리라"로 고쳐야 할 것이다. 비난은 어떤 사람이나 대상 또는 사태를 헐뜯는 태도이고, 비판은 바로 철두철미한 검토와 탐구 자세이다. 꽤 오래전부터 한국 사회에서 한국인에게 창의성, 자발성, 비판력 등이 결여되어 있으므로 이런 정신들을 굳게 키워야 선진 민주주의 사회를 꾸려나갈 수 있다는 주장들이 나왔다. 하기야 칸트의 비판정신이 유럽의 선진사회를 구축하는 데 꽤 중요한 역할을 한 것은 부정할 수 없다. 이론적(철학적) 비판은 현실 사회와 문명 및 문화에 대한 비판으로 확장되며 나아가서 사회 구성원의 자발성과 창의력까지도 길러낼 수 있다.

오래 전부터 한국의 웬만한 대학들에 비판적 사고와 글쓰기라는 교양과목이 개설되어 수많은 철학 박사님들과 국어국문학 박사님들이 강의전임교수나 교수 자격으로 이 과목을 담당하고 있는데 매우 고무적인 현상이다. 독재사회 내지 공산주의 사회에서는 지도자나 공산당에 대한 비판이 허용되지 않는다. 고인 물은 썩는다. 가진 자(부르조아)와 못 가진 자(프롤레타리아트)의 계급을 타파하고 인간 평등을 실현하자고 피를 토하면서 외쳤던 마르크스는 오늘날 공산주의 국가들에서 오히려 수많은 계급들이 생기고, 당 간부들이 배를 두드리면서 부귀영화를 누리고 있는 화려한 절경을 보면 기분이 어떨까? 독일에서 철학박사를 딴 내 제자가 작은 수도권 대학에서 교수직에 종사하면서 그곳에서 철학과가 없어서 철학 과목은 못 가르치고 비판적 사고와 글쓰기를 가르치고 있다. 내가 물었다. "일주일에 몇 클래스를 그리고 전부 몇 시간의 비판적 사고와 글쓰기를 가르치는가?" 그녀가 답했다. "네 클래스를 가르치는데, 한 클래스에 세 시간씩이니까 모두 열두 시간이지요. 어떤 학기에는 열다섯 시간 될 때도 있어요." 나는 속으로 혼자 지껄였다. "비판이 아니라 마구잡이구먼!" 나는 그녀에게 말했다. "똑같은 얘기를 네 클래스에 들어가서 거의 변함없이 강의하면 비판정신은 온데간데없고, 가르치는 자네는 물론이고 듣는 학생들도 지겹고 허무하지 않을까?" 사립대학, 국공립대학, 대학의 이사장, 교수와 강의전임교수(?), 연구전임교수(?), 대우교수, 특임교수… 대학 혁명이 절실하다. 교육혁명이 절실하다. 학문비판, 철학비판 그리고 나아가서 비판적 학문과 철학과 아울러 현실적 사회 비판이 철두철미하게 수행되어야 한다. 건전하고 튼튼한 시민의식이 깔려 있는 선진 민주주의 사회를 실현하기 위한 가장 중차대한 정신이야말로 바로 비판정신이다. 물론 칸트의 비판철학 체계에는 인간의 정신세계와 구체적인 현실사회를 제대로 통찰하지 못한 수많은 큰 문제들이 내재되어 있는 것도 사실이다. 그럼에도 불구하고 칸트의 비판정신은 인간의 사고와 정신을 열리게 함으로써 열린 사회로 향한 길을 활짝 터놓는 강한 힘을 지니고 있기에, 나는 가끔 칸트철학의 메마른 체계를 비웃다가도 그의 비판정신 앞에서는 경건한 마음으로 고개를 숙일 수밖에 없다는 것을 고백하지 않을 수 없다.

3. 코페르니쿠스적 혁명

코페르니쿠스는 16세기 태양중심설을 주장한 천문학자이다. 코페르니쿠스 이전까지는 천체론에서 프톨레마이오스(Ptolemaios Klau-dios, AD 83~161)의 이론이 지배적이었다. 중앙 이집트 출신의 수학자, 천문학자, 지리학자로 알렉산드리아에서 활동한 프톨레마이오스는 사모스 출신 그리스인 아리스타르쿠스(Aristarchus von Samos, BC 320~250)의 태양 중심설에 반대하여 천동설, 곧 지구 중심의 세계체계(das geozentrische Weltsystem)를 주장했다. 프톨레마이오스의 지구 중심설은 기독교 신학이 지배했던 중세 전체 시기와 근대 초반까지, 곧 코페르니쿠스가 소위 코페르니쿠스적 세계체계(das Kopernikanische Weltsystem)를 발표한 1543년까지 유럽 사회를 지배했다. 코페르니쿠스는 고대 그리스 천문학자 아리스타르쿠스의 태양 중심설을 알고 있었고 그것을 바탕으로 실험함으로써 프톨레마이오스의 지구중심설을 부정하였다. 칸트는 이러한 코페르니쿠스의 천문학적 입장을 코페르니쿠스적 혁명(Kopernikanische Revolution) 또는 코페르니쿠스적 전회(Kopernikanische Wendung)라고 하며, 이 입장을 자신의 인식론에 이용한다.

칸트는『순수이성비판』B판 머리말에서, 전체 항성의 무리가 관찰자 둘레를 선회한다(das ganze Sterenheer drehe sich um den Zu-schauer)고 코페르니쿠스가 생각한 것이 아니라 오히려 항성들은 정지해 있고 관찰자가 항성들 둘레를 돌아간다고 생각한 것이라고 말한다. 코페르니쿠스의 태양 중심설은 가히 혁명적이다. 유럽 사회에서 기독교 신학의 비호를 받으면서 1500년 이상 흔들리지 않던 지구 중심설(천동설)은 코페르니쿠스의 혁명적인 천체설과 그것을 이어받아 발전시킨 케플러, 갈릴레이 등에 의해서 한순간에 해체되고 말았다. 다들 알고 있지만 갈릴레이는 불경스러운 지동설을 주장한 죄로 고소 당해서 재판받았다. 재판장 왈 "갈릴레이 씨, 지구가 우주의 중심이고 태양 주변을 돌지 않는다고 말하면 무죄 석방될 테고, 계속 지동설을 주장하면 유죄 판결받고 감옥 생활이 확실하오." 갈릴레이 왈 "예. 잘 알았습니다. 지구는 우주 중심이고 정지해 있지요." 갈릴레이는 석방 되어 재판장을 나오면서 혼자 이렇게 중얼거렸다고 한다. "지금도 지 구는 돌고 있구만!"

칸트는 『순수이성비판』 머리말에서 코페르니쿠스적 혁명을 자신 의 비판철학에 적용하면서 이렇게 말한다. "그런데 대상들의 직관에 대해서 말할 것 같으면, 우리들은 형이상학에서 그것을 유사한 방식 으로 추구할 수 있다 In der Metaphysik Kann man nun, was die Anschauung der Gegenstände betrifft, es auf ähnliche Weise ver- suchen." 여기에서 칸트가 말하는 형이상학을 우리는 좀 쉽게 철학 또는 세계지혜(Weltweisheit) 아니면 인식론으로 이해해도 좋을 것 이다.

칸트는 같은 곳에서 계속 다음처럼 말한다. 직관이 대상들의 성질 (die Beschaffenheit der Gegenstände)로 향하는 것이 아니라 오히려 감각의 객관으로서의 대상(der Gegenständ als Objekt der Sinne)이 우리들의 직관능력으로 향할 때 대상인식(앎)이 성립한다. 왜 칸트는 자신의 앎의 이론에서 코페르니쿠스적 혁명의 입장을 과감히 택하는 가? 앞에서도 잠시 언급했지만 칸트의 비판철학은 종래의 독단적 철 학, 곧 아리스토텔레스로부터 라이프니츠–볼프에 이르기까지의 형이 상학을 해체하는 혁명의 역할을 담당한다. 종전까지는 철학의 핵심은 객관 대상이었고 인간주관은 단지 대상을 비추는 거울에 불과했다. 종전까지는 우리들 인간이 단단히 자리 잡고 있는 대상들 주위를 바 쁘게 돌아가면서, 한 걸음 더 나아가서 영원불변하게 존재하는 세계, 영혼 그리고 신 주변까지도 우리들 인간이 돌아가면서 오직 그것들을 비추는 거울 역할로 만족했다는 것이 칸트의 견해이다.

그러나 보편필연적인, 곧 수시로 변화무쌍한 감각경험과 상관없는 선천적인 앎(인식)을 얻기 위해서 그리고 그러한 인식을 바탕 삼아서 확고부동하고 엄밀한 인식론과 형이상학을 정립시키기 위해서는 인간 주관의 선천적인 직관형식과 아울러 오성형식(범주)이 핵심이 되고, 객관 대상이 움직여서 보편필연적인 직관과 오성의 형식(그물 내지 틀)에 붙잡혀서 개념이 형성되고, 개념에 의해서 판단과 추리가 성립함으로써 인식이 완성된다. 이제부터는 객관대상이 주인공이 아니고 인간 주관이 주인공인 것이다.

4. 판단의 종류와 범주

칸트가 형이상학을 비판하고, 인식론의 근거를 비판하는 이유는 두말할 필요도 없이 보편필연적인 순수이성의 학문(순수이성비판), 실천이성의 학문(실천이성비판) 그리고 판단력의 학문(미학과 목적론)을 확립하기 위한 것에 있다. 사실 나는 칸트의 인식론을 살피는 데 있어서 그의 판단론을 가장 먼저 건드렸어야 하는데, 이것저것 엿보다 보니까 이제야 판단론을 고찰하게 되었다. 여기서는 칸트가 판단을 몇 종류로 나누는지 그리고 그가 인식론이나 형이상학에 보편필연적으로 반드시 필요하다고 생각하는 판단은 어떤 것인지 알아보기로 하자.

우리는 경험을 초월하는 대상은 결코 인식할 수 없고, 오직 경험 안에서 우리들이 가지고 있는 선천적 인식능력(직관형식과 오성형식)에 의해서 우선 대상에 대한 표상을 만들고 다음으로 이 표상을 가지고 개념을 형성한다. 그리고 우리는 개념과 개념을 결합해서 판

단을 만들고, 다시 판단들을 결합해서 추론한다. 우리들 인간 주관의
모든 인식은 개념들의 결합인 판단이다. 그러면 우리의 인식은 어떤
판단형식으로 나타나는가? 가능한 판단은 모두 네 가지이다. 칸트는
『순수이성비판』(B판, 1787) 서론의 4절 '분석판단과 종합판단의 구
분에 대해서 Von dem Unterschiede analytischer und synthetischer
Urteile'에서 우선 판단을 크게 분석판단과 종합판단 두 가지로 나
눈다.

　개념에 대해서는 앞으로 살펴보겠지만, 객관 대상과 인간 주관의
감각이 만나면 경험이 성립한다. 그런데 대상인식을 위해서는 인간
주관의 감성의 직관형식이 대상을 수동적으로 붙잡아서 표상을 만들
어야 한다. 이 표상을 오성형식(범주)이 능동적으로 꾸며서 개념이
형성된다. 그래서 인간의 현상인식이 성립한다. 칸트에게 있어서는
현상으로서의 세계가 개념으로 인식된 세계이고 대상 자체는 인간의
인식능력을 초월해서 있는 사물 자체(Ding an sich)인 것이다. 칸트
는 마지막에는 플라톤과 결별한다. 왜? 플라톤은 이성에 의해서 이데
아를 알 수 있다고 했음에 비해서 칸트는 사물 자체는 인간의 인식능
력의 한계를 초월하기 때문에 사물 자체를 알 수 없다고 했다. 칸트가
보편필연적인 인식능력에 의해서 파악한 것은 사물 자체로서의 세계
가 아니라 단지 인간이 자신의 인식능력으로 붙잡은 껍데기-사물이
아닌가? 그래서 칸트는 현상세계와 사물 자체의 세계를 대립시켰다.
칸트는 사물 자체는 인간이 결코 알 수 없다고 하고서도 현상사물
(현상세계)의 참다운 본래의 정체는 사물 자체(물자체의 세계)라고
하는데 그렇다면 사물 자체를 칸트 그 혼자만 알고 있다는 얘기가
아닌가?

　다시 판단으로 되돌아가 보자. 분석판단(analytische Urteile)은 술

어개념(Prädikatbegriff)이 주어개념(Subjektbegriff)에 포함되어 있는
판단이다. 분석판단에서는 아무런 경험이 보태지지 않아도 주어개념
으로부터 술어개념이 이끌려 나올 수 있다는 것이 칸트의 입장이다.
분석판단은 오직 이성에 의해서(경험과 상관없이), 곧 선천적으로
(apriori) 형성된다. 칸트는 분석판단의 대표적인 예를 이렇게 든다.
"모든 물체는 연장적이다." 여기에서 물체의 개념 안에는 이미 연장
(延長)의 개념이 들어있기 때문에 칸트는 이러한 판단을 분석판단이
라고 한다. 분석판단은 인식의 영역을 확장시키지 않고 단지 인식을
해명만 해주기 때문에 그것은 설명판단(Erläuterungs urteil)이다. 칸
트가 말하는 선천적(apriori)은 후천적(aposteriori)과 반대되는 의미
를 가진다. 선천적이라는 말은 '본래부터' 또는 '불변하는' 그리고
'보편필연적인' 의 뜻을 가진다. '후천적' 은 간단히 말해서 '변화무쌍
한' 의 뜻을 가진다.

  종합판단은 술어개념이 주어개념에 포함되어 있지 않은 판단이다.
종합판단은 주어개념에 전혀 새로운 술어개념을 첨부시킴으로써 지
식(인식) 내용의 확장을 가능하게 한다. 경험에 의해서 이루어지는
대부분의 판단은 종합판단이다. 예컨대 "모든 물체들은 무겁다 Alle
Körper sind schwer"라는 판단은 종합판단인데, 물체 개념에는 무게
개념이 포함되어 있지 않지만, 특수한 경험을 통해서 나(주관)는 그
와 같은 판단을 내린다.

  판단은 네 가지로 구분할 수 있다. 1) 선천적 분석판단(analytische
Urteile apriori). 2) 선천적 종합판단(Synthetische Urteile apriori).
3) 후천적 분석판단(analytische Urteile aposteriori). 4) 후천적 종합
판단(Synthetische Urteile aposteriori). 선천적 분석판단은 단지 설명
판단이므로 칸트가 굳이 깊게 탐구할 대상이 아니다. 칸트의 목적은

선천적 종합판단이므로 이것은 잠시 후에 살펴보기로 한다. 세 번째 후천적 분석판단은 불가능하므로 칸트는 이것을 논의대상에서 제외 시킨다. '후천적'은 '경험적'과 같은 말이기 때문에 경험에 의한 판단 은 모두 주어개념에 새로운 술어개념이 포함되므로 후천적 판단은 결 코 분석판단이 될 수 없다. 네 번째 후천적 종합판단은 모든 경험판단 에 해당한다. 그러나 이 판단은 보편필연성을 결여하므로 칸트가 목 적으로 삼는 인식의 불변하는 근거를 제시해 줄 수 없다.

선천적 종합판단을 살펴보자. '선천적'은 구체적으로 '직관형식에 의한' 그리고 '오성형식, 곧 범주에 의한'의 뜻을 가진다. 따라서 이 와 같은 선천적 인식과 선천적 종합판단이 가능하다면 칸트가 말하는 순수한 철학으로서의 형이상학의 성립이 가능하다. 칸트는 두 가지 선천적인 개념이 서로 결합할 때 선천적 종합판단이 가능하다고 본 다. 칸트는 선천적 종합판단의 두 가지 예를 든다. "두 점 사이의 직선 은 가장 짧은 선이다 die gerade Linie zwischen zwei Punkten die kürzeste sei." "일어나는 모든 것은 자신의 원인을 가진다 Alles, was geschieht, hat seine Ursache." 앞의 예문에서 '직선'은 질(Qualität) 의 선천적 개념이며, '짧은'은 양(Quantität)의 개념으로서 이것은 질 의 개념에 포함되어 있지 않음에도 불구하고 두 개념 모두 선천적이 어서 이 판단은 선천적 종합판단이라는 것이 칸트의 견해이다. 두 번 째 판단 역시 앞의 판단과 유사하게 생각하면 이해가 될 것이다.

칸트는 감성의 직관형식(공간, 시간)에 의해서 표상을 그리고 오성 형식(범주)에 의해서 표상을 가다듬어 개념을 만들고 개념들을 결합 해서 판단을 그리고 판단들을 결합해서 추리함으로써 비판철학의 거 대한 체계를 만들고자 했다. 칸트가 보편필연적인 인식을 바탕 삼아 찾은 판단은 바로 그의 비판철학의 근거가 되는 선천적 종합판단이다. 칸트는 선천적 종합판단을 보편필연적인 학문의 근거로 확신하고 이 근거로부터 자연, 자유 그리고 아름다움과 목적에 관한 순수 철학으로서의 형이상학(Metaphysik als reine Philosophie)이라는 거대한 체계를 세우고자 했다.

그러면 이제 판단과 범주에 대해서 살펴보기로 하자. 칸트는『순수이성비판』의 선험적 논리학(Die transzendentale Logik) 중 선험적 분석론(Die transzendentale Analytik)에서 대상인식을 위해서 구상력(Einbildungskraft)과 통각(Apperzeption)의 중요성을 말한 후 범주(오성형식 내지 오성개념)와 판단에 대해서 도식을 제시하면서 상세히 설명한다. 인간 주관의 감각성질이 대상과 만나는 것이 경험(Erfahrung)이다. 단순한 경험에서는 인식(앎)이 성립하지 않는다. 인식주관의 감성의 직관형식(공간, 시간)이 대상을 수동적으로 붙잡으면 대상의 상이 형성된다. 이 표상(Vorstellung)이 오성범주에 의해서 능동적으로 가다듬어질 때 개념(Begriff)이 이루어진다. 그래서 칸트는 "직관 없는 개념은 공허하고 개념 없는 직관은 맹목적이다 Begriffe ohne Anschauungen sind leer und Anschauungen ohne Begriffe sind blind"라고 했던 것이다. 칸트는, 우리가 개념을 형성하면 우리는 대상세계의 현상(Erscheinung)을 인식하는 것이라고 한다. 그래서 사물 자체(Ding an sich, 물자체)는 우리가 영원히 인식할 수 없는 것으로 남는다. 그래서 나는 칸트 인식론을 비판할 때, 사물의 껍데기에 대한 참다운 보편필연적 인식에 관한 이론이라고 말하곤 했다. 결국 칸트는 대상을 알지만 근본적으로는 모른다는 것이다.

표상을 종합해서 개념을 만들기 위해서는 구상력과 통각이 필수적이다. 우리는 대상을 어떻게 인식하는가? 오직 직관(Anschauungen)

에만 의해서는 인식(앎)이 성립되지 않는다. 감각이 대상을 만나는 것이 직관이다. 지각을 위해서 대상이 추구될 경우, 곧 구상력에 의해서 재생산된 표상을 위해서(zu der durch die Einbildungskraft reproduzierten Vorstellung) 대상이 추구될 경우 인식이 성립한다. 무슨 말인가? 구상력은 흄이 말하는 상상(imagination)에 해당하는 것으로 그것은 결코 환상(Phantasie)이나 공상 또는 망상이 아니다. 구상력이란 현존하는 객관 대상 없이 표상들을 소유하는 것이다. 칸트의 인식론에서는 대상이 있고 인간 주관의 감성의 직관형식(공간과 시간)이 수동적으로 그 대상을 붙잡아서 표상을 가지게(만들게) 된다. 그런데 칸트는 재생산적인 구상력(die reproduktive Einbildungskraft)이 연상법칙(Assoziationsgesetzen)에 따라서 표상들을 결합함으로써 개념형성에 도움을 준다는 것이다. 그렇다면 인식 과정에서, 특히 오성의 활동에서 직관형식의 수동적 작용이 대상의 상(표상)을 만들면 언제나 구상력이 작용해서 표상들을 결합시킨다.

연상법칙은 흄의 연상법칙(Principles of association)을 칸트가 그대로 물려받은 것이다. 흄은 세 가지 대표적인 연상법칙의 예들을 제시하였다. 1) 근접성(contiguity), 2) 유사성(resemblance), 3) 인과성(causality). 이것들에 대해서는 앞에서 이미 말했으므로 길게 되풀이하지 않겠다. 유사성 한 가지만 말해보자. 아버지 사진을 보고 "아! 우리 아버지 젊었을 때 사진이네! 정말 멋진 우리 아버지야!"라고 말할 때 사진은 단지 종이에 불과한데 우리는 그 종이 안에서 아버지와의 유사성에 의해서, 곧 유사성이라는 연상법칙에 의해서 아버지라고 판단하게 된다는 것이 흄의 주장이다. 칸트는 흄의 입장을 받아들여서 표상들을 연결하는 역할을 행하는 오성의 능력 중 하나가 구상력이라고 한다. 그러면 선험적 통각(transzendentale Apperzeption)은

또 무엇인가? 우리는 사유에 의해서 개념을 만든다. 사유는 다름 아
닌 오성의 능력이다. 감각과 오성, 곧 감각지각과 오성 사유에 의해서
객관 대상(사물)에 대한 개념이 형성된다.

칸트는 『순수이성비판』에서 현상(Erscheinung)은 가상(Schein)이
아니고, 그것이 비록 사물 자체(Ding an sich)의 절대적 실재성은 아
닐지라도 경험적 실재성(emprirische Realität)을 가진다고 말한다.
『순수이성비판』에서 칸트는 교수취임논문 「감성세계와 지성세계의
형식과 원리들」에서의 현상(Phaenomenon)과 본체(noumenon)의
이론을 모두 폐기처분한다. 그는 교수취임논문에서 감성의 직관형식
이 현상(Ersheinung)을 인식하고 지성이 본체를 인식한다고 했는데
이와 같은 인식론은 『순수이성비판』에서 모두 버리고 단지 감성의 직
관형식인 공간과 시간만 살린다. 구상력 다음으로 『순수이성비판』의
선험적 논리학 중 선험적 분석론에서 칸트는 구상력과 더불어 선험적
통각의 중요성을 강조한다.

칸트의 선험적 통각은 순수 통각이다. 선험적 통각은 순수하게 형
식적이고(경험적이지 않고), 근원적이고, 항상 동일한 자기의식(Selb-
stbewußtsein)이다. 구체적으로 자기의식은 어떤 것일까? 그것은
" '나는 생각한다' 의 의식 Bewußtsein des 'ich denke'"이다. 데카르
트가 명석판명한 관념(idea clara et distincta)으로서 자아(ego)를 제
시하고, "나는 생각한다. 그러므로 나는 존재한다 Ego cogito, ergo
ego sum."를 철학의 제1원리라고 말한 것을 상기해 보자. 이 자기의
식으로서의 통각, 곧 "나는 생각한다 ich denke"의 의식은 모든 표상
들을 동반하면서 그 표상들을 제약함으로써 개념을 형성한다.

선험적 통각의 통일(die transzendentale Einheit der Apperzep-
tion)은 경험에 잡다한 것(das Mannigfaltige der Erfahrung), 곧 표

상들의 다양성을 종합하고 통일하는 인식의 기본조건이다. 간단히 요약해 보자. 일단 객관 대상(사물 자체)이 감각과 만나면 경험이 생긴다. 아직 인식(앎)이 안 생긴다. 감각의 직관형식이 꽃피우면 대상이 공간과 시간이라는 틀(직관형식) 내지 그물에 걸려서 상(표상)이 만들어진다. 다음에 사유(오성형식)와 범주라는 능동적인 틀(그물 내지 형식)을 가지고 표상들을 적극적으로 꾸며서 개념으로 만들면 우리는 현상(자연 현상)을 인식한다. 이 과정에서 작동하는 오성(사유)의 중요한 두 가지 기능이 동반된다. 하나는 현존하는 대상들 없이도 표상들을 가질 수 있는 능력인 구상력이다. 자세히 보면 구상력은 감성(Sinnlichkeit)과 오성을 연결시킨다. 다시 말해서 구상력은 직관의 잡다함을 오성과(das Mannigfaltige der Anschauung mit der Verstand) 결합시킨다. 그러면 통각은 구상력과 어떻게 다른가? 물론 통각도 구상력처럼 오성의 기능이지만 통각은 자기의식의 형식적 통일(die formale Einheit des Selbstbewußtseins), 곧 자기의식의 선험적 통일인 나는 생각한다의 의식(das Bewußtsein des ich denke)이다. 칸트는 구상력보다 선험적 통각의 기능이 훨씬 더 중요하다고 본다. 선험적 통각의 기본 기능은 포괄(Zusammenfassen)과 종합(Synthesis)이다. 선험적 통각은 지각들(die Empfindungen)을 직관으로 종합할 뿐만 아니라 형태, 견고함, 색깔, 냄새, 소리 등의 지각을 역시 직관형식에 의해서 종합하고 범주들과 함께 대상의 개념을 형성하는 데 이바지한다. 그러면 이제 판단과 범주에 대해서 구체적으로 살펴보자. 사유과정은 판단(Urteil)이다. 앞에서 나는 칸트의 네 가지 판단의 구분을 살펴보았고, 네 가지 판단들 중에 칸트가 순수 철학으로서의 형이상학을 성립시키기 위한 인식론의 원천으로서 선천적 종합판단을 제시한 것을 보았다. 경험에 의존하지 않는, 그러면서도 우리들

의 인식(앎 내지 지식)을 확정해 주는 판단이 바로 선천적 종합판단
이다.

사유형식은 판단형식으로 나타난다. 칸트에 의하면 모든 판단은 양
이나 성질(질) 또는 관계나 양태를 표현하는데, 따라서 칸트는 판단
을 크게 네 종류로 나누어서 양 판단, 질 판단, 관계 판단, 양태 판단
을 말한다. 양태 판단은 상태 판단과 유사하다. 구체적으로 판단을 볼
것 같으면 위의 각 판단은 다시 각각 세 가지 판단을 가지므로 칸트가
제시하는 판단은 모두 12개의 판단이다. 칸트는 이러한 12개의 판단
을 가능하게 해주는 것을 12개의 오성형식, 곧 범주라고 한다. 감성직
관은 직관형식(공간과 시간) 때문에 보편타당한 표상으로 파악될 수
있다. 마찬가지로 표상들은 오성형식인 12가지 범주가 선천적으로
(경험에 의존하지 않고) 주관에게 있기 때문에 대상의 개념이 형성된
다. 이러한 전체 도식과 과정을 통해서 우리는 자연 현상을 인식하게
된다는 것이 칸트 인식론의 핵심 골자이다.

물론 말하자면 칸트의 선험적 감성론, 선험적 논리학의 선험적 분
석론은 픽션이다. 이 문제는 비판적 고찰에서 좀 더 다루겠다. 여기에
서는 칸트의 판단표와 범주표를 정리하고, 더 나아가서 순수 오성개
념의 도식론(der Schematismus der reinen Verstandesbegriffe)과 순
수 오성의 원칙들(die Grundsätze des reinen Verstandes)에 대해서
아주 짤막하게 살펴보기로 하겠다.

칸트는 『순수이성비판』(B판, 1787) 95쪽에서 '판단에서 오성의 논
리적 기능에 관하여 Von der logischen Funktion des Verstandes in
Urteilen'라는 소제목 하에 판단표(Tafel der Urteilen)를 다음처럼 도
식화하여 제시한다.

1. 판단의 양(Quantität der Urteile)

전칭판단(Allgemeine)
특칭판단(Besondere)
단칭판단(Einzelne)

2. 질(Qualität)   3. 관계(Relation)

긍정판단(Bejahende)   정언판단(Kategorische)
부정판단(Verneinende)   가언판단(Hypothetische)
무한판단(Unendliche)   선언판단(Disjunctive)

4. 양태(Modalität)

개연판단(Problematische)
단언판단(Assertorische)
필연판단(Apodiktische)

위 도식에서 판단의 양은 양 판단으로 그리고 2. 질, 3. 관계, 4. 양
태는 각각 질 판단, 관계 판단, 양태 판단으로 이해하면 된다. 그리고
전칭판단(Allegemeine)은 전칭판단(Allegemeine Urteile)을 간략하
게 표시한 것이다. 나는 여기에서 양 판단의 세 가지 판단들의 예만
들 테니 독자들은 다른 판단들을 미루어 생각하기 바란다. 전칭판단:
모든 인간들은 죽는다. 특칭판단: 일부의 사람들은 죽는다. 단칭
판단: 소크라테스는 죽는다. 칸트는 판단의 형식을 범주라고 하면서
『순수이성비판』(B판, 1787)의 106쪽에서 다음처럼 범주표를 도식화
한다.

범주표(Tafel der Kategorien)

1.

양의 범주(Der Quantität)

단일성(Einheit)
수다성(Vielheit)
전체성(Allheit)

2.   3.
질의 범주(Der Qualität)   관계의 범주(Die Relation)

실재(Realität)   고유성과 존속(Inhärenz und Subsistenz:
부정(Negation)   실체와 우연, substantia et accidens)
제한(Limitation)   인과율과 의존(Causalität und Dependenz:
                                      원인과 결과, Ursache und Wirkung)
                                    공통성(Gemeinschaft: 능동자와 수동자 사이의
                                      상호작용, Wechselwirkung zwischen
                                      Handelnden und Leidenden)

4.

양태의 범주(Der Modalität)

가능성-불가능성(Möglichkeit-Unmöglichkeit)
현존-비존재(Dasein-Nichtsein)
필연성-우연성(Notwendigkeit-Zufälligkeit)

칸트는 이 범주표를 가리켜서 근원적으로 순수한 모든 종합하는 개
념들의 표시라고 한다. 오성은 선천적으로(a priori) 이 범주들을 자
기 안에 포함하기 때문에 직관의 잡다함에 있어서(bei dem Mannig-
faltigen der Anschauung) 직관의 대상을 사유할 수 있다는 것이 칸
트의 입장이다. 칸트는 교수취임논문 「감성세계와 지성세계의 형식
과 원리들에 대하여」(1770)에서 감성의 직관형식(공간과 시간)에

의해서 현상(Phaenomenon)을 인식하며 지성(intellectus)에 의해서 본체(noumenon : 플라톤적 이데아 또는 실체 그리고 나중에 칸트의 물자체 Ding an sich)를 인식한다고 했다. 그러나 『순수이성비판』(A판 1781, B판 1787)에서는 교수취임논문에서의 구상을 깡그리 폐기 처분하고 단지 직관형식으로서의 공간과 시간만 살린다. 『순수이성비판』에서 칸트는 선천적인 직관형식(공간과 시간)이 대상을 만날 경우 직관형식은 대상에 대한 표상(Vorstellung)을 만든다. 교수취임논문에서 직관형식이 현상을 안다고 한 입장은 폐기된다. 『순수이성비판』에서는 직관형식(공간, 시간)에 의해서 구성된 표상은 아직 인식 단계에 이르지 못했다. 오성형식(사유형식)인 범주들이 선험적 구상력과 통각의 도움을 받아서 능동적으로 잡다한 표상들을 정리하고 종합하여 통일함으로써 개념이 형성되고, 한 걸음 더 나아가서 범주에 걸맞는 판단이 이뤄짐으로써 결국 인식 과정의 대단원이 끝나게 된다.

지금까지 살펴본 칸트의 비판철학, 또는 비판적 형이상학과 그것의 뿌리인 인식론은 마치 거대한 오케스트라와도 같다. 그러나 현대 인지심리학이나 신경생리학 등의 견지에서 볼 때 칸트가 말하는 선천적인 직관형식이나 선천적인 사유형식(오성형식)은 추상적이고 관념적인 그리고 매우 형식적이면서도 체계적인 인식에 관한 탐구이다. 물론 종래의 모든 중요한 인식론에 관한 비판적 태도를 가지고 있다고 해도, 선천적인 직관형식이나 사유형식(오성형식)이라는 개념은 보편필연적이라는 성격을 강조하는 '선천적인' 내지 '선험적인' 이라는 만능열쇠 또는 도깨비방망이를 휘두르는 식인데, 바로 이와 같은 점에서 칸트철학 역시 거대담론과 독단론의 늪에서 허우적거리고 있다고 할 수 있다.

칸트는 지극히 짧은 분량의 교수취임논문에서 자신의 인식론과 형이상학을 거의 완벽하게 정리하고 요약하고자 했다. 칸트 전집 2권 (베를린, 1912) 387～419쪽에 이르는, 곧 전체 33쪽의 작은 교수취임 논문에서 칸트는 자신만만하게 인식론의 근거와 손재론 체계를 세시 했지만, 그는 인간의 인식능력과 대상인식에 대해서 자신의 교수취임 논문이 문제가 많은 것을 깨닫고 이후 만 10년을 칩거하며 장고에 들어갔던 것이다.

칸트가 『순수이성비판』에서 형이상학의 엄밀한 근거닦기를 위해서 판단과 범주를 논하는 이유는 선천적 종합판단의 가능 근거를 찾으려는 데 있다. 우선 범주는 필히 해당되는 직관(표상)에 적용되지 않으면 안 된다. 칸트는 순수 오성 개념의 도식론에 의해서 직관에 대한 범주의 적용을 설명한다. 순수한 개념이 순수한 직관(표상)에 적용될 경우, 그와 같은 적용은 마구잡이로, 곧 제멋대로 이루어지는 것이 아니고 순수한 오성의 법칙에 의해서 행해진다. 순수 오성 개념의 도식론과 순수 오성의 원칙에 대해서 간단히 살펴보자.

칸트에 의하면 범주가 직관에 적용되어야만 대상인식이 가능하다. 우리가 눈으로 어떤 대상을 그냥 보기만 하면 상(표상)이 잡다하게 맺히긴 해도 인식(앎)이 성립하지 못한다. 사유(오성)의 범주가 직관에 적용되어(관계하여) 표상을 손질해야만 대상의 개념이 형성되어 앎(인식)이 이루어진다. 여기에서 구체적 직관과 추상적 범주가 가진 구체성과 추상성을 매개해 줄 감각적이면서도 선천적인 어떤 것, 곧 시간이 필요하다. 범주는 시간에 관계하기 때문에 선험적 시간도식 (das transzendentale Zeitschema)이 감각적 직관에 적용됨으로써 개념이 성립한다. 선험적 시간도식을 통해서 오성(사유)은 직관에 적용되는데, 이제 커다란 의미에서 네 가지 범주들, 곧 양, 질, 관계, 양태가 어떻게 직관에 적용되는지(관계를 가지는지) 살펴보기로 하자.

내가 양의 개념(Begriff der Größe)을 생각하고 직관에 적용할 수 있는 것은 내가 단위를 종합하고 계산하기 때문이다. 양(Quantität)은 보편적 도식을 위해서 시간계열(Zeitreihe) 또는 수(Zahl)를 소유한다.

내가 실재(Realität)를 생각할 경우 나는 가득 찬 시간을 생각하고, 부정(Negation)을 생각할 경우 나는 공허한 시간(eine leere Zeit)을 생각하므로 질(Qualität)은 보편적 도식을 위해서 시간 내용(Zeitinhalt)을 가진다.

실체의 도식(das Schema der Substanz)은 시간에 있어서 실재의 지속성이고, 나는 시간 연속에 의해서만(nur vermittels der Zeitfolge) 인과율 개념을 적용할 수 있다. 그러므로 관계(Relation)는 보편적 도식을 위해서 시간질서(Zeitordnung)를 소유한다. 공통성, 곧 상호작용의 도식은 시간에서 동시존재이다.

가능성의 도식은 사물의 어떤 시간에 대한 생각의 규정이고, 현실성의 도식은 특정한 시간의 현존이며, 필연성의 도식은 모든 시간에 있어서 대상의 현존이기 때문에 양태(Modalität)는 보편적 도식을 위해서 시간 일반에 대한 대상의 관계를 소유한다.

위에서 여러 가지 시간도식(양, 질, 관계, 양태의 범주들에서 감각 직관에 적용되는)을 살펴보았다. 칸트는 순수 오성(사유)의 이 모든 도식들(Schemata)은 직관에서 생기는 것도 아니고 그렇다고 오성에서 생기는 것도 아니고 단지 구상력의 순수한 산물(reine Produkte der Einbildungskraft)이라고 한다. 간단히 말해서 마음(Gemüt)의 능력이다. 이렇게 보면 오직 순수 오성의 도식을 통해서만 오성범주를 직관에 관계시킬 수 있다. 칸트는 모든 도식들이 직관에서 생기지도 또 오성에서 생기지도 않는다고 하면서도 '순수 오성의 도식'이라는 표현을 사용한다. 칸트의 비판철학 전체에서 표현과 개념 사용이 철저하지 못함이 빈번하게 나타나지만 대강 뜻을 이해한다고 치고 그냥 넘어가 준다. 예컨대 감각성질(Sinnlichkeit, 감성)도 이성인지? 이성, 오성, 감성 등(…lichkeit)은 모두 선천적인지? 선험적(transzendental)과 선천적(a priori)은 상식적으로 보기에 앞의 것은 '경험에 앞서는'이고 뒤의 것은 '본래부터 또는 타고난'의 뜻인데 칸트는 전적으로 똑같은 의미로 쓰고 있다. 하나만 쓰면 될 것을!

다음은 순수 오성의 원칙(die Grundsätze des reinen Verstandes)을 살펴보자. 이해력(Verstand, 분별력)을 오성이라고 번역한 것은 일본인들이고 그것이 아직까지 사용되고 있다. 오성(Verstand)은 이해하다(verstehen)의 명사형이고 영어의 이해(Understanding)와 동일한 개념이다. 칸트는 순수한 오성범주가 순수한 직관에 적용되어 순수 오성 원칙이 성립한다고 한다. 이렇게 해서 선천적 종합판단(synthetische Urteile a priori), 곧 경험과 상관없이 주어에 없는 개념이 술어에 포함되는 순수한 확장판단이 형성된다. 이러한 판단은 모든 경험에 선행하여 자연 현상세계에 대한 선천적 종합판단을 가능하게 한다. 그래서 칸트는 순수 수학, 논리학, 순수 자연과학의 형이상학이 가능하다고 하는데, 그 이유인즉 그러한 학문들에 대한 판단은 선천적 종합판단이기 때문이다.

칸트는 양, 질, 관계, 양태 등 네 가지 큰 범주들은 네 종류의 원칙을 제약한다고 말한다. 순수 오성범주가 순수 직관형식에 적용될 때 순수 오성 원칙이 생기고, 네 원칙들을 제약한다는 것이다.

양(Quantität)에 따른 직관의 공리(die Axiome der Anschauung): 모든 현상은 그것의 직관에 따라서 외적 크기(extensive Größe)이다.

질(Qualität)에 따른 지각의 예견(die Antizipation der Wahrnehmung): 현상의 대상에 대응하는 인상과 실재적인 것은 정도(Grad)를 가진다.

관계(Relation)에 따른 경험의 유추(die Analogien der Erfahrung): 모든 현상은 현존에 따라서 시간상 상호관계의 규정에 대한 규칙에 선천적으로 속한다.

양태(Modalität)에 따른 경험적 사고일반의 요청(die Postulate des empirischen Denkens überhaupt): 여기에서는 사고와 직관의 관계에 대한 가능성, 현실성, 필연성의 원칙이 요청된다는 것을 칸트가 제시한다.

칸트가 순수 오성 개념의 도식론(der Schematismus der reinen Verstandesbegriffe)과 순수 오성의 원칙을 말하는 근거는 대상인식, 곧 직관형식과 오성범주가 함께 대상인식을 함으로써 개념을 성립시키기 위해서는 구상력, 통각, 순수 오성의 도식, 순수 오성의 원칙 등이 필수적이라는 것을 강조하는 데 있다. 칸트 인식론은 다음의 한 문장으로 요약될 수 있다. 개념 없는 직관은 맹목적이며, 직관 없는 개념은 공허하다: Anschauungen ohne Begriffe sind blind, Begriffe ohne Anschauungen sind leer. 그러므로 인간의 인식능력을 초월하는 것들에 대해서 인간은 아무것도 알 수 없다는 칸트의 입장이 등장하지 않을 수 없다.

그러나 칸트에 의하면 인간의 이성은 경험을 초월하는 무제약자를 정립시키려고 무한히 노력한다. 인간은 직관형식과 오성범주를 초월적 대상(무제약자), 곧 영혼, 세계, 신 등에 적용시키려고 하지만 그와 같은 노력은 단지 합리론적 형이상학의 근거 없는 사변으로만(nur zu den haltlosen Spekulationen der rationalistischen Metaphysik) 치달릴 뿐이라는 것이 칸트의 비판이다. 즉 인간의 인식능력을 초월하

는 대상들에 대해서 억지로 인간의 인식능력을 적용해서 그 대상들을
인식할 수 있다고 주장하는 형이상학은 전통적인 독단론(Dogmatis-
mus)의 형이상학, 곧 볼프식의 형이상학에 지나지 않으며 그러한 형
이상학은 기초닦기가 전혀 부실한 것이라는 것이 칸트의 입장이다.

5. 사물 자체의 뜻

칸트 인식론을 간략히 요약하면 다음과 같다. 감성의 직관형식(공간
과 시간)이 대상과 만나서 수동적으로 상(표상, Vorstellung)을 그려
낸다. 직관형식은 감각이 대상과 만나는 경험(Erfahrung)에서 생기
지 않고 감성의 직관에 본래부터 있기 때문에 그러한 상태와 성질을
가리켜서 칸트는 선천적(a priori)이라고 한다. '선천적'은 '경험으로
부터 aus der Erfahrung' 라는 의미를 가지는 후천적(a posteriori)과
대립된다. 여러 차례 반복해서 말하지만 칸트가 참다운 철학으로서의
형이상학의 기초닦기(Grundlegung der Metaphysik als der wahren
Philosophie)를 위해서 정립하고자 하는 판단은 선천적 종합판단
(synthetische Urteile a priori)이다.

　직관형식에 의해서 잡다한 표상들이 그려진다. 그러면 오성(사유)
형식인 범주는 선험적 구상력과 선험적 통각의 도움을 받으면서 순수
오성 개념(범주)의 도식론과 순수 오성(역시 범주)의 원칙에 의해서
표상들을 종합하고 통일해서 개념을 만든다. 이렇게 해서 칸트의 인
식론은 대단원의 막을 내린다. 그런데 여기에서 엄청나게 커다란 문
제가 터지고 만다. 어떤 학자는 칸트의 인식론이 불가지론이라고 비
난한다. 왜? 칸트는 직관형식(공간, 시간)과 오성형식(범주)에 의해

서, 곧 인간 주관의 선천적인 인식 형식에 의해서 대상을 인식하는데, 그렇게 인식한 세계는 현상(Erscheinung)이라고 했다. 그렇다면 객관 대상은 인간 주관에게 참답게 알려지지 않고, 단지 인간의 직관형식과 오성형식이라는 색안경을 통한 대상의 현상만 주관에게 알려진다는 말이 된다. 인간은 직관형식과 오성형식이라는 본래부터 가지고 있는 색안경을 결코 벗을 수 없다. 다시 말해서 인간은 객관대상 자체, 곧 사물 자체(Ding an sich)를 전혀 알 수 없고 사물 자체(물자체)의 껍데기만 알 수 있다. 대상을 알 수 있다는 것이냐 아니면 알 수 없다는 것이냐? 칸트에 의하면 인간은 오직 경험세계, 곧 자연 현상만 인식할 수 있다. 인식이란 인간이 자신의 본래부터 타고난(감각경험에 앞서는, 즉 감각경험에서 생기지 않는) 직관형식(공간과 시간)과 오성형식(범주)으로 경험 속에서 대상을 파악해서 표상을 만들고 표상들을 꾸며서 개념으로 만드는 작업이다.

사물 자체(객관 대상)는 우리의 경험(인식이 성립하는 장)을 초월해서 존재하기 때문에 초월적 사물(das transzendente Ding)이다. 칸트는 사물 자체는 모든 경험 가능성을 떠나서 그 자체로 성립하는 현실성이며 절대적 실재성(die absolute Realität)이라고 한다. 칸트가 사물 자체는 결코 인식할 수 없다고 해놓고, 다시 사물 자체를 절대적 실재성이라고 한다면 그는 사물 자체가 절대적 실재성이라는 것을 어떻게 아는가? 알 수 없다고 해놓고 바로 또 알 수 있다고 하는 것인가? 아니다. 칸트는 사물 자체는 결코 알 수 없고 단지 생각할 수 있는 것이라고 한다. 생각할 수 있다는 것은 알 수 있다는 것이 아닌가? 아니다. 칸트는 사물 자체는 인식 불가능하고(unerkennbar) 단지 사유 가능하다(denkbar)고 말한다. 여기에서 칸트가 말하는 사물 자체는 전통적인 실체(substantia), 본체(noumena), 이념(Idee) 등처럼

인간의 경험을 초월하는 대상이다. 이런 생각은 칸트의 교수취임논문
「감성세계와 지성세계의 형식과 원리들에 대하여」(1770)에서 흐릿하
게나마 윤곽이 그려지고 있었다.

　칸트는 교수취임논문에서 인간의 인식능력을 감각(sensus)과 지성
(intellectus)으로 구분했다. 감각은 자신의 직관형식(공간과 시간)으
로 대상을 인식하는데 이것이 감성세계(mundus sensibilis)인 현상
(phaenomenon)이다. 지성은 불변하는 대상을 인식하며 그러한 대상
의 세계는 지성세계(mundus intelligibilis)이다. 만 10년 지나서 이런
생각은 전면적으로 폐기처분된다.『순수이성비판』(1781)에서 감성의
직관형식(공간과 시간)과 오성형식(범주) 두 가지 능력에 의해서 대
상의 개념이 성립하는데, 이 개념은 객관 대상의 현상에 대한 인식이
다. 감성 직관과 오성(사유) 두 가지가 협력해서 현상으로서의 자연
객관을 인식한다. 사물 자체(객관 대상 자체)는 경험을 초월하므로,
곧 직관형식과 오성형식(범주)을 초월하므로 인식 불가능하다. 단지
우리는 우리의 직관형식과 오성형식이라는 인식의 유일한 능력을 초
월하는 사물 자체가 분명히 존재한다고 생각할 수밖에 없다는 것이
칸트의 입장이다. 그렇다면 사물 자체와 아울러 우리가 인식할 수 없
지만 그 존재를 생각할 수 있는 영혼, 세계, 신 등을 우리들이 존재한
다고 말할 수 있는 근거는 도대체 어디 있다는 말인가? 칸트는『순수
이성비판』의 '선험적 변증론 Transzendentale Dialektik'에서 이 난처
하고 애매하며 안타까운 문제를 열심히 다루고 있다.

6. 영혼과 세계와 신

칸트가 사용하는 '선험적'(transzendental)이라는 말은 '경험에 앞서는' 또는 '인간의 정신에 경험으로부터 나오지 않고 본래부터 있는'과 같은 뜻을 가지고 있다. 이 말은 칸트가 자신의 주장이 보편필연적인 근거를 가지고 있다고 강조할 때 언제나 내미는 만능키이자 도깨비방망이이다. 물론 플라톤은 이데아, 데카르트는 명석판명한 관념(idea clara et distincta), 셸링은 동일자(Identität), 헤겔은 변증법(Dialektik), 니체는 힘에의 의지, 초인(Wille zur Macht, Übermensch), 하이데거는 존재(Sein) 등 대부분의 유명한 철학자들은 만능키(도깨비방망이)를 다 가지고 있다. 나는 키가 전혀 없다. 자동차키도 없고 현관문 키도 없다. 얼마 전 현관문 자동 번호 키를 설치했는데 어쩌다 잘못 눌러서 헷갈릴 때도 있다. 동서고금의 유명 철학자들의 만능키들을 훑어보면 실로 존경하고 경배하는 마음을 금할 수 없다. 칸트는 경험을 초월하는 한계개념(Grenzbegriffe)으로서의 "사물 자체를 비롯해서 영원, 세계, 신 등의 개념을 만날 때 인식의 영역을 떠나서 인식과는 전혀 다른 영역으로, 곧 앎 내지 인식(Erkenntnis)의 영역으로부터 의욕 내지 욕구(Wollen, Begierde)의 영역으로 넘어가지 않으면 안 되는 것을 '선험적 변증론'에서 제시한다. 사유(Denken)와 의욕(Wollen)과 감정(Gefühl)을 서로 질적으로 다른 인간의 능력으로 보는 칸트에게 있어서는 당연한 일이다. 그러나 인간의 이러한 세 가지 능력을 모두 의식이라고 한다면 칸트가 직면하는 난점은 쉽게 사라질 수 있을 것이다. 프로이트나 라캉의 경우 사유로부터 의욕으로 뛰어넘고, 다시 사유와 의욕을 연결해 줄 고리로서의 판단력을 구차하게 억지로 마련할 필요가 없다. 왜냐하면 그들에게

있어서는 정신이나 힘 또는 에너지로서의 의식 내지 욕망이 인간의
전체적인 영혼능력이기 때문이다.

　여기에서 칸트의 변증론(Dialektik)을 잘 이해하기 위해서 보통 변
증법으로 알려지고 있는 변증론의 철학사적 의미를 잠시 살펴보기로
하자. 보통 우리는 보편의 특수화(개별화)를 해체시키면서 동시에 산
출하는 개념의 원리, 곧 헤겔의 변증법(Dialektik)을 변증법의 원형으
로 생각하고 있다. 그러나 철학사적으로 볼 때 오늘날의 변증법이라
는 개념은 대화술을 기원으로 가진다. 대화술은 변증술로 변형되고,
변증술은 변증론으로 변하고 결국에는 헤겔의 변증법으로 귀결되어
마르크스에게까지 이어진다.

　헤겔식의 변증법의 시초는 고대 그리스의 헤라클레이토스의 단편
들에서 볼 수 있다. "우리는 똑같은 물에 두 번 들어갈 수 없다.""우
리들은 존재하며 또한 존재하지 않는다.""모든 것으로부터 일자가
형성되며, 일자로부터 모든 것이 형성된다.""투쟁은 세계의 정의이
며, 모든 것에 공통된 전쟁은 만물의 아버지이며 왕이다.""만물은 유
전한다." 헤라클레이토스는 원질(archē)을 불이라고 부른다. 불은 로
고스(logos: 말, 법칙, 이야기, 사고력, 이성 등의 뜻을 가짐)이고 변
화와 운동의 원리이다. 변증법(Dialektik)의 철학사적 과정을 보면 그
것은 ① 대화술 내지 변증술, ② 논리적 차원의 변증론, ③ 존재론적
변증론의 과정을 거쳐서 결국 헤겔의 변증법 개념이 형성되었다고 할
수 있다. 칸트의 변증론은 논리적 차원의 변증론에 해당한다.

　고대 그리스의 소피스트들(궤변철학자들), 소크라테스, 엘레아학
파, 플라톤은 그들의 철학함을 변증술에 의존했다. 엘레아학파의 제
논은 운동을 반증하기 위해서 다음처럼 변증술을 사용한다. ① 한 물
체는 무한한 공간을 차지하므로 운동은 부정된다. ② 아킬레스는 자

기 앞의 거북이를 결코 추월할 수 없다. 왜? 최초의 운동은 무한소이
므로 무한소들이 제아무리 합산되어도 무한소이고 따라서 처음에 거
북이가 아킬레스보다 조금 앞에 정지해 있다가 일단 경주를 시작하면
아킬레스가 번개처럼 빨라도 무한소의 거리는 전혀 좁혀지지 않는다.
③ 날아가는 화살은 정지해 있다. 왜냐고? 화살은 날아가는 매 순간
일정한 공간을 점유하고 그 공간에 정지해 있기 때문이다. 이와 같은
논증 방법은 플라톤에 와서 종합된다.

플라톤의 변증술(dialektikē epistēmē)은 인식론적 변증법이고 그
것은 서로 대립되는 논쟁으로부터 생기는 지식의 이론이다. 그것은
한편으로 개념들을 분석하고 종합하는 훈련이다. 다른 한편으로 그것
은 이데아를 파악하기 위해서 현상의 존재자들(사물들)을 인식하는
방법이다. 플라톤의 변증술은 논리적 측면과 인식론적 측면 양자를
다 가지고 있지만, 아직 그 성격이 명백하지 못하며 존재론적인 면은
전혀 다루지 않고 있다. 플라톤의 제자 아리스토텔레스에게 와서 변
증론은 논리학의 일부로 확정되었다.

아리스토텔레스의 변증론(dialektikē)은 엄밀한 형식논리를 다루지
않고 개연적인 것 또는 개연성을 다룬다. 변증론은 개연성을 다룸으
로써 상이성, 결합 그리고 분리 등을 도출해낼 수 있다. 개연적인 것
이란 있을 수 있는 것을 말한다. 근대에 들어와서 라이프니츠는 불충
분한 근거의 경우 이성에 적절한 것을 개연적인 것으로 보았다. 그런
가 하면 볼프는 불충분한 근거로부터 객관적으로 고찰된 것을 개연적
인 것으로 보았다. 이렇게 보면 칸트는 자신의 변증론을 가상의 논리
(Logik des Scheins)라고 했는데, 이는 그의 변증론이 아리스토텔레
스의 변증론으로부터 큰 영향을 받았다는 것을 미루어 짐작하게끔 해
준다.

소크라테스 당시 소피스트들의 변증술은 단순한 쟁론술(erizein) 내지 반박 기술(anti logikē technē)이었고, 플라톤의 변증술은 이데 아에 도달하기 위한 인식론적 차원의 대화술이었다. 아리스토텔레스 의 변증론은 개연적인 것, 곧 그럴듯한 것에 대해서 근거를 정립하는 것을 목적으로 삼았다. 그것은 단지 형식논리적인 분석론과는 성격이 다르다. 변증법(dialektikē)은 플로티노스를 지나 위(僞)디오니시우 스, 에리우게나 등을 거쳐 르네상스의 쿠자누스를 통해서 그 개념이 정리된다. 위디오니시우스는 신학을 긍정신학과 부정신학으로 구분 했고, 에리우게나는 긍정신학과 부정신학 그리고 이 양자를 통일하는 최상신학을 말하였다. 근대를 지나 칸트에 이르러서 변증론은 순수 형이상학의 근거를 탐구하는 학문으로 등장한다. 칸트의 변증론은 피 히테, 셸링을 거쳐서 헤겔에 이르러서 존재의 논리학, 곧 변증법(Di-alektik)으로 완성된 형태를 가지게 된다.

이제 칸트의 선험적 변증론(Die transzendentale Dialektik)에 대해 서 가능한 한 간략하게 살펴보자. 우선 칸트는 우리들 인간 주관의 선 천적 인식능력을 초월적 대상에 적용할 경우, 다시 말해서 인식능력 (직관형식과 오성형식)을 가지고 초월적 대상을 파악하고자 할 경우 결코 초월적 대상에 대한 인식이 성립할 수 없다고 한다. 그러나 과거 의 독단론(Dogmatismus)의 주장은 전혀 다르다. 독단론의 주장은 다 음과 같다: "오직 경험과 연관해서만 참다울 수 있는 인식은 영혼 (Seele), 세계(Welt), 신(Gott) 등 현실성 자체에 대한 참다운 인식으 로부터 확실하게 추구된다."

칸트는 인간의 이성의 본질에서 현존재(현재 존재하는 사물들)의 근거를 탐구해서 경험을 완성시키고 정립시키고자 하는 경향이 있다 고 한다. 이 말은 인간 주관의 인식능력만 가지고는 대상의 자연적 현상만 인식하고(경험세계 안에서), 인식능력을 넘어서는 대상 자체(사물 자체)를 결코 인식할 수 없다는 것을 말한다. 그럼에도 불구하고 이성은 사물 자체를 탐구하고자 한다. 칸트는 좁은 의미의 이성(die Vernunft im engeren Sinne)이 경험을 초월하여 추리에 의해서 (durch Schlüsse über die Erfahrung hinaus) 현존재의 궁극적 근거, 곧 순수한 이성개념들(die reine Vernunftbegriffe)을 파악한다고 말한다.

　한마디로 말해서 칸트의 선험적 변증론은 가상의 논리학, 곧 독단론적 형이상학의 주장에 대한 비판이다. 칸트는 이 비판을 통해서『실천이성비판』으로 넘어갈 준비 태세를 갖춘다. 인식이 아니라 추리를 통해서 얻어진 개념은 결코 직관형식과 오성형식(범주)과 관계할 수 없는 순수한 이성개념들이다. 칸트는 플라톤의 이데아와 연관해서 순수한 이성개념들을 선험적 이념(transzendentale Ideen)이라고 부른다. 플라톤의 이데아는 영원불변하는 원형을 뜻한다. 예컨대 무수한 미남들과 미녀들이 현존하지만 원형 미남인 미남 이데아가 있고 또 원형 미녀인 미녀 이데아가 정신적 개념으로 항상 존재하기 때문에 이것들을 따라서 이 원형들과 비슷하게 닮은 무수한 미남들과 미녀들이 현실 세계에 존재한다는 것이 플라톤의 이데아론의 골자이다. 칸트도 같은 생각을 가지고 있다. 그래서 나는 유럽 문화의 핵심은 기독교 사상과 플라톤 철학이라고 부르는 것이다.

　순수 이성개념들, 곧 이념들은 인식 가능한 것이 아니라 사유 가능한 것이라는 사실을 이미 앞에서 말했다. 사유 가능한(denkbar)의 뜻은 좁혀서 말하면 '추리 가능한'이다. 칸트는 세 가지 추리가 있고, 추리에 의해서 경험을 초월하는(인식능력을 넘어서는) 세 가지 이념들이 드러난다고 한다. 세 가지 추리들은 ① 정언적 추리(der kate-

gorische Schluß), ② 가언적 추리(der hypothetische Schluß), ③ 선
언적 추리(disjunktive Schluß)이다. 그럼 각각의 추리가 어떤 이념에
도달하는지 살펴보자.

① 정언적 추리: 심리학적 이념(psychologische Idee)인 영혼에 도
달한다. 영혼(Seele)은 자아(Ich)에 대응한다. 실체성이나 시간 내의
지속성을 기초로 삼아 절대적이고 무제약적인 사유하는 주관의 통일
(die absolute unbedingte Einheit des denkenden Subjekts), 곧 영혼
을 이성이 추리해 낸다. 물론 영혼은 불멸하는 영혼이다.

② 가언적 추리: 우주론적 이념(kosmologische Idee)인 세계의 전
체성(die Totalität der Welt)에 도달한다. 이성은 인과율 개념을 기초
로 삼아서 현상을 성립시키는 조건 계열의 절대적 통일로서의 세계의
전체성을 추리해 낸다.

③ 선언적 추리: 신학적 이념(theologische Idee)인 신에 도달한다.
이성은 모든 사유대상들을 제약하는 절대적 통일성을 추리해 내는데
그것은 인과율을 기초로 삼은 추리이다.

이들 순수 이성개념들, 곧 선험적 이념들은 직관형식과 오성형식
(범주)에 의해서 결코 인식되지 않는다. 이제 칸트의 비판철학이 작
동하기 시작한다. 칸트에 의하면 지금까지의 독단론적 인식론과 형이
상학은 이념들을 오성(사유)에 의해서 멋대로 인식한다고 장담하고
이 이념들을 인식 가능한 대상이라고 큰소리쳐 왔다고 주장한다. 그
래서 독단주의 철학자들은 자기들이 모순의 늪에 빠져서 허우적거리
고 있는 사태를 전혀 알지 못하고 있다는 것이 칸트의 지적이다. 영혼
(자아)과 세계와 신은 추리 가능하고 생각(사유) 가능한 대상들이긴
해도 인식과는 무관하고 따라서 우리가 전혀 알 수 없는(인식 불가능
한) 대상들이다.

『순수이성비판』의 '선험적 변증론 Die transzendentale Dialektik' 부분은 앞에서도 지적한 것처럼 선험적 가상(der transzendentale Schein), 곧 선험적 이념들(die transzendentalen Ideen)에 대한 비판을 다루고 있다. 칸트의 변증론은 순수한 이성개념들(riene Vernunft-begriffe)에 대한, 곧 예컨대 영혼, 세계 및 신이라는 이념들에 대한 비판이다. 칸트는『순수이성비판』(B판) 제2부 2권 '순수이성의 변증론적 추리에 관해서 Von den dialektischen Sehlüssen der reinen Vernunft'에서 약 230쪽에 달하는 방대한 분량을 할애해서 독단론적 형이상학(종래의 합리론 철학)의 영혼, 세계 및 신에 대한 이론을 매우 정교한 분석을 거쳐서 그 주장이 부당하고 무의미하다고 비판한다. 이와 같은 비판을 내용으로 담은 것이 칸트의 선험적 변증론이다. 나는『순수이성비판』(B판, 1787)의 234~461쪽에 해당하는 부분과 함께 내가 번역한 프리틀라인의『서양철학사』의 해당 부분을 주로 참고하고 인용하면서, 칸트가 선험적 변증론에서 취급하는 ① 합리적 심리학(rationale Psychologie)에 대한 비판, ② 합리적 우주론(rationale Kosmologie)에 대한 비판, ③ 합리적(사변적) 신학(rationale spekulative Theologie)에 대한 비판을 가능한 한 짤막하게 살펴볼 것이다.

사실 영혼(자아), 세계, 신 등 이들 세 가지 칸트가 말하는 소위 순수 이성개념들(reine Vernunftbegriffe)은 하루하루 일상생활을 영위해 가는 모든 인간들에게는 더할 수 없이 소중한 개념들이다. 우리는 도처에서 다음과 같은 말을 들을 수 있다. "저 친구는 체구도 작고 가진 것 없어도 영혼이 맑아요." "사람이 주관이 왜 불확실해? 사람이라면 최소한 확고한 자아는 가지고 있어야 하잖아?" "앞으로 여유가 생기면 세계여행이라도 좀 다녀야지. 내가 전혀 알지 못하는 세계가 있지 않겠어?" "기독교의 하나님은 왜 남자지? 하나님은 만신 중의 신이고 그런 신이 남자라면 남성 중심주의 사회와 가부장제도가 영원할 것은 뻔하잖아? 하나님이 앞으로 여자가 되거나 또는 중성이나 트랜스젠더로 될 수는 없는 건가?" 우리들 보통 사람들은 누구나 "인간이면 거의 예외 없이 영혼(자아)의 소유자로서 세계 안에서 살아가면서 나름대로의 신앙을 가지고 신을 섬기고 있어."라고 말하는 경향을 가지고 있다. 칸트는 자신의 비판철학에서 선험적 가상으로서의 세 가지 이념들(영혼, 세계, 신)을 탐구할 경우 인식과 사유의 한계를 망각할 때 범하는 오류 내지 모순을 드러냄으로써 독단주의 합리론적 형이상학을 비판한다.

합리적 심리학의 주장을 살펴보자. 합리적 심리학은 우선 영혼이 실체라는 것으로부터 영혼의 비물질성을 추론한다. 합리적 심리학이란 전통 독단론적 형이상학의 심리학이다. 또 합리적 심리학은 영혼이 단순하다는 것으로부터 영혼의 비파괴성(불멸성, Unsterblichkeit)을 추론한다. 다음으로 합리적 심리학은 영혼이 통일적이라는 것으로부터 영혼의 인격을 추론한다. 마지막으로 합리적 심리학은 영혼이 공간 안의 대상들과 관계하기 때문에 영혼은 신체와 관계한다고 추론한다. 위에서 본 네 가지 법칙은 합리적 심리학이 영혼을 증명하기 위해서 제시한 것이다.

칸트는 이들 네 가지 법칙이 모두 "나는 생각한다 Ich denke"로부터, 곧 주관의 사유로부터 도출된 것들이라고 한다. 잠깐 여기에서 데카르트를 떠올려 보자. 데카르트는 "나는 생각한다. 그러므로 나는 존재한다 ego cogito, ergo ego sum(또는 cogito, ergo sum)"이라고 해서 자아(ego), 곧 '나'가 명석판명한 관념(idea clara et distincta)이라고 했다. 칸트의 비판은 합리적 심리학이 데카르트를 추종하면서

인식의 한계를 훌쩍 뛰어넘어 버린다는 것이다. 칸트는 자아(Ich)는
사물 자체로서 결코 경험에 현실성 자체로 주어질 수 없다고 한다. 자
아는 단지 사고대상(생각만 할 수 있는 대상)이고 전혀 인식될 수 없
다. 그럼에도 불구하고 합리적 심리학이 영혼(자아)에 대해서 앞에서
처럼 네 가지 추론을 한다면 그렇게 해서 성립하는 추리는 단지 오류
추리(Paralogismen), 곧 잘못된 추리에 지나지 않는다는 것이 칸트의
반박이자 비판이다. 이 문제는 이 장의 '비판적 고찰'에서 다시 여유
를 가지고 다룰 것이다.

　종래의 합리적 우주론은 세계의 전체성(die Totalität der Welt)을
인간의 인식능력에 의해서 확실하게 알 수 있다고 했다. 합리적 우주
론 역시 독단적 합리론적 형이상학(대표적으로는 라이프니츠-볼프
의)을 뜻한다. 칸트에 의하면 합리적 우주론은 이율배반(Antinomie)
을 범한다. 칸트는 합리론적 우주론의 네 가지 정립(Thesis)과 반정립
(Antithesis)을 제시하고 각각의 정립과 반정립이 이율배반에 빠지는
것을 밝힌다. 여기서는 간단히 첫 번째 정립과 반정립만 살펴보겠다.
정립: 세계는 시간상 시초를 가지며, 공간에 의해서도 역시 한계 지어
져 있다. 반정립: 세계는 아무런 시초도 없으며, 아무런 공간적 한계
도 없고 무한하다. 정립에서 세계는 경험 영역과 관계한다. 그런가 하
면 반정립에서 세계는 경험과 관계하지 않고 단지 세계 자체만에 관
계한다. 그러므로 정립에서의 주장과 반정립에서의 주장은 이율배반
에 빠짐으로 합리적 우주론에서 주장하는 세계(또는 세계의 전체성)
는 무의미하다.

　칸트는 선험적 변증론에서 제일 먼저 합리적 심리학을 비판하고 다
음으로 합리적 우주론을 비판하며, 마지막으로 합리적(사변적) 신학
을 비판함으로써 소위 선험적 이념들(transzendentale Ideen)인 영혼

(자아), 세계 및 신이 결코 인식대상이 될 수 없고 단지 사유에 의해서 추론되는 개념들이라는 것을 밝힌다. 합리적 신학(rationale Theologie) 또는 사변적 신학(spekulative Theologie)은 신의 존재를 충분히 증명할 수 있다고 주장하였다. 결론적으로 말해서 신 자신과 아울러 신의 성질도 감성의 직관형식에 의해서는 물론이고 오성(사유)의 형식인 범주에 의해서도 결코 파악될 수 없는 초월적인 대상이다. 따라서 신의 이념(Idee des Gottes)은 순수이성의 공허한 이상(das leere Ideal der reinen Vernunft)으로서 이론 이성이 취급할 주제가 될 수 없다.

칸트는 전통적인 세 가지 신존재 증명을 예로 들고 비판한다. 이들 세 가지 증명은 모든 합리적 신학이 제시하는 것이다. 합리적(rational)이나 사변적(spekulativ)은 각각 '순수하게 이론적으로', '순수하게 사고에 의해서'를 뜻하기 때문에 동일한 의미를 가진다. ① 존재론적 신존재 증명(Der ontologische Beweis der Existenz Gottes): 신은 최고의 실재적인 존재이므로 신은 존재하지 않으면 안 된다. 만일 신이 존재하지 않는다면 신은 최고의 존재일 수 없다. 안셀무스의『프로슬로기온』15장의 제목은 신존재의 존재론적 증명에 대한 대표적인 예이다. "그는 생각될 수 있는 것보다 더 크다는 것 Quod maior sit quam cogitari possit"에서 그는 하나님인 신이고, 이 신이 더할 나위 없는 최고일 수밖에 없다. 1977년 뷔르츠부르크대학 철학 제2연구소 도서관에서 저녁 세미나 시간에 베를링거 교수와 안셀무스의 이 문장을 읽으면서 심각한 표정을 짓던 일이 떠오른다. 지금 돌아보면 유럽 문화는 모두 기독교 사상에 짙게 물들어 있다. 종교는 아편이라고 욕설한 마르크스가 갈구한 공산주의 사회(과학적 사회주의 사회)는 기독교의 천국과 무엇이 다른가? 신은 죽었다고 외친 니체가 내민 힘에의 의지는 절대자 신을 향한 신앙과 무엇이 다를까?

칸트는 안셀무스의 존재론적 신존재 증명이 오류추리를 범한다고 비판한다. 신의 개념(Begriff des Gottes)으로부터 신의 현존재(Dasein Gottes)를 추리하는 것은 오류를 범하는데, 그 이유는 어떤 개념은 현존할 수도 있고 동시에 현존하지 않을 수도 있기 때문이다. 두 번째 전통적인 신존재 증명은 우주론적 신존재 증명(Der kosmologische Beweis der Existenz Gottes)이다. 이 증명은 세계가 무조건적이고 절대적인 창조자로서의 원인을 가지지 않으면 안 되므로, 그 원인은 바로 신이라고 말한다. 칸트가 보기에 이 증명은 존재론적 신존재 증명에 귀속된다. 이 증명은 역시 오류추리(Fehlschluß)에 속할 수밖에 없다. 세 번째 신존재 증명은 물리적-목적론적 신존재 증명(Der physiko-teleologische Beweis der Existenz Gottes)이다. 이 증명의 내용은, 세계질서를 보면 질서정연한 것이 합목적적인데, 이와 같은 합목적적 질서를 만든 최고의 지성적 존재가 분명히 있음에 틀림없다는 것이다. 칸트는 이 증명을 간단히 반박한다. 즉 세계질서는 자연 자체의 합목적성에 의해서도 나타날 수 있으므로 필히 신이 존재해야 할 이유가 없다는 것이다.

자, 그렇다면 경험에서 나오지 않은 선험적 이념들(die transzendentalen Ideen)로서의 영혼(자아), 세계, 신 등에 대한 칸트의 결론적 입장은 무엇인가? 이 이념들은 우리들 인간 주관의 인식대상이 아니다. 인식대상은 오로지 자연 현상이다. 이것들은 우리들 인간에게 단지 공허한 것들이란 말인가? 칸트는 아니라고 단호히 말한다. 칸트가 보기에 이 이념들은 자연 현상을 탐구하는 순수 이론이성의 차원을 뛰어넘어서 새로운 지평을 인간에게 제시한다.

『순수이성비판』에서 직관형식과 오성형식(범주), 곧 넓게 말해서 순수 이론이성은 대상(자연 현상)인식의 원리이다. 그렇다면 영혼, 세계, 신과 같은 이념들은? 순수 이론이성은 대상인식을 형성하는 구성적(Konstitutiv) 원리임에 비해서, 선험적 이념들은 인간의 실천적 행동의 지침(Richtschnur der praktischen Handeln)이 되는 규제적(regulativ) 원리라는 것이 칸트의 입장이다. 이 시점에서 칸트는 이론적 자연 현상으로부터 실천적 자유의 행동으로 넘어간다. 즉 그는 자연을 뛰어넘어 자유의 지평으로 향한다. 인간의 실천적 행동을 규제하는 원리들과 이념들을 탐구하는 능력을 일컬어 칸트는 실천이성(praktische Vernunft)이라고 부른다. 나는 이 책의 7, 8장 '우리는 무엇을 행해야만 하는가 (1), (2)에서『실천이성비판』의 내용을 가능한 한 요점 중심으로 간략하게 살펴볼 것이다. 지금까지 칸트의 생애와 인간 됨됨이, 비판철학 시기 이전 칸트의 철학사상 편력 그리고 이 책 5, 6장 '우리는 무엇을 알 수 있는가'를 나름대로 훑어보고 열심히 따라온 독자라면, 지금쯤은 어느 정도 칸트철학의 색깔을 눈치챘을 것이다. 그런 느낌을 가지고 있다면, 이 책 7, 8장은 '우리는 무엇을 행해야만 하는가'라는 제목 아래에서 순수이론적 이성이 아니라 행동에 관계하는 실천이성을 다루리라는 것을 충분히 짐작하리라 믿는다.

7. 비판적 고찰

칸트에 의하면 자아(das Ich)는 경험적 자아이자 현상이며 외적 사물(외부적으로 존재하는 것)로서 내적 감각의 대상(Gegenstand des inneren Sinnes)이다. 또한 주관으로서의 순수한 자아(das reine Ich als Subjekt)는 비록 현상이 아니라고 할지라도 그것은 물자체(Ding an sich)가 아니라는 것이 칸트의 생각이다. 한마디로 말해서 칸트가 이 야기하는 자아는 순수의식(reines Bewußtsein)이다. 순수의식은 사물 도 아니고 실체도 아니고, 그것은 모든 표상을 분명히 동반하는 의식 의 통일(Einheit des Bewußtseins)이다. 이 순수의식은 인식을 제약 하는(조건 지어주는) 논리적이자 선험적인 의식의 통일이다.

칸트의 순수의식으로서의 자아의 특징은 '나는 사유한다 Ich den-ke'로 표현되는 통각(Apperzeption)이다. 오성의 통각에 의해서 잡다 한 표상들이 종합(통일)됨으로써 개념이 구성되고, 개념들의 결합에 의해서 추리가 성립한다. 칸트는 판단이 성립하고 판단들의 연결에 의해 참다운 철학으로서의 형이상학을 정립하기 위해서 인식론의 보 편필연적인 기초를 철두철미하게 닦고자 했다. 칸트는『순수이성비 판』과『학문으로 등장할 수 있는 미래의 모든 형이상학을 위한 입문』 의 여러 곳에서 자아에 대해서 여러 가지 다양한 의견을 보여준다. 그 런데 나는 칸트가 말하는 자아를 '순수의식' 한마디로 표현하려고 한 다. 나는 칸트의 인식론을, 비록 약간 무리가 있다고 할지라도, 다음 처럼 요약한다: '순수의식은 직관형식으로 대상을 수동적으로 붙잡 아서 표상을 만들고, 오성형식(범주)은 구상력과 통각의 도움을 받아 서 잡다한 표상들을 정리하고 종합해서 개념들을 구성하고 이 개념들 을 결합해서 선천적 종합판단을 만든다.'

칸트의 순수의식은 '나는 생각한다 Ich denke'라는 통각을 동반하 는데 이것은 확실히 데카르트의 '나는 생각한다 ego cogito'를 그대 로 물려받은 것이다. 그러나 칸트의 자아는 물자체(Ding an sich)가 아니고 사유의 근거이자 사유의 최상의 전제(die oberste Voraussetzung des Denkens)이다. 데카르트의 자아는 명석판명한 관념으로서 이것은 합리적 사고의 주인이다. 그러나 칸트의 자아는 순수의식으서 논리적, 선험적인 의식의 통일이긴 하나 물자체가 아니다. 여기서 칸트는 미꾸라지처럼 자아(나)가 가진 문제를 빠져나가려고 몸부림친다. 사람들이 칸트에게 쏟아붓는 질문들을 살펴보자.

칸트가 직면하는 질문들의 예들은 이렇다: "순수의식은 결국 자아가 아닌가? 자아 자체가 있다면 그것은 궁극적으로 물자체일 테고, 당신은 물자체는 알 수 없는 것이라고 하는데 그렇다면 자아를 순수의식이라고 하는 당신의 주장은 무슨 소리요?" "순수의식의 원래 모습이 물자체여서 알 수 없는 것이라면 알 수 없는 것이 어떻게 직관형식을 가지고, 더 나아가서 알 수 없는 것이 무슨 구상력이니 통각이니를 동반하면서 능동적으로 오성형식을 발동해서 표상들을 개념으로 종합한다는 거요?"

이 문제를 해결하기 위해서 현대 현상학자 후설은 의식이 의식하는 의식(noesis)과 의식된 의식(noema)의 두 측면을 가진다고 했다. 프로이트와 프로이트주의자인 라캉은 의식의 바탕은 욕망이라고 했다. 프로이트는 삼중적 의식을 말한다: ① 의식(Bewußtsein), ② 의식 이전의 의식(Vorbewußtsein) ③ 의식되지 않은 의식(Unbewußtsein, 심층의식). 프로이트에 의하면 이 삼중의 의식은 정신이나 힘 또는 에너지이며 심층의식은 다름 아닌 욕망(Begierde)이다. 프로이트의 추종자 라캉은 프로이트의 의식 이론을 변형시켜서 의식(conscience)의 순환 구조를 주체(sujet), 욕망(désir), 작은 타자(l'autre), 큰 타자(l'Autre) 등 네 요소의 상호작용과 대칭관계로 표현한다. 작은 타자는 거울효과로서 아기가 모친에게서 받는 영향이고, 큰 타자는 사회적인 영향이며 대표적인 것은 사회적 상징이다. 프로이트와 라캉은 모두 정신과 의사이고 자신들을 유물론자라고 하지만, 그들의 의식 이론은 비록 칸트보다 좀 더 구체적이긴 해도 여전히 관념론적인 색

채를 버릴 수 없다고 본다.

나는 1962년, 그러니까 지금부터 62년 전 당시 성균관대 동양철학과 유승국 교수로부터 유교철학 강의를, 그리고 나와 개인적인 친분이 두터웠던 이기영 교수로부터 불교철학 강의를 들었다. 그 당시 막연하게나마 다음 같은 생각을 혼자 해보았다. "맹자가 천성(天性)과 인정(人情)이 있다고 했고 사단팔정(四端八情), 곧 네 가지 순수한 천성과 여덟 가지 선하기도 하고 악하기도 한 인정이 있다고 했으며 이것을 주자가 이어받았다고 했어. 조선조의 퇴계와 율곡의 성리학은 주자학을 이어받아 이기론(理氣論)의 논쟁을 시작했지. 그런데 천성, 인정, 사단팔정, 이기(理氣)는 누가 무엇으로 어떻게 안다는 거야? 이거 소위 성인군자들이 자기들만 마구잡이로 안다는 거 아닌가?"

나는 물론 열심히 한 것은 아니지만 60년간 틈틈이 불교 관련 서적을 들추면서 수양 삼아 들여다보면서도 이런 물음을 금할 수가 없었다. "고, 집, 멸, 도(苦, 集, 滅, 道) 이 네 가지가 진리이고 제행무상(諸行無常), 제법무아(諸法無我), 일체개고(一切皆苦), 열반적정(涅槃寂靜) 이 네 가지가 네 진리에 대응하는군. 그런데 누가 이렇게 판단하지? 누가 이걸 알지? 모든 행동이 한결같음이 없고, 모든 사물이 자아(나)가 없으니 모든 것이 고통이므로 열반에 이르러 고요함에 도달해야 한다고 했거늘, 자아가 없는데 더 이상 무슨 할 말이 있어?"

1970년대 중반 뷔르츠부르크대학교 철학 제2연구소 베를링거 교수의 저녁 세미나 시간이었다. 한때 베를링거 교수의 강의를 들었던, 당시에는 일본 어느 대학의 불교학 담당 젊은 여교수가 독일을 방문한 김에 세미나에 참석했다. 베를링거 교수 왈, "안셀무스나 쿠자누스는 더 이상 클 수 없는 존재를 신이라고 했네. 아야꼬 교수, 불교에서는 이런 표현에 대해서 대응하는 표현이 있는가?" 아야꼬 교수 왈, "불교에서는 참다움에 대해서는 말해서는 안 된다고 했습니다." 내가 옆에서 듣고 있다가 심술이 좀 나서 이렇게 왈, "지금 일본의 불교철학 교수 아야꼬가 말해서는 안 된다고 작은 소리로 말했습니다."

내가 좀 시건방지게 말하자면 마구잡이 플라톤, 마구잡이 기독교, 불교, 유교, … 이렇게 내뱉고 싶다. 이데아를 어떻게 아는지, 창조자 아버지 하나님을 어떻게, 왜 인지할 수 있는지, 성(性), 정(情), 이기(理氣)를 누가 어떻게 인식하는지? 칸트는 『순수이성비판』에서 우리가 경험한다(wir erfahren), 우리가 인식한다(wir erkennen), 우리의 인식(unsere Erkenntnis) 등의 표현을 자주 쓴다. 우리(wir) 또는 나(ich)는 인식주관인데, 이 인식주관은 물자체가 아니고 순수의식이라고 발뺌한다. 순수의식은 공중에 떠다니는 유령인가? 순수의식을 담고 있는 주관이 자아 아닌가?

인식론 또는 인지이론에 대한 내 입장은 간단하다. 내 몸이 대상을 알고 내 몸과 나의 인식이나 사유 또는 행동과정을 인지한다. 더 말할까? 내 몸은 고도로 진화된 유기체로서 우선 특정한 DNA를 소유하며 주변의 환경과 상황 그리고 역사와 문화와 사회적 상태에 밀접한 관계를 가지고 영향을 주고받으면서 온몸으로, 특히 말단신경과 중추신경의 중심적인 역할과 작용에 의해서 대상과 대상의 상태를 인지한다. 칸트가 말하는 선천성, 선험성, 보편필연성 등을 나는 인정하지 않는다. 영혼과 세계와 신은 인식대상은 아닐지라도 실천적 행동을 위한(실천적 자유를 위한) 이념들이라고? 이 이념들에 대해서 나는 코멘트할 흥미가 없다. 그러나 짧게 단 한 가지 살펴보자. 영혼불멸? 왜 인간만 영혼불멸? 지렁이의 영혼은? 내가 인정하는 것은 에너지 불변이다. 그런 의미에서 영혼불변이라면 인정한다.

그럼에도 불구하고 나는 칸트가 '인간은 윤리적으로, 곧 도덕적으

로 살아야만 한다'고 절규한 것에는 전적으로 공감한다. 왜냐하면 어
떤 면으로 살펴보아도 인간이 인격체로서 살아갈 수 있는 가치는 어
디까지나 선의 가치 단 한 가지만을 근거로 삼고 있기 때문이다.

7

우리는 무엇을 행해야만 하는가 (1)

1. 칸트가 말하는 이성의 뜻

칸트는 비판철학에서 우선『순수이성비판』전체를 통하여 자연 현상을 이론이성에 의해서 탐구한다. 즉『순수이성비판』의 내용은 자연탐구이다. 그래서『순수이성비판』에서 칸트는 '우리는 무엇을 할 수 있는가?' 라고 묻고 이 물음에 대한 답을 제시한다. 다음으로 칸트는 『실천이성비판』(1788)에서 '우리는 무엇을 행해야만 하는가?' 라고 묻는다. 칸트는『순수이성비판』에서 인식론의 지평을 살핀 다음에 이번에는『실천이성비판』에서 윤리학의 영역을 탐구하고자 한다. 사실인간이 인간다울 수 있는 가장 커다란 이유는 인간이 도덕적 존재, 곧윤리적 존재라는 데 있다. 만일 인간이 선, 악, 의무, 권리, 정의, 용기, 관용, 배려… 등의 윤리적 가치를 상실한다면 인간은 더 이상 인간이기를 포기한 존재가 되고 말 것이다.

내가 보기에 한국인은 특히 윤리적 가치의식이 깊고 정이 많다. 나는 어렸을 때 북한에서도 살아보았고 6.25전쟁을 겪고 1.4후퇴 후 부산에 살다가 인천에서도 살았다. 서울에 이사와서 살다가 북파공작원 부대 2년, 육사 교관 3년 참으로 억울한 군대 생활 5년 후 독일 유학 가서 독일인들의 가치관도 잘 살펴볼 수 있었다. 귀국 후 바쁜 교수 생활 하다가 독일 방문교수, 프랑스 방문교수를 각각 1년 했고, 계속해서 중국을 수없이 방문하고 여러 대학에서 강연했고 중국 서안의 서북대학 객좌교수도 되었고 일본도 몇 차례 방문하여 중국인과 일본인의 가치관도 엿보게 되었다. 손이 안으로 굽는다고 한국인의 이웃 사랑, 노인 공경 문화, 임산부 배려 등과 연관된 한국인의 정을 생각하면 가슴이 아련하다.

한국인의 정은 홍익인간 사상을 포함한 이웃 사랑이 아닌가 생각된다. 세종대왕이 백성을 불쌍히 여겨서 한글을 만든다는 말을 떠올리면 세종대왕이 지닌 한국인의 정을 생각하지 않을 수 없다. 최근 한국 사회는 고도의 산업화, 고령화, 빈부 양극화, 저출산, 청년 실업, 극단적 금전만능주의 등의 심각한 문제들 앞에서 신음하고 있다. 그럼에도 불구하고 나는 한국인이 긍정적인 전통적 가치관, 곧 홍익인간을 바탕으로 삼은 정 문화의 윤리관을 굳게 가지고 바람직하고 창조적인 한국인의 인간상과 아울러 높은 시민의식을 가지고 인류 문화의 등불 역할을 충분히 수행할 수 있으리라 믿는다. 이러한 믿음은 나의 한국인에 대한 인간 믿음이자 동시에 인간 자체에 대한, 곧 인류애를 동반하는 나 자신의 휴머니즘을 대변한다. 물론 나의 인간에 대한 믿음과 사랑은 사회윤리(정치윤리를 포함해서)뿐만 아니라 생명 윤리와 환경 윤리까지도 아우른다고 말할 수밖에 없다. 이런 차원에서 나는 칸트의 세 비판서 중 『실천이성비판』을 가장 두드러진 작품으로 꼽는다. 물론 칸트의 『실천이성비판』은 『순수이성비판』과 마찬가지로 여러 가지 문제점들을 품고 있지만, 칸트가 이 책에서 인간이 당연히 인간일 수 있는 윤리형이상학을 위한 기초닦기를 하고 있다는 것이 내학문적 관심을 강하게 끌었다. 나는 지금 쓰고 있는 내 책의 7, 8장의 제목을 '우리는 무엇을 행해야만 하는가' 라는 제목 아래에서 칸트의윤리학, 곧 도덕 이론을 비교적 간략하게 살피려고 한다. 우선 칸트가말하는 이성(Vernunft)의 의미를 간단히 살펴본 후 다음으로 실천이성의 뜻도 고찰할 것이다.

칸트는 실천이성의 "사변적 이성과의 통일은 공통적 원리"에 속한다고 말함으로써 결국 이론적(사변적) 이성과 실천이성은 적용에 있어서(in der Anwendung) 서로 구분되고 궁극적으로는 하나의 이성이라고 말한다. 칸트의 이성은 마음(Gemüt)이 가진 능력으로서 대상을 규정하느냐 아니면 행동을 규정하느냐에 따라서 순수 이론이성이라고 일컬어지기도 하고 순수 실천이성이라고 일컬어지기도 한다는것이다. 여기서 칸트가 순수(rein)라는 단어를 항상 이성(Vernunft)앞에 쓰는 것은 보편필연적인 이론이성과 실천이성의 특징을 표현하려는 그의 의도를 엿보게 해준다.

이제 칸트의 감각(Sinn), 오성(Verstand), 이성(Vernunft), 판단력(Urteilskraft) 등을 정리해 보자. 칸트는 감각을 외적 감각(äußerer Sinn)과 내적 감각(innerer Sinn)으로 구분한다. 외적 감각은 대상을우리들 외부에 있는 것으로 공간 내에 표상한다. 그런가 하면 내적 감각은 시간이라는 형식을 가지고 대상을 시간 안에 표상한다. 이 점은앞에서 여러 차례 언급했다. 감각은 감각의 성질인 직관형식(공간과시간)에 의해서 대상을 수동적으로 받아들여서 표상을 만들고, 오성형식은 잡다한 표상들을 개념으로 구성해서 정리한다. 그래서 자연 현상이 인식된다. 칸트는 『순수이성비판』에서 감각과 오성을 구분한다. 그는 순수이성(reine Vernunft)을 이성 자체(Vernunft an sich)라고 말하며, 이 이성 자체가 비록 이성개념의 내재적 사용에 의해서 감각에 주어진 경험에 관련을 맺는다고 할지라도 감성으로부터 독립된 이성(von der Sinnlichkeit unabhängige Vernunft)이라고 한다. 이때의 이성은 칸트가 인식론에서 사용하는 순수이성, 곧 이론이성으로서의 오성(Verstand)이다. 칸트는 매우 꼼꼼하고도 철두철미한 학자의 인상을 주지만, 그의 초기 저술들은 물론이고 비판철학 시기의 모든 저술들에도 정확하고 명료한 용어 사용과는 거리가 꽤 있다고 할 수 있다.

그러면 실천이성(praktische Vernunft)은 무엇인가? 이론이성은 오성으로서 그것은 대상을 규정한다. 그러나 인간의 마음(Gemüt)이 대하는 것은 자연대상만 있는 것이 아니다. 자연대상은 인식의 대상이므로 대상에 대한 잡다한 표상을 개념으로 종합해서 인식한다. 그러나 자유와 같은 윤리적(도덕적) 규범은 인식대상이 아니다. 자유는 인간의 의욕과 행위(Wollen und Handeln)에 속한다. 의욕과 행위를 규정하는 인간의 능력은 다름 아닌 실천이성이라는 것이 칸트의 입장이다.

칸트는 오성과 이성 사이에(zwischen dem Verstande und der Vernunft) 중간 항이 있는데, 이것은 특별한 인식능력(besonderes Erkenntnisvermögen)으로서 자신 안에 고유한 선천적 원리(eigentümliches Prinzip apriori)를 포함하지 않으면 안 된다고 말한다. 자연을 탐구하는 이론이성(오성)이 있고 자유를 규정하는 실천이성이 있다. 우선 자연대상을 탐구하고 다음으로 이것과는 전혀 상관없는 윤리적 자유를 탐구한다. 직관형식과 오성범주에 의해서 자연을 탐구한다.

그런가 하면 인간의 의욕과 행위를(자유를) 실천이성으로 탐구한다. 그런데 이러다 보니까 이론이성(오성)과 실천이성(이성)은 서로 연관성이 없다. 자연대상은 내가(인간 주관이) 의욕하거나 행동할 윤리적 가치가 아니다. 그런가 하면 자유나 의무 또는 정의와 같은 도덕적 가치는 내가 인식할 수 있는 대상이 아니다. 칸트는 이론이성(오성)과 실천이성(이성)을 연결시켜 주는 중간 항을 판단력(Urteilskraft)이라고 부른다. 그래서 칸트는 특수를 보편 아래에 종속시키기 위한 능력(das Vermögen, das Besondere unter das Allgemeine zu subsumieren)이라고 한다.

나는 칸트가 마음(Gemüt)이나 영혼(Seele)의 능력을 네 가지로 나누어 보았다고 생각한다. 그것들은 감각, 순수 이론이성, 순수 실천이성, 판단력 등이다. 감각과 순수 이론이성은 대상인식(자연 인식)을 위해서 사용되고, 순수 실천이성은 윤리적 가치를 규정하는 데 사용되며, 판단력은 아름다움과 세계의 목적을 탐구하기 위한 능력이다. 칸트 신도들 사이에서도 칸트의 이성개념에 대한 의견이 분분하다. 내가 칸트의 인식론이나 윤리학에 대해서 하고 싶은 말은 칸트가 지나치게 영원불변하는 선천적 내지 선험적 인식능력과 아울러 윤리 도덕적인 규정능력이 인간에게 고유하게 존재한다고 확신하고 있다는 점이다. 인간 자체가 역사, 문화, 환경, 유전자, 인간 간의 의사소통에 의해서 한없이 변화하므로 인식론과 윤리관도 변할 수밖에 없다. 칸트는 자신이 그토록 비판한 독단론에 빠져있으며 거대담론의 틀을 벗어나지 못하고 있다.

내가 생각건대, 현대 인지심리학이나 발달심리학의 입장에서 칸트의 이론이성에 의한 인식, 실천이성에 의한 도덕적 가치의 규정 그리고 판단력 등을 바라볼 경우 그것들은 마치 성리학의 이기론(理氣論)

처럼 한낱 공리공담에 지나지 않을 것이다. 물론 칸트 당시의 형이상학을 비판하고 참다운 철학으로서의 형이상학을 구축하고자 애쓴 칸트의 노력은 가상하긴 하다.

2. 이론이성의 한계와 실천이성

칸트는 『순수이성비판』(A판, 1781)을 출판하고 2년 후 『학문으로 등장할 수 있는 미래의 모든 형이상학을 위한 입문』(『프롤레고메나』, 1783)을 출판했는데, 이것은 『순수이성비판』의 해설서라고 할 수 있다. 칸트는 1785년 『윤리형이상학을 위한 기초닦기』(*Grundlegung zur Metaphysik der Sitten*)를 출판하고 3년 후 『실천이성비판』(*Kritik der praktischen Vernunft*, 1788)을 출간하였다. 『윤리형이상학을 위한 기초닦기』는 『실천이성비판』을 위한 해설서라고 볼 수 있다. 『순수이성비판』이 너무 난해하고 잘 팔리지도 않아서 해설서를 쓴 경험이 있어서인지 칸트는 자신이 계획하고 있는 『실천이성비판』의 해설서를 미리 써서 출간하고 『실천이성비판』을 나중에 출판했던 것이다.

칸트는 독자를 위한 친절한 저자가 아니었다. 그의 철학 용어들과 저서 제목들은 극단적으로 추상적이며 관념적이어서 소위 전문철학에 낯선 사람들은 감히 접근할 엄두도 안 난다. 영국의 일상언어학파가 철학 용어와 아울러 내용을 쉽게 표현하고자 한 노력을 되살펴볼 필요가 있다.

앞으로 나는 칸트의 『순수이성비판』을 '인식론 연구'로, 그리고 이것을 요약한 『학문으로 등장할 수 있는 미래의 모든 형이상학을 위한 입문』을 '인식론 입문'으로 표현할 의사가 있다. 나는 또한 『실천이성비판』을 '윤리학 연구'로, 그리고 이것을 출판하기에 앞서서『실천이성비판』의 간략한 스케치로 작성해서 출간한『윤리형이상학을 위한 기초닦기』를 '윤리학 입문'으로 표현했으면 한다. 이렇게 내가 고쳐서 말한 책 제목들이 오히려 책들의 내용을 칸트의 원래 제목보다 훨씬 더 명료하게 이해할 수 있게 해줄 것이다.

칸트는『순수이성비판』에서 인식능력의 선천적 기능, 곧 감성의 직관형식과 오성형식(범주) 그리고 구상력과 통각을 탐구하였다. 다시 말해서 그는 이성이 어떻게 선천적 인식을 규정하는지에 대해서 탐구했다. 그런데『실천이성비판』에서 칸트는 이성이 선천적으로 자유의지를 규정하는 것에 대해서 탐구했다. 이렇게 말하면 잘 이해가 안 된다.

나는 여기에서 우선『실천이성비판』에 대한 명료한 사전 스케치가 되는『윤리형이상학을 위한 기초닦기』의 목차를 살펴보기로 하겠다. 왜? 이유는? 이 책은 칸트 윤리학의 뼈대를 분명하게 보여주고 있고, 『실천이성비판』은 그러한 뼈대를 가지고 살을 붙인 것이기 때문이다. 『윤리형이상학을 위한 기초닦기』는 모두 3절로 되어있다. "1절: 일상의 윤리적 이성인식으로부터 철학적 이성인식으로의 이행. 2절: 통속적인 윤리적 세계지혜(Weltweisheit, 철학)로부터 윤리형이상학(Metaphysik der Sitten)으로의 이행. 윤리성의 최상의 원리로서 의지의 자율(die Autonomie des Willens). 윤리성의 모든 불순한 원리들의 원천들로서 의지의 타율(die Heteronomie des Willens). 소위 타율의 기본 개념들로부터 윤리성의 모든 가능한 원리들의 구분. 3절: 윤리형이상학(Metaphysik der Sitten)으로부터 순수 실천이성비판(Kritik der reinen praktischen Vernunft)으로의 이행. 자유의 개념(der Begriff der Freiheit)은 의지의 자율을 설명하기 위한 열쇠이다. 자유는 모든 이성적 존재들의 의지의 특성으로 전제되지 않으면 안 된다. 윤리성의 이념들에 결부된 관심에 대해서. 어떻게 정언명령(kategorischer Imperativ)이 가능한가? 모든 실천철학의 최후의 한계에 대해서."

이 목차에서 세계지혜는 철학이다. 칸트는 자신의 저술 전체에서 순수한(rein)이라는 형용사를 너무 많이 사용하는데, 이것은 '선험적인' 또는 '선천적인'과 같으며 잡것이 섞인 '후천적' 또는 '경험적'과 질적으로 다르다는 것을 의미한다. 관심(Interesse)은 이해관계에 결부된 관심이다. 칸트가 자주 내어미는 순수한(rein), 선험적인(transzendental), 선천적인(apriori) 등과 같은 표현들은 칸트 자신이 이 용어들을 가지고 말하는 것이 불변하며 보편타당하므로 아무 말도 말고 받아들이고 침묵하라고 마구잡이로 내어미는 칸트의 만능키이자 도깨비방망이다. 거의 모든 철학자들은 각자의 비밀병기로서의 만능키를 가지고 있다. 그런데 나는 만능키도 도깨비방망이도 없으니 철학자도 아니고 그저 하루하루를 연명하는 평범한 이름 없는 일상인에 불과할 뿐이다.

『윤리형이상학을 위한 기초닦기』(1785)가 설계도라고 할 것 같으면 『실천이성비판』(1788)은 이 설계도에 따라서 성실하게 완성한 건축물이다. 『실천이성비판』은 1, 2부로 되어있다. 1부 '순수 실천이성의 기초론 Elementarlehre der reinen praktischen Vernunft'은 다시 1, 2권으로 나뉜다. 1권 '순수 실천이성의 분석론 Die Analytik der reinen praktischen Vernunft', 2권 '순수 실천이성의 변증론 Dialektik der reinen praktischen Vernunft'. 2부 '순수 실천이성의 방법론'. 칸트는 '순수 실천이성의 분석론'에서 의지는 어떤 방식으로 규정될 수 있는가, 어떤 규정 근거가 도덕적으로 타당한가를 탐구하며,

이러한 탐구의 결과 의지의 도덕적 규정 근거는 의지의 자유(Freiheit des Willens)임을 밝힌다.

『실천이성비판』의 2권 '순수 실천이성의 변증론'에서 칸트는 실천적이며 무제약적인 대상으로서의 최상의 선(summum bonum)을 탐구한다. 왜냐하면 실천적으로 제약된 존재인 인간은 실천적이자 무제약적인 존재를 필연적으로 요청하기 때문이다. 최상의 선을 탐구한 결과 칸트가 얻게 되는 두 가지 이념은 실천적 실재로서의 영혼불멸(Unsterblichkeit der Seele)과 신(Gott)이다.

칸트의 『실천이성비판』의 내용은 윤리형이상학(Metaphysik der Sitten)이다. 윤리형이상학은 다름 아닌 윤리학이다. 이제 여러 가지 윤리학들 중에서 칸트의 윤리학이 크게 어떤 성격을 가지는 것인지를 살펴보기 위해서 잠시 철학사적 관점에서 여러 가지 윤리학들을 아주 간단히 나열해 보기로 하자. 일반적으로 철학에서 도덕이나 윤리의 기준으로서 선과 악을 비롯하여 의무, 덕, 정의, 양심, 권리 등을 논의하는 분과를 일컬어서 윤리학이라고 한다. 우리는 윤리학을 고전 윤리학과 현대 윤리학으로 나눌 수 있다.

고전 윤리학은 형이상학적 윤리학(플라톤, 아리스토텔레스, 스피노자), 자연주의적 윤리학(홉스, 제임스, 듀이), 직관주의 윤리학(칸트) 등으로 구분된다. 예를 들자면 선의 이데아, 신, 천(天) 등이 윤리의 근거 내지 원리라고 하는 윤리학은 형이상학적 윤리학이다. 자연적 관습이나 자연법칙을 윤리의 기준으로 삼는 입장은 자연주의 윤리학이다. 그런가 하면 직관적 또는 선험적 도덕법이나 정언명령을 윤리의 기준으로 삼는 입장은 직관주의적 윤리학이다. 현대 윤리학은 크게 메타윤리학(Meta-ethics)과 응용 윤리학으로 구분된다. 메타윤리학(초윤리학)을 대변하는 입장은 이모티비즘(Emotivism)이다. 이

모티비즘(정서주의)은 고전 윤리학에서 사용하는 윤리적 개념들, 예
컨대 선, 의무, 양심, 도덕법 등이 논리적 탐구의 대상인지를 따진다.
이모티비즘은 검증가능성의 원리(principle of verifiability)를 채용하
여 고전 윤리학의 개념들이 검증 가능한지를 묻는다. 결과적으로 이
모티비즘은 고전 윤리학의 개념들은 논리적·과학적 진위를 가릴 수
없으므로 무의미한 것들이라고 주장한다. 이모티비즘은 전통적 의미
의 윤리학이 아니다.

　현대의 응용 윤리학으로는 생명 윤리학, 의학 윤리학, 직업 윤리학,
상황 윤리학, 환경 윤리학 등이 있다. 미국의 일부 대학에서는 철학의
대부분의 분과들(형이상학, 철학사, 인식론, 미학 등)을 아예 다루지
않고 오직 윤리학만 가르치거나 아니면 논리학만 가르친다. 일부 학
자들은 윤리학이나 논리학 이외의 철학의 분과들은 거의 무의미하다
고 생각한다. 응용 윤리학은 선, 악, 양심, 의무, 도덕법 등 고전 윤리
학의 개념들을 유지하면서도 개별 과학과 아울러 구체적 현실에 한층
더 깊은 관심을 가지고 그것들을 윤리적 의미와 가치를 논의한다.

　자, 이제 이 절의 주제 '이론이성의 한계와 실천이성'으로 되돌아
가자. 칸트는 『실천이성비판』의 서론 첫머리에서 이성의 이론적 사용
(der theoretische Gebrauch der Vernunft)은 단지 인식능력의 대상
들(Gegenstände des bloßen Vermögens)에 관계한다고 말한다. 그런
가 하면 이성의 실천적 사용(der praktische Gebrauch der Vernunft)
은 의지의 규정 근거(Bestimmungsgründe des Willens)에 관계한다.
칸트는 『윤리형이상학을 위한 기초닦기』 머리말 첫머리에서 고대 그
리스 철학이 물리학(자연학, Physik), 윤리학(Ethik), 논리학(Logik)
으로 나뉘었다고 하며, 논리학은 형식적 철학이고, 물리학과 윤리학
은 실질적 철학이었다고 설명한다. 물리학은 자연법칙의 학문이고 윤

리학은 자유법칙(Gesetze der Freiheit)의 학문이었다고 한다.

이성은 하나의 이성이지만 그것이 이론적으로(사변적으로) 사용되면 이성은 인식능력의 대상에 관계한다. 이 경우 이성은 인식능력을 초월하는 대상을 결코 인식할 수 없다. 『순수이성비판』의 '선험적 변증론'에서 칸트는 이론이성이 합리적 심리학의 이념, 합리적 우주론의 이념, 합리적 신학의 이념, 곧 영혼과 세계의 정체성과 신을 결코 인식할 수 없다는 것을 밝혔다. 이론이성의 한계는 대상인식이다. 그러나 실천이성은 의지의 결정 근거에 관계한다. 자연대상을 인식하는 이성은 이론이성이고, 자유를 규정하는 이성은 실천이성이다. 실천이성은 일종의 의욕의 형태를 가진다고 할 수 있다. 실천이성은 의지를 인식하는 것이 아니라 의지를 규정한다. 어떻게? 의지란 도덕개념과 도덕원리에 따라서 선택하고 행위하는 주인공이라고 실천이성이 규정한다.

3. 자유

헤겔은 역사의 이념을 자유라고 했다. 이때 이념은 바로 역사의 원리나 근거를 말한다. 역사관에는 발전사관, 순환사관, 멸망사관, 혼돈사관이 있다고 할 수 있다. 발전사관은 기독교 사관을 비롯해서 일반적인 종교적 사관 및 서양철학의 역사관으로 대변된다. 곧 역사가 완전하고도 절대적인 이상이나 상태를 향해서 끊임없이 발전한다는 사관이 발전사관이다. 국가나 세계가 흥했다 망했다를 순환한다는 토인비의 사관은 순환사관이다. 인류역사는 쇠망의 길에 들어섰다고 하는 슈펭글러의 역사관은 몰락사관이다. 삶의 근원은 맹목적인 의지이므

로 삶의 상태는 혼돈(Chaos)이라고 하는 쇼펜하우어의 사관은 혼돈
사관이다. 이러한 역사관의 구분은 내 자신의 구분이다. 나는 위의 역
사관들이 각각 일리가 있다고 본다. 칸트의 역사관은 발전사관에 속
한다. 칸트는 비록 종교를 성서 내지 계시종교로 보지 않고 철학적 내
지 이성적 종교라고 볼지라도, 인간의 본성을 선하다고 보고 인간에
게는 선천적으로 의지의 자유가 있다고 보기 때문에 그는 인생을 긍
정적인 것으로 보며, 결국 인간이 행복한 삶의 경지에 도달할 수 있다
고 생각하기 때문에 그는 발전사관의 역사를 옹호하는 셈이다.

　나는『윤리형이상학을 위한 기초닦기』와『실천이성비판』에서 전개
되는 칸트의 자유에 대한 견해를 읽으면서 고조선 시대부터 21세기
현재에 이르기까지 한국인의 자유 문제에 대해서 잠시 깊게 생각에
잠기지 않을 수 없었다. 홍익인간 사상은 간단히 말해서 널리 인간을
이롭게 한다는 내용을 담고 있다. 이 사상은 휴머니즘이자 동시에 자
유 사상이다. 인간의 인격을 존중하고 자유를 존중하지 않는다면 인
간을 널리 이롭게 할 수 없다. 삼국시대의 벽화와 불교 문화, 백제가
일본을 침략하지 않고 평화롭게 자유로운 문물을 전달한 역사적 사
실, 고려청자와 금속활자 발명, 이조백자와 세종대왕의 훈민정음과
이순신의 명량해전, 지옥과도 같은 일제 강점 식민지 시절, 소련과 미
국에 의한 남북분단과 6.25전쟁, 4.19와 5.18 혁명, IMF 사태, 박근혜
대통령 탄핵 등의 사건을 꿰뚫고 가는 한국인의 정신은 무엇을 쟁취
하기 위한 것이었는가? 이 사건들을 관통하는 정신은 다름 아닌 자유
를 갈구하는 정신이었다. 지금 나는 내가 태어나서 자라고 죽을 한국
과 아울러 내가 함께 살고 있는 한국인에게 감사할 따름이다. 왜? 이
제 한국의 자유민주주의 정신은 단단히 뿌리내렸으므로 더 이상 자유
민주주의 정신이 고갈될 염려가 없기 때문이다. 앞으로 한층 더 한국

인들이 자유를 손질함으로써 세계인들이 모두 독재의 그늘 아래에서 질식하고 있는 좀비 상태를 벗어나서 다 함께 마음껏 자유민주주의 정신을 만끽할 수 있기를 바란다. 이런 취지에서 나는 칸트의『윤리형이상학을 위한 기초닦기』와『실천이성비판』에서의 자유를 칸트의 비판철학의 꽃이라고 부르고 싶다.

넓게 말해서 이론이성은 사유(Denken) 또는 사변(Spekulation)에 대응하며, 실천이성은 의욕(Wollen)이나 욕구(Begierde) 또는 의지(Wille)에 대응한다. 사유의 기초는 오성형식인 범주이고(직관형식을 포함하여), 의지의 기초는 자유이다. 그래서 인간의 선의지를 바로 자유의지와 동일시하는 것이다.『순수이성비판』에서의 이론이성은 자연대상을 측정하고 따지고 분석·종합함으로써 자연대상을 인식한다.『실천이성비판』에서의 실천이성은 선의지를 근거로 삼은 의지의 자유에 의해서 행동함으로써 윤리적인 인간상을 정립하는 자유의 모습을 탐구하려고 한다.

칸트는 의지의 자유(Freiheit des Willens)를 크게 두 가지로 나누어 본다. ① 경험적, 심리적 자유: 표상이나 감정에 의해서 좌우되는 자유. 이러한 자유는 비록 독립적인 의지행위이긴 해도 인간의 내면적 결정으로서 심리적인 인과적 필연성을 따른다. 다시 말해서 이 자유는 주관적 준칙(Maxim)에 따르는 자유로서 참다운 자유일 수 없다. 예컨대 박정희나 전두환의 군사 독재정권 아래에서 또는 시진핑이나 푸틴의 독재정권 아래에서 "나와 우리 국민 모두는 언론, 집회, 결사의 자유를 마음껏 누리고 있을 뿐만 아니라 국가의 최고 지도자나 공산당과 최고 당서기를, 또 북한 공산당의 최고 지도자를 철두철미하게 비판할 수 있는 정치적 자유를 만끽하고 있다"라고 주장하는 사람이 있다면, 그러한 사람은 칸트 말대로 하자면 그 자신의 주관적 준칙에 따라서 행동하는 것이다. 주관적 준칙에 따르는 행동은 의지의 자유와는 거리가 먼 행동이다. ② 윤리적 자유: 선험적 자유의 긍정적 형식으로서의 자유는 충동이나 욕망으로부터 독립하여 순수하게 실천이성에 의해서 성립하는 의욕의 규정(Bestimmtheit des Wollens)이다. 윤리적 자유는 외부적 요소들, 곧 경험적 요인들로부터 독립하여 있으므로 선험적(transzendental)이다. 현상에서의 의지(Wille in der Erscheinung), 곧 자연법칙에 따르는 의지는 자유롭지 못하고, 많은 경우 주관적 준칙을 따르기 때문에 임의(Willkür)에 지나지 않는다. 윤리적 자유는 의지의 자율(Autonomie des Willens)을 내용으로 가진다.

앞에서 내가 잠시 예로 든 한국인의 민주주의와 자유를 위한 투쟁들은 칸트식으로 말하자면 윤리적 자유를 쟁취하기 위한 노력이었다고 할 수 있다. 4.19와 5.18 혁명 때 학생들과 시민들이 목숨을 걸고 거리로 뛰어나가서 자유를 외쳤던 것은 단순히 생리적 자유를 위한 것도 아니고 개인이나 특정 집단의 주관적인 자유(준칙에 따른)를 얻기 위한 것도 아니었다. 과거 한국인의 민주화 투쟁이 고귀한 근거는 그것이 적어도 보편적인 순수한 인간의 자유를 위한 투쟁이라는 사실에 있다. 칸트는 윤리적 자유의 내용을 의지 또는 순수 실천이성의 자율(Autonomie des Willens oder der reinen praktischen Vernunft)이라고 한다. 의지의 자율은 의지의 자유를 보장하는 최상의 윤리 원리이다.

칸트는 『윤리형이상학을 위한 기초닦기』와 『실천이성비판』에서 똑같이 의지의 자율을 인간적 가치의 근거(Grund der menschlichen Würde)이며 윤리성(도덕성)의 최고 원리(oberstes Prinzip der Sittlichkeit)라고 부른다. 나는 버스나 지하철을 탔을 때 노약자석과 임

산부석을 보면 가슴이 찡해오는 것을 느낀다. 또 최근 큰 사거리를 건
너려고 할 때 사거리 신호등과 건너는 길이 대칭보행로를 위해서 개
선되어 있는 것을 보고도 고개를 끄덕이게 된다. 버스정류소에서, 그
리고 버스나 지하철에서 노약자나 임산부에게 자발적으로 자리를 양
보하는 사람들을 보면 가슴이 너무 시원하게 뻥 뚫리면서 미소를 짓
지 않을 수 없다. 1970년대 독일 유학 시절 세 차례나 공산주의 동독
을 지나치면서 가지각색의 공산당원 복장과 작고 큰 별 견장을 볼 때
북한 공산주의 치하에서 살아가는 사람들이 생각났다. 지금도 내가
객좌교수로 있는 시안의 서북대학에 가끔 학술강연 차 갈 때면 질식
할 것만 같은 공산당 일당 독재 사회가 너무 답답하고, 그곳의 수많은
계급차이와 극심한 빈부격차를 보면 가슴이 메인다. 칸트가 제시하는
의지의 자유 그리고 의지의 자율이 결여된 사회는 윤리(도덕)가 마비
되고 결여된 감옥이요 지옥이다. 한국 사회가 고맙고 감사할 따름이
다. 인간의 인간다움, 인간의 인격을 보장해 주는 근거야말로 의지의
자유이자 의지의 자율이다.

4. 선한 의지란 무엇인가

우리는 이성(Vernunft)이라는 말을 들으면 논리적 생각(사고), 인식
하는 사고(사색) 또는 추리나 판단 등과 밀접하게 연관시킨다. 칸트
에게 있어서 이와 같은 이성은 순수 이론이성 또는 순수 사변이성(rei-
ne theoretische Vernunft oder reine spekulative Vernunft)이다. 순
수(rein)는 경험에서 생기지 않는, 선험적 내지 선천적이라는 의미를
가진다. 그런데 도대체 순수 실천이성(reine praktische Vernunft)은

무엇을 말하는 것이냐? 칸트 신도들, 곧 칸트 전문가들도 헷갈리고 당황하면서 순수 이론이성과 순수 실천이성의 개념들 앞에서 머뭇거리면서도 자신들은 칸트 신도니까 잘 알고 있다고 속으로 중얼거리지만 계속 헷갈리면서 적당히 시간만 때운다.

　다음과 같은 칸트의 말을 새겨보자. "자연의 모든 사물은 법칙들에 따라서(nach Gesetzen) 작용한다. 오직 이성적 존재만 법칙들의 표상에 따라서, 곧 원리들에 따라서 행동할 능력이나 의지를 가진다. 법칙들로부터 행위의 도출을 위해서 이성이 요구되기 때문에 의지는 실천이성 이외의 다른 것이 아니다(so ist der Wille nichts anderes als praktische Vernunft)." 칸트여, 왜 이 말을 미리 확고하게 못 박아서 말하지 않았는가? 이제 확실하다. 이론이성은 사색(사고)이다. 실천이성은 의지이다. 『순수이성비판』을 『이론적 사고 탐구』로 그리고 『실천이성비판』을 『실천적 의지 탐구』로 제목을 바꾸면 사람들이 훨씬 더 칸트의 비판철학의 내용을 쉽게 예측할 수 있으리라고 생각한다.

　칸트에 의하면 의지의 자율 내지 의지의 자유의 근거는 선한 의지이다. 칸트는 『윤리형이상학을 위한 기초닦기』 1절 첫머리에서 제한 없이 선한 것으로 여겨질 수 있는 것은 오직 선의지(ein guter Wille) 이외에는 다른 것이 있을 수 없다고 한다. 그가 말하는 선의지는 바로 조건 없는 선이다. 우리는 여러 가지 선의 예들을 볼 수 있다. "저 사람은 아주 잘 살아. 아파트와 상가 그리고 땅도 많이 가진 부자야." "이 남학생은 천재야. 책 한 권 읽으면 책 내용을 거의 다 암기한단 말이야." "한국인들은 성격이 너무 좋아서 정이 많아. 한국인들은 어려운 사람을 보면 자발적으로 도우려고 하는 경향이 있어." 이상에서 알 수 있는 인간의 부유함, 정신의 재능, 자연적 성격이나 경향 등은 모두 조건 있는 선에 해당한다는 것이 칸트의 입장이다. 선한 의지라고 할 때 이 의지는 필연적으로 의무(Pflicht)와 연관되어 있다.

조금 더 들어가 보자. 칸트는 사람들이 자신의 삶을 보존하는 것 (sein Leben zu erhalten)은 의무라고 한다. 그런데 의무로부터가 아니고(nicht aus Pflicht) 의무에 걸맞게(pflichtmäßig) 행동하는 것은 도덕적 가치를 가질 수 없다는 것이 칸트의 입장이다. 도덕적 가치는 선의지이다. 만일 내가 내 삶을 보존하되, 항상 내 삶을 잘 보존하고자 하는 경향에 물들어 있어서 의무에 걸맞게 내 삶을 보존한다면 그러한 행위는 무조건적 선이 아니고 조건적 선을 전제로 삼은 것이다. 따라서 그러한 행위는 의지의 자율 내지 의지의 자유를 결여한 행위이다.

칸트는 매우 엄밀한 윤리적 가치를 지닌 선의지를 제시한다. 예컨대 우리는 자연적으로 공감할 수 있는 자연적 경향의 결과가 선을 가져오는 사실을 알고 있다. 많은 자선가들은 자선을 베풂으로써 기쁨을 느낀다. 칸트에 따르면 이와 같은 자선가들의 자선활동은 윤리적 가치를 가질 수 없다. 그럼에도 불구하고 칸트는 그러한 자선활동은 많은 사람들을 행복하게 하기 때문에 사람들에게 칭찬받으며 또한 사랑받는다고 말한다. 그렇지만 그러한 자선활동은 조건 없는 선과 상관없기 때문에 자연히 선의지와도 무관하다.

도덕적 가치를 가지는 행위, 곧 선한 행위는 의무를 위한 행동이다. 칸트가 말하는 의무는 물론 선의지와 아울러 도덕법에 대한 존경에서 행동하는 활동의 필연성이다. 우리는 의무를 보통 부정적인 의무로 이해하기 쉽다. 옛날에 이런 말들이 많았다. "남자는 하늘이고 여자는 땅이다. 그러니 여자는 남자의 말을 따라야 한다." "공산당과 당서기장의 지시는 절대적이므로 모든 인민은 무조건 그 지시를 따라야 한다." "나이 많은 사람은 세상 경험이 많으니까 어린 사람들은 어른의 말씀에 순종해야 한다." 이상의 말들에서 의무는 복종이나 순종 또는 맹종을 뜻하기도 한다. 칸트의 도덕적 이상은 인간이 현실 사회생활에서 완전한 덕을 실행함으로써 행복한 삶을 영위하는 데 있다.

의무를 위한 행동은 선한 의지를 바탕으로 삼고 있기 때문에 그것은 주관적이며 자연적인 경향이나 욕망에 의해서 이루어지는 행위와 명백하게 구분된다. 그래서 칸트는 도덕의 준칙(Maxim)과 원리(Prinzip)를 확실히 구분할 필요를 역설한다.

5. 도덕의 준칙과 도덕의 원리

나는 이 책의 7, 8장에서 '우리는 무엇을 행해야만 하는가' 라는 제목 아래에서 칸트의 윤리학 내용을 주로 살펴보면서 그의 이성적(철학적) 종교관도 함께 살펴보고자 한다. 칸트는 1785년 사변적인 이론이성의 한계를 뛰어넘어, 곧 자연대상에 대한 이론적 탐구를 넘어서서 실천적 자유를 논의하는『윤리형이상학을 위한 기초닦기』를 펴내고 3년 후 이것을 바탕으로 자신의 체계적 윤리학을 전개한『실천이성비판』을 출간하였다. 그는 얼마 지나지 않아『판단력 비판』(1790)을 출판했다. 70이 거의 다 되어 칸트는『오직 이성의 한계 내에서의 종교』(*Die Religion innerhalb der Grenzen der bloßen Vernunft*, 1793)를 출간하였다. 특별한 질병은 없었지만 작은 거인 칸트는 나이와 함께 온몸의 기운을 잃고 전처럼 활동적으로 독서하고 연구하며 저술할 수 있는 힘이 더 이상 없었다. 그럼에도 불구하고 칸트는 마지막 힘을 다 짜내서『공법론』(*Über den Gemeinspruch*, 1793),『윤리형이상학』(*Metaphysik der Sitten*, 1797),『실용적 관점에서 작성된 인간학』(*An-*

thropologie in pragmatischer Hinsicht, 1797) 등을 출간하였다. 이제 7, 8장에서는 주로 칸트의 윤리학을 다루면서 적절한 곳에서 그의 종교철학과 평화론도 간단히 살펴볼 것이다.

루소와 프랑스혁명의 영향을 받은 것이 사실이긴 해도 칸트가 그의 윤리학과 『영원한 평화를 위해』(*Zum ewigen Frieden*, 1795)에서 무엇보다도 자유와 세계 평화를 강조한 점을 나는 매우 높게 평가한다. 그러면서도 나는 마음이 몹시 착잡하고도 심란하다. 만일 칸트가 2차 세계대전을 직접 체험했다면 그는 어떤 말을 했을까? 소위 현대 실존철학(존재론)의 거장 하이데거는 전범재판으로 교수직이 박탈되었다가 많은 제자들의 도움을 받아 수년 후 교수직에 복직하였다. 하이데거는 계속해서 심원한 존재론을 가르치고 저술활동에 전념했지만, 자신이 히틀러 나치 완장을 차고 나치에 협조한 사실에 대해서 죽을 때까지 한마디 사과도 하지 않았다.

2차 세계대전으로 유럽에서는 약 4500만 명의 인명이 사라졌고 동아시아에서는 약 2500만 명이 목숨을 잃었다고 한다. 그와 같은 지옥을 만들었던 주범들은 독일과 일본이었다. 독일인과 일본인은 인간의 자유와 평화는 전혀 안중에 없었던 것일까? 독일인과 일본인이 만든 지옥 앞에서 프랑스혁명의 구호인 자유, 평등, 박애는 한낱 촛불만도, 희미한 신음소리만도 못했다. 독일은 반성하고 자숙한다고 뉘른베르크와 아우슈비츠에 인류 학살 기념관을 지어놓고 학살 현장을 동영상으로 보여주고 자주 뉘우친다고 무릎이라도 꿇고 있다. 그러나 일본인들은 한국을 근대화시키고 선진국의 기초를 다져주었다고 큰소리치면서 으스댄다. 내가 생각하기에 오래전 과거에 일본인은 핏줄은 말할 것도 없고 문화의 많은 부분을 한반도에 뿌리를 두었던 것이 너무나도 뻔할 텐데, 조선조 시절 임진왜란을 비롯해서 크고 작은 왜구

의 한반도 침략과 아울러 결국에는 한일 합방, 36년간의 식민지 지배
를 통한 자원 약탈, 한글과 한국인의 성과 이름 말살, 학도병과 위안
부 강제 동원… 등 한국인에게 저지른 만행을 어찌 잊을 수 있겠는
가? 일본인은 지금도 한국의 근대화를 위해서 철도를 놓고 다리를 건
설하고 공장과 건물을 지었다고 비겁하게도 큰 소리로 자랑한다. 한
국인의 강산과 한국인의 얼을 깡그리 약탈하고 모두 없애버리기 위해
서, 일본인들은 한국 땅에서 오로지 자기들의 이기적 욕심을 충족시
키기 위해서 온갖 만행을 저지른 것이 너무나도 분명하다. 독일과 일
본은 인류 역사가 끝나는 날까지 인류 앞에 무릎 꿇고 사죄하여야 하
는 것이 그들의 당연한 의무이다. 아니, 인류 전체는 독일과 일본처럼
지옥의 악행을 저지를 수 있다는 가능성을 직시하고 인류의 자유와
평화를 보장할 수 있는 길을 끊임없이 추구하지 않으면 안 된다.

　다시 칸트의 도덕의 준칙과 도덕의 원리로 되돌아오자. 칸트는 선
한 행위는 의무를 위한 행위라고 한다. 의무를 위한 행위는 법에 대한
존경에서 행하는 행위이다. 그는 또한 의무란 법에 대한 존경에서 행
하는 활동의 필연성이라고 한다. 여기에서 법은 바로 도덕법(Moral-
gesetz)이다. 칸트는 도덕(Moral)과 윤리(Ethik, 윤리 또는 윤리학)를
거의 같은 의미로 사용한다. 보통 도덕은 일상적 내지 상식적인 가치
관을 지시함에 비해서 윤리 내지 윤리학은 체계적인 가치관을 뜻한
다. 예컨대 헤겔은 도덕이 가정윤리, 사회윤리 및 국가윤리로 변증법
적 발전을 거친다고 한다. 가정윤리는 사랑이고 사회윤리는 협동이며
국가윤리는 법이라는 것이 헤겔의 입장이다. 칸트에게 있어서도 헤겔
의 경우와 같은 도덕과 윤리 개념의 사용 흔적이 약간 보이긴 해도 칸
트는 두 개념을 큰 차이 없이 사용한다.

　『윤리형이상학을 위한 기초닦기』 1절에 나오는 다음 문장을 되새

겨 보자. "의무는 법칙에 대한 존경에서 나오는 행위의 필연성이다 Pflicht ist die Notwendigkeit einer Handlung aus Achtung fürs Gesetz." 여기에서 법칙은 도덕법이다. 앞에서 나는 칸트의 의무가 순종도 아니고 복종도 아니며 특히 아부나 굴종도 아니라고 했다. 칸트가 말하는 의무는 도덕법에 대한 존경에서 필연적으로 생기는 행위의 성질을 뜻한다. 도덕법은 도덕의 원리(Prinzip der Moral)이다. 앞으로 계속해서 상세히 설명할 테니 여기에서 얼마간 집중과 긴장이 필요하다.

도덕법, 곧 도덕의 원리와 대비되는 것은 준칙(Maxim)이다. "실천적 법칙들이 동시에 행위의 주관적 근거들(subjektive Gründe der Handlungen), 곧 주관적 원칙이 되는 한에서 실천적 법칙들은 준칙들(Maxime)로 일컬어진다." 이어서 칸트는 다음처럼 말한다. "나는 나의 준칙들이 또한 당연히 보편법칙(ein allgemeines Gesetz)이 되게끔 원할 수 있는 것 말고 결코 다르게 행동해서는 안 된다." 도덕의 준칙은 주관적 임의의 원리(Subjektives Prinzip der Willkür)임에 비해서 도덕의 원리는 다름 아닌 도덕법이다. 도덕법은 정언명법(der kategorische Imperativ)이다. 정언명법은 규범적 판단인데 그것은 당위(Sollen), 곧 실천적 필연성(praktische Notwendigkeit)을 말한다. 다음 절에서 이 난해한 내용을 아주 쉽게 풀어보도록 하자.

6. 정언명법

칸트는 도덕법칙(moralisches Gesetz 또는 Sittengesetz)을 다음처럼 표현한다. "그대의 의지의 준칙이 동시에 보편적인 입법원리로서 항상 타당할 수 있도록 행동하라 Handle so, daß die Maxime deines Willens Jederzeit zugleich als Prinzip einer allgemeinen Gesetzgebung gelten könne." 이어서 그는 다음처럼 말한다. "순수이성은 오직 자신만을 위해서 실천적이며 (인간에게) 우리들이 도덕법(Sittengesetz)이라고 부르는 보편적인 법칙을 부여한다." 의지의 주관적 원리, 다시 말해서 임의의 원리(Prinzip der Willkür)는 준칙이다. 그런가 하면 도덕의 객관적 원리는 명령(Gebot)이나 명법(Imperativ)이다.

한 가지 예를 들어보자. 결혼 적령기에 들어선 남자에게 주변에서 끈질기게 좋은 여자가 있으니까 맞선을 꼭 보라고 권한다. 남자는 상대 여자가 금수저이고 상당한 미모의 소유자라는 것을 미리 알고 있었다. 또한 상대 여자는 남자 편력이 많은데다 성격이 몹시 나쁘다는 것도 지인을 통해서 잘 알고 있었다. 더군다나 남자는 상대 여자와 자신은 거의 어울리는 것이 없고 결혼해 보았자 불행할 것을 뻔히 예견하고 있었다. 그래도 남자는 소개해 주는 지인의 면목을 보아서라도 그리고 만에 하나 상대 여자가 선한 면을 보여주지 않을까 하는 마음에서 상대 여자와의 맞선 자리에 억지로 나간다고 하자. 이 경우 남자는 자신의 의지의 자율에 어긋난 행동을 함으로써 임의의 원리에 따른 것이다. 이 경우 칸트는 보편법칙의 도식 안에 들어오지 않는 행위는 마땅히 거절하여야 한다고 주장한다.

도덕의 객관적 원리(보편법칙)와 준칙, 곧 의지의 주관적 원리(임의)는 서로 질적으로 다르다. 표현이 추상적이고 어렵지만 실은 간단하다. 남자가 여자의 인격(사람 됨됨이)은 도외시하고 여자의 돈과 미모만 보고 결혼한다면 이 남자는 준칙에 따라서 행동한 것이다. 순수 실천이성, 곧 의지는 인간주체에게 명령한다. 무엇을 명령하는가?

당위(Sollen)를 명령한다. 칸트는 준칙과 도덕법을 구분한다. 그러면 준칙을 수행하는 것이 의무인가 아니면 도덕법을 수행하는 것이 의무인가? 앞에서 나는 칸트의 의무가 결코 복종이나 순종이 아니고, 의지의 자율(Autonomie des Willens)을 따르는 행위가 바로 의무라고 밝혔다. 준칙의 개념이 아니라 객관적이며 보편적인 도덕원리의 개념은 실천이성의 명령이다. 이 명령의 형식을 칸트는 명법이라고 한다.

객관적 원리의 개념(또는 표상)은 의지를 위해서 필요한 한에 있어서 이성의 명령으로 일컬어지며, 이 명령의 형식이 명법인데, 이 명법은 당위(Sollen)로 표현된다는 것이 칸트의 생각이다. 쉽게 말해서 도덕법은 정언명법(kategorischer Imperativ)이므로 인간은 마땅히 정언명법을 지켜야 한다는 것이다. 그러면 이제 칸트가 예로 드는 세 가지 명법을 살펴보기로 하자. 당신이 프랑스어를 배우고자 한다고 치자. 이 경우 첫 번째로 당신은 어떤 목적을 위해서 프랑스어를 배우고자 한다. 당신이 프랑스어를 배우는 것은 하나의 명령이고, 프랑스어 학습은 어떤 목적을 위한 수단이다. 곧 당신이 프랑스어를 배우는 행위는 특정한 목적에 대한 수단이다. 이때의 방법은 가언명법(hypothetischer Imperativ)이다. 그런데 가언명법에는 개연적(problematisch) 도덕명법과 단언적(assertorisch) 도덕명법이 있다. 개연적인 명법이든지 아니면 단언적인 명법이든지간에 프랑스어를 배우려고 욕구하는 행위는 행복해지고자 하는 목적을 위한 수단이다. 칸트에 의하면 명령은 어떤 목적을 위한 수단이 되어서는 안 된다. 그러므로 명령의 형식인 도덕명법은 인간의 행위를 명령하되 그 행위가 특정한 목적을 위한 수단이 되게 하지 말고 행위 자체가 선하도록 명령하지 않으면 안 된다. 그래서 정언명법은 윤리의 필연적인 실천 원리(ein apodiktisch praktisches Prinzip)이다. 이와 같은 정언명법은 보편필연적이므로 선천적(apriori)일 수밖에 없다.

칸트는 『윤리형이상학을 위한 기초닦기』에서 『실천이성비판』에서의 표현과 거의 비슷하게 정언명법에 대해서 이렇게 말한다. "말하자면 정언명법은 오직 유일한 그것도 실은 다음과 같은 명법이다: 준칙들이 보편법칙이 되게끔 동시에 네가 원할 수 있도록 해주는 그러한 준칙들에만 따라서 행동하라 Der kategorische Imperativ ist also nur ein einziger und zwar dieser: handle nur nach derjenigen Maxime, durch die du zugleich wollen kannst, daß sie ein allgemeines Gesetz werde." 의무의 보편적 명법 역시 행위의 준칙으로 하여금 인간주체의 의지를 통해서 당연히 보편적인 자연법칙으로(zum allgemeinen Naturgesetze) 되게끔 행동하는 것이다.

칸트는 보편필연적이고도 선천적인 도덕의 정언명법을 해명하기 위해서 하나의 예를 든다. 어떤 사람이 도저히 갚을 수 없다는 것을 잘 알면서도 무슨 수단을 써서라도 반드시 갚겠다고 굳게 다짐하면서 돈을 빌리는 경우를 말한다. 모든 준칙을 보편적으로 만드는 것이 바로 정언명법이다. 그러나 위의 경우에서 준칙은 보편적인 도덕법칙(도덕원리)과 모순된다. 준칙을 보편법칙으로 만드는 것이 바로 명법이다. 이렇게 보면 칸트는 신유학의 주자학이나 성리학처럼 성선설(性善說)을 기본으로 깔고 있다고 할 수 있다. 하기야 칸트가 말하는 의지의 자유에 있어서 의지는 어디까지나 선한 의지(guter Wille)인 한에 있어서 인간주체를 자율적으로 행동하게 함으로써 의지의 자유를 수행하게끔 하므로 칸트는 인간의 본성을 선하다고 본다. 내 생각은?

기독교 신학은 악(das Böse)을 선의 결핍으로 보았다. 하나님이 우주만물 모두를 창조했다면 악도 하나님의 창조물이 아닌가라는 물음이 제기된다. 신학은 참 묘한 만능키, 곧 요술방망이를 만들어내었으니 그것은 '악은 선의 결핍이다'라는 구차한 변명(?)이다. 칸트 역시 플라톤과 기독교 전통을 따르고 있으므로, 그는 기독교 신학의 악 이론을 약간 비틀어서 '도덕법칙, 곧 정언명법으로 귀결되는 준칙이 아니라 임의(자의)의 주관적 준칙에만 따르는 행위가 악을 나타낸다'고 주장한다. 악의 문제는 속을 꿰뚫어볼 경우 플라톤이나 기독교 신학이나 칸트의 윤리학이나 모두 유사한 견해를 가지고 있다고 할 수 있다. 기독교 신학(철학)에서는 선의 결핍이 악이다. 칸트에게 있어서는 도덕법에 따르지 않고 인위적인 주관적 준칙을 따르는 것이 악이다.

칸트가 보기에 합리적 존재인 인간은 목적 자체(Zweck an sich)이다. 따라서 이성적 존재로서 인간은 최상의 실천적 원리의 기초가 되지 않으면 안 된다. 인간을 실천적 원리의 근거로 만드는 실천적 명법(der praktische Imperativ)은 다음과 같다: "너는 너 개인에게 있어서와 마찬가지로 다른 모든 사람의 개인에 있어서도 인간성을 언제나 동시에 결코 단지 수단으로서가 아니라 목적으로 대하도록 행동하여라 Handle so, daß du die Menschheit sowohl in deiner Person, als in der Person eines jeden anderen jederzeit zugleich als Zweck, niemals bloß als Mittel brauchst." 실천적 명법은 정언명법으로서 이것은 가언명법(hypothetischer Imperativ)과 구분된다. 물론 가언명법도 당위(Sollen)의 형식을 띠긴 하지만 그것은 보편필연성을 결여한다.

칸트에게 있어서 정언명법은 도덕법과 동일한 의미를 가진다. 도덕법을 명령하는 것이 정언명법이며, 이 정언명법을 따르는 존재가 다름 아닌 이성적 존재인 인간이다. 칸트의 윤리학(또는 윤리형이상학)

에 있어서 정언명법, 도덕법, 의지의 자율, 의지의 자유, 의무, 선의지 등은 서로 불가분의 관계를 가지고 있다. 이 개념들의 관계는 알기 쉽게 말해서 순환구조에 해당한다고 할 수 있다. 칸트는 『윤리형이상학을 위한 기초닦기』에서 목적 자체로서의 이성적 인간이 임의적인 주관적 준칙에 따라서 하는 행위의 예를 든다. 첫 번째는 고통을 피하려고 자살하는 사람의 예이다. 자신의 목숨보다 더 소중한 애인으로부터 버림받고 시련의 고통에 몸부림치는 청년이 자살을 결심할 수 있다. 많은 액수의 빚을 내어 창업했으나 얼마 안 되어 빚더미에 앉은 사람이 도저히 빚 갚을 방법이 없어 자살을 시도할 수 있다. 나의 고등학교 친구 한 사람은 대학 입시에 3년 연속 낙방한 후 자신의 삶에 절망해서인지 자살의 길을 택하고 말았다.

칸트는 부채 상환이 전혀 불가능한 자신의 경제 상태를 너무나도 잘 알면서도 목숨을 바쳐서라도 빚을 6개월 안에 반드시 갚겠다고 철석같이 약속하면서 친구에게 많은 돈을 빌리는 사람을 예로 든다. 먼저 든 예에서 자살을 시도하는 사람은 자신의 인간성(Menschheit)을 목적 자체로 여기지 않고 한낱 수단으로 여긴다는 것이 칸트의 지적이다. 두 번째 예에서 친구에게서 돈 빌린 사람은 친구를 자기 자신처럼 목적으로 여기지 않고 단지 수단으로 여겼다는 것이 칸트의 지적이다. 마땅히 행동하여야 하는 당위처럼 여겨지는 명법이 있긴 해도, 그 명법이 욕망, 자연적 경향 또는 이해관계에 의해서 당연히 행해진다면 그것은 가언명법, 곧 특정한 상황이나 조건에 의해서 좌우되는 그러한 가언명법이 아닐 수 없다. 그런데 모든 이성적 존재로 하여금 보편적 윤리법칙을 따르게끔 하는 원리는 무엇인가? 그것은 의지의 자율이다.

칸트는 『윤리형이상학을 위한 기초닦기』 3절 '윤리형이상학으로부터 순수 실천이성 비판으로의 이행' 첫머리를 다음처럼 장식한다: "자유 개념은 의지의 자율을 설명하기 위한 열쇠이다 Der Begriff der Freiheit ist der Schlüssel zur Erklärung der Autonomie des Willens." 얼마쯤 지나서 그는 또 다음처럼 말한다. "자유는 모든 이성적 존재의 의지의 고유성으로서 전제되지 않으면 안 된다 Freiheit muß als Eigenschaft des Willens aller vernünftigen Wesen vorausgesetzt werden." 이상으로부터 우리는 정언명법에는 원래부터 의지의 자율이 포함되어 있다는 것을 알 수 있다. 의지의 자율은 의지의 자발성이다. 『순수이성비판』과 『프롤레고메나』에서 칸트의 인식주관은 사유하는 주관(denkendes Subjekt)이었다. 그러나 『윤리형이상학을 위한 기초닦기』와 『실천이성비판』에서의 실천적 인간은 행동하는 주체 (handelndes Subjekt)이다. 실존철학에 관심이 많은 철학도들 중에는 칸트의 행동 주체로서의 인간에 초점을 맞추고 칸트를 실존철학의 선구라고 극구 찬양하며 기리는 사람도 있다.

일반적으로 인간의 의지는 임의에 의한 준칙을 따르기 쉽다. 그러나 의지가 준칙을 따르되 동시에 준칙을 극복함으로써 윤리의 보편법칙을 따르도록 행동하게끔 하는 것이 바로 의지의 자율이다. 칸트는 『실천이성비판』 1권 1부 §7 '순수 실천이성의 원칙' 첫머리에서 다음처럼 말한다: "네 의지의 준칙이 언제나 동시에 보편적 입법의 원리로서 타당할 수 있게끔 그렇게 행동하라 Handle so, daß die Maxime deines Willens jederzeit zugleich als Princip einer allgemeinen Gesetzgebung gelten könne." 인간주체는 단순히 수단이 아니라 목적자체로 고찰되지 않으면 안 된다고 할 때 인간은 바로 절대적 가치 (absoluter Werth)를 가진 존재이며 따라서 정언명법의 근거가 아닐수 없다. 절대적 가치와 인간주체의 의지의 자율(자발성) 그리고 의

234 칸트를 알면 자유가 보인다

지의 자유는 순환구조를 이루지만 도덕법과 정언명법이 가능한 도덕 원리는 의지의 자율이다. 의지의 자율은 의지의 타율에 대립한다. 칸트는 이렇게 말한다. "말하자면 자율의 원리(Princip der Autonomie)는 다음과 같다: 그 원리의 선택의 준칙이 똑같은 의욕에 있어서 동시에 보편법칙으로써 함께 파악되는 것 말고 달리 선택하지 말아라." 그런가 하면 칸트는 의지의 타율(die Heteronomie des Willens)을 모든 참답지 못한 윤리성의 원리(der Quell aller unächten Principien der Sittlichkeit)라고 말한다. 합리적 의지는 스스로 입법하지만, 그렇지 못하고 주관적 준칙, 곧 욕망이나 경향 또는 이해관계에 의해서 임의적으로(자의적으로) 행위할 때 의지는 합리적 의지이기를 포기하고 임의의 타율(Heteronomie der Willkür)을 행할 수밖에 없다. 이러한 칸트의 견해는 상당히 복잡한 느낌을 주지만 실은 플라톤이나 기독교 신학의 가치관과 비교해 보면 본질적으로는 큰 차이가 없다. 단지 칸트 윤리학의 특징이 있다면, 그의 윤리학은 인간 중심적이고 이성적(합리적)이며 또한 보편적인 윤리성(도덕성)을 인간의 본질로 보고 있다는 점이다. 칸트는 도덕법, 정언명법, 의지의 자율, 자유, 의무, 당위, 행복 등을 논의하면서 『실천이성비판』 후반부에서 자신의 윤리학이 종교철학으로 이행하지 않을 수 없음을 명백히 표현하고 있다.

7. 비판적 고찰

칸트는 인간 의지의 본성에서 나오는 윤리의 원칙들(Grundsätze)이 있다고 본다. 선천적인 원칙들은 모든 경험으로부터 독립하여 존재하기 때문에 그것들은 무제약적인 정언명법(kategorischer Imperativ)

이다. 무제약적인 정언명법은 규범적 판단으로서 당위(Sollen), 곧 실천적 필연성을 담고 있다. 정언명법은 가장 보편적인 도덕법(Sittengesetz)으로서 다음처럼 표현된다: "그대의 의지의 준칙이 동시에 보편적인 입법 원리로서 항상 타당할 수 있도록 행동하라." 그런데 이 도덕법이 어디에 있다는 것인가? 칸트가 내세우는 실천이성은 의지이다. 도덕법은 보편필연적인 윤리 법칙이자 형식이다. 도덕법은 본래부터 인간의 영혼(Seele)이나 마음(Gemüt) 안에 영원불변하게 있다는 것이 칸트의 생각이다.

칸트는 플라톤의 선의 이데아나 스피노자의 범신론적 윤리관이 대변하는 형이상학적 윤리학을 독단주의로 낙인찍는다. 사실 형이상학적 윤리학에 의해서는 의지의 자율이나 의지의 자유를 말하기가 어렵다. 칸트는 자연주의 윤리학은 경험론을 근거로 삼기 때문에 보편필연적인 가치를 제시할 수 없다고 보아 선천적 정언명법으로서의 도덕법을 윤리형이상학의 근거로 정립하고자 한다. 물론 칸트는 루소의 영향을 받아서 도덕법을 따름에 있어서 의지의 자율에 대한 교육이 필수적임을 강조한다. 칸트에 따르면 교육에는 물리적 교육(physische Erziehung)과 실천적 교육(praktische Erziehung) 두 가지가 있는데, 인간주체로 하여금 반성하게 해서 도덕법을 따르게끔 하는 교육은 실천 교육이다. 도덕법과 교육에 대한 칸트의 강조는 18세기 프랑스와 독일의 계몽주의 철학의 영향을 반영한다. 나는 칸트의 도덕법과 교육에 대한 입장이 현대 민주주의 사회에 있어서 시민의식을 고양시키는 데 있어서 매우 중요한 역할을 행할 수 있다고 믿는다.

나는 칸트의 윤리관을 마주 대하면서, 한국인의 윤리의식과 아울러 시민의식이 칸트의 윤리관에 상당히 가깝게 다가갈 수 있는 여지가 있다고 생각한다. 물론 칸트의 도덕법은 플라톤적이고도 기독교적이어서 완전성과 절대성의 형식에 해당하는 문제점이 있다. 완전하고 절대적인 가치관(윤리관)은 폐쇄 사회를 만든다. 전제국가나 독재국가는 완전하고 절대적인 사회의 가치를 실현할 수 있다고 그리고 반드시 실현하지 않으면 안 된다고 사회구성원을 압박하고 통제함으로써 오히려 자유를 말살시킨다. 칸트는 정언명법으로서의 폐쇄적 도덕법을 고정시켜 놓고 이 도덕법을 따르는 것이 바로 의지의 자율이자 의지의 자유라고 절규하는데, 이러한 절규는 매우 안타깝게 들린다. 보편필연적이며 불변하는 도덕형식에 묶여있으면서 의지의 자율이나 자유를 떠드는 것은 도덕형식을 오히려 부정하고 붕괴시키려는 노력이 아니냐?

나는 한국인의 윤리관이나 시민의식에서 오히려 바람직한 가치관을 찾을 수 있다고 생각한다. 고대의 한국인은 동북아시아를 삶의 터전으로 삼고 샤머니즘 신앙을 가지고 있었다. 무속 신앙을 표현하는 낱말은 굿이다. 굿은 세 가지 요소를 가진다. 샤먼(무당), 굿놀이, 구경꾼이 그것들이다. 굿놀이에는 신령들이 참석한다. 무당은 굿놀이에 신령들을 초청해서 구경꾼들(마을 사람들)의 길흉화복 중에서 길하고 복스러운 것은 많이 마을에 오게 해주고 흉하고 화가 되는 것은 모두 쫓아내 주십사고 한바탕 신명나는 놀이판을 벌인다. 한국인들이 '나'를 말할 때 거의 언제나 '우리들'을 함께 사용하는 것은 바로 굿놀이와 밀접한 관계가 있는 것 같다. 한국인은 절대적이고 완전한 도덕법은 아닐지라도 어느 정도 보편적인 도덕법, 곧 윤리관을 이미 고대 샤머니즘의 굿놀이에서부터 생활 속에 담아오고 있다고 여겨진다.

한국인은 지하철이나 버스에서 노인이나 약자를 보면 흔쾌히 자리를 양보한다. 지하철의 분홍빛 임산부석을 볼 때 나도 모르게 미소 띠게 된다. 어느 누구도 내 이익을 위해서 또는 어떤 보상심리에서 노약

자나 임산부에게 자리를 양보하지 않고 당연한 도리로 알고 양보한
다. 절대적인 신이나 도덕법칙 또는 강제적이고 경험적인 자연 규범
에 따라서 자리를 양보하는 것이 아니고 당연히 약자에게 자리를 양
보하는 것이 열린 사회를 만들 것이라는 시민의식이 성숙해 있기 때
문에 자리를 양보하는 것이다. 아파트 동네에서도 새로 이사 오면 작
은 떡 봉지라도 옆집들에 건네는 것 역시 함께 잘 지내자는 것 이외에
어떤 다른 이익을 위한 것이 아니다. 솔선해서 집 앞과 길거리 쓰레기
를 줍는 행위 역시 열린 시민의식에서 나오는 행동이다.

한국인은 중국인과 일본인이 장기간 여러 가지로 괴롭혔어도 그들
을 보복하거나 음해하려고 하지 않는다. 오히려 그들의 잔인한 괴롭
힘을 통해서 그들을 극복하고 그들보다 더 훌륭하고 가치 있는 삶을
영위하는 것이 바람직하다는 것을 우리 자신이 반성하고 그러한 반성
에 의해서 생생한 체험의 교육을 받을 수 있었다. 그리하여 오랜 역사
를 통해서 우리들의 고유한 무속신앙을 발달시켜 나가면서 그 위에서
불교 문화, 유교 문화 그리고 기독교 문화에 집착하지 않고 그것들을
융통성 있게 받아들임으로써 한국인의 고유한 윤리관을 구성하여 왔
다. 오늘날 한국인이 K-팝, K-드라마, K-푸드 그리고 한국을 글로벌
하게 전파할 수 있는 힘은 한국인의 고유한 융통성 있는 윤리관 위에
서 다져질 수 있었다고 본다.

아전인수 격인지는 몰라도 한국인은 고대로부터 현재까지 수많은
고난의 역사를 체험하는 가운데 마치 양파처럼 샤머니즘, 불교, 유교,
기독교 등의 다양한 문화들을 소화함으로써 융통성 있는 성숙한 시민
의식을 가지고 바람직한 가치관을 형성해 오고 있다고 할 수 있다. 나
는 한국인의 홍익인간 사상, 세종대왕의 한글 창제에서 보여준 인간
사랑, 고려청자와 이조백자에서 은은히 나타나는 절제된 미적 감정,

한옥과 사찰의 건축양식이 보여주는 부드러움, 거문고나 가야금의 단아한 울림 등이 한국인의 보편적인 가치관에 다 녹아들어 있다고 생각한다. 내 욕심은 칸트의 실천이성의 윤리학, 다시 말해서 도덕법(정언명법)의 윤리학을 한국인의 윤리관에 녹여서 한층 더 포괄적이고도 포용력이 있는 넓고 열린 한국인의 성숙한 시민의식과 윤리관을 꽃피웠으면 하는 데 있다.

나는 발전사관을 지지하지 않는다. 이집트, 그리스, 로마, 몽골 등의 흥망성쇠를 보면 역사의 현실을 직시할 수 있다. 항상 열린 마음을 가지고 다양한 가치관(윤리관)을 수용하면서 긍정적으로 손질할 줄 알아야 한다.

고인 물은 썩는다. 특히 칸트의 윤리학(윤리형이상학)의 고정된 소위 선천적 정언명법(도덕법)의 긍정적인 측면, 예컨대 의지의 자율이나 의지의 자유 등은 받아들이되 영원불변하는 형식으로서의 정언명법 폐기처분할 줄 알아야 한다. 그리고 플라톤의 선의 이데아나 기독교의 신의 완전성과 절대성은 이상(Ideal)이나 이념(Idee)으로 여기고, 적어도 인간에게 가능한 바람직한 삶을 창조하기 위해서 사색하고 노력해야 한다. 사색과 노력은 배제하고 이상이나 이념의 감옥에 갇혀서 자기반성을 망각한다면 그와 같은 인간의 삶은 폐쇄적 삶과 사회만 초래할 것이다. 이제 나는 묻는다. 칸트의 윤리학(윤리형이상학)에 의해서 실현 가능한 사회는 열린 사회인가 아니면 닫힌 사회인가?

우리는 무엇을 행해야만 하는가 (2)

1. 의지는 실천이성이다

칸트가 실천이성을 논하는 이유는 이론이성(사유 또는 오성의 능력)
이 자연 현상의 탐구 차원을 넘어서지 못하기 때문이다. 자유로운 행
동의 영역은 이론적 자연의 영역과 질적으로 다르다. 자연을 다루는
것은 사유, 곧 이론적 탐구 내지 사색(Denken)이다. 그런가 하면 자
유를 취급하는 것은 실천이성이다. 따라서 이론이성(theoretische
Vernunft)과 실천이성(praktische Vernunft)은 전혀 사용되는 영역이
다르다. 이론이성은 이해하고 분별하며 따지는 오성에 의해서(물론
감성의 직관형식, 구상력, 통각을 동반하면서) 자연을 인식한다. 그러
나 실천이성은 의지이므로 그것은 인간 주관에게 정언명법, 곧 도덕
법에 따라서 의지의 자율을 근거로 자유롭게 행동하기를 명령한다.
이러한 내용은 이미 앞에서 몇 차례 설명하였다. 그래도 칸트의 난해

한 윤리관(윤리형이상학)을 쉽게 알 수 있게끔 자주 반복하는 것이니 그 점 양해하기 바란다. 그러나 한 가지 짚고 넘어갈 것이 있다. 실천이성이 도덕법을 실행하도록 명령하니까 인간주체는 그 명령에 따라서 도덕법에 어울리게 자동기계적으로 행동하는가? 아니다. 칸트가 의지의 자율 내지 의지의 자유를 말하는 것은 인간 주관의 결단을 암시하고 있음을 알아야 한다. 의지의 자율에 큰 도움이 되는 것은 바로 실천적 교육(praktische Erziehung)이다.

나는 앞에서 한국인의 윤리관을 매우 바람직하다고 말하였다. 한국인의 윤리관의 뿌리는 샤머니즘이다. 샤머니즘의 특징은 인간이 자연과 하나가 되어 자연친화적으로 사는 데 있다. 중국 북경 외곽에 높은 산들이 있는 지역에 인공적으로 산과 물을 한군데로 모아서 절경으로 만든 곳이 있는데 그곳을 용경협이라고 부른다. 북경 인민대학의 고위급 인사가 용경협을 구경시켜 주면서 내게 왈, "여기에 중국인들은 거의 오지 않아요. 주로 한국인 관광객들이 이곳을 구경하러 오는데 왜 오는지 모르겠어요. 산하고 물밖에 없는데 도대체 무엇을 보려고 한국인들이 그렇게 많이 오는지 모르겠단 말이에요." 내가 왈, "한국인은 자연을 사랑해요. 한국의 도시 근처의 산에는 주말만 되면 등산객들이 엄청 많아요. 넓고 맑은 한강도 한국인의 자랑이에요." 이렇게 말하면서 나는 속으로 혼자 되뇌었다. "이씨 조선 때부터인가? 한국인의 교육열은 참으로 대단해. 과거시험에서 장원급제하려고 일생을 바친 사람들이 얼마나 될까? 일제 강점기와 6.25전쟁, 4.19와 5.18 혁명의 소용돌이를 거치면서 먹고살기 위해서 그리고 더 나아가서 세계 열강들과 맞서고 어깨를 나란히 하기 위해서 내 동료들, 선배들 그리고 후배들이 깡그리 쏟아부은 교육의 열정이 얼마나 강했던가?" 이승만, 박정희 정권 때 내가 대학 입시에 온몸을 바쳤던 기억이 생생하다. 전화위복이라는 말이 있다. 박정희 정권 때 소위 국민윤리라는 과목이 생겨서 정권 유지의 한 수단으로 제도권 학교에서 가르치기 시작했다. 그러나 많은 시행착오를 거치면서 윤리 내지 윤리학 과목으로 학교에서 교육되었다. 조상 모시기, 부모에 대한 효, 어른 공경, 이웃에 대한 배려와 관용, 노약자와 임산부에 대한 관심과 조력, 소통하는 공동체의 구성, 바람직한 공동체 구성 등 한국인의 윤리관은 어떤 특정한 하나의 윤리관에서 나온 것이 아니고 장구한 역사와 문화를 통해서 무수한 시행착오를 거친 산물이다. 그러므로 내가 보기에 한국인의 윤리관은 전통 가치와 새로운 가치를 잘 조화시킨 것이며 동시에 감히 창조적 혁신을 초래하는 한국인의 의지의 자율이 가져온 산물이다. 이와 같은 윤리관을 끊임없이 점검하고 탐구하며 또한 비판적 의식을 가지고 게으르지 않게, 필요할 경우 과감하게 혁신할 수 있는 의지의 자율을 한시도 망각해서는 안 될 것이다.

기술, 경제, 군사, 문화 등의 측면에서 막강한 힘을 가진 국가를 일컬어서 선진국이라고 한다. 몇 년 전부터 한국도 자랑스러운 선진국의 대열에 끼었다. 그런데 영국, 프랑스, 독일, 스페인, 네덜란드, 이탈리아, 미국 등의 선진국들 속을 한번 꿰뚫어 보자. 칸트는 「아름다움과 숭고함의 감정에 관한 고찰」에서 "흑인은 회초리로 때리면서 사냥해야 한다"고 했다. 위의 선진국들은 아프리카 흑인을 개돼지보다 못하게 사냥해서 사고팔았으며 짐승처럼 노예로 부려먹었다. 지금도 문화선진국이라고 으스대는 프랑스는 아프리카 여러 곳과 태평양에 프랑스령 명칭을 붙인 영토들을 소유하고 있으며 여전히 그곳에서 온갖 착취를 일삼고 있다. 프랑스 이외의 나머지 선진국들도 아프리카, 남아시아, 북남미 등에서 흑인, 인도인, 동남아인, 북남미 인디언들을 학대하고 착취했다. 독일은 통일이 늦어 식민지 통치에 늦게 뛰어드는 바람에 아프리카 남단의 나미비아밖에 식민지로 얻지 못했다. 이들 유럽의 선진국들은 실상은 지옥의 좀비들(마귀들)과 무슨 차이가 있을까? 이 좀비들은 21세기 현재도 잘 먹고 잘 살며 알게 모르게 개발도상국과 후진국을 학대하고 착취한다. 내가 확신하기에 그리고 내가 희망하건대 한국과 한국인은 이들과 질적으로 다른 선진국과 선진국인이 되리라고 생각한다. 뭐든지 수출하고 팔아먹어야 우리가 번영할 수 있다. 그러면 상대 국가와 국민에게 그만큼 베풀고 배려하는 높은 윤리관과 시민의식을 가진 한국인임을 자랑스럽게 여길 수 있다. 내가 보기에 진정으로 칸트의 정언명법과 도덕법을 따르는 사람은 바로 한국인인 것 같다. 단지 일부 정치인과 기업인의 썩어빠진 부정부패 정신을 엄한 교육에 의해서 혁신적으로 공정한 윤리의식으로 전환시키는 일이 절실하게 요구된다.

칸트의 의지 이론으로 되돌아가 보자. 칸트는 의지의 자율이 자동기계처럼 자동적으로 발동하는 것으로 보지 않는다. 인간에게는 교육이 반드시 필요하다고 칸트는 여러 곳에서 강조한다. "인간은 교육받지 않으면 안 되는 유일한 피조물이다. 말하자면 우리들은 교육을 육성(부양, 보존), 훈육(훈련) 그리고 교양과 함께 지도(Unterweisung nebst der Bildung)로 이해한다." 또한 칸트는 교육을 물리적 교육과 실천적 교육으로 구분한다. 물리적 교육은 짐승에게서 흔히 볼 수 있는 것이며 인간도 이것을 가지고 있는데 그 특징은 보살피고 시중드는 것이다. 물리적 교육에 대립되는 실천적 교육은 간단히 말해서 의지의 자율 및 도덕법, 곧 윤리형이상학을 위한 근거에 대한 반성을 각성시키는 일이다. 칸트에 의하면 실천적 교육은 사람다움을 위한 교육(Erziehung zur Persönlichkeit)이며 따라서 자유롭게 행동하는 존재의 교육(Erziehung eines frei handelnden Wesens)이다.

칸트가 말하는 실천적 교육은 바로 도덕적 교육(moralische Erzie-hung)이다. 도덕적 교육은 가치관 교육이자 윤리교육이다. 칸트는 자신의 여러 저술에서 도덕(Moral)과 윤리(Ethik, 윤리학)를 거의 같은 의미로 사용하지만, 칸트 역시 헤겔과 마찬가지로 일상적 가치를 도덕으로 그리고 도덕철학을 윤리학으로 이해하고 있음을 알 수 있다. 칸트는 윤리학을 경험적 도덕학(empirische Moralwissenschaft)으로부터 구분한다. 경험적 도덕학은 도덕적 인간학(moralische Anthro-pologie)이다. 말하자면 경험적 도덕학은 주로 경험에 의존하는 일상적인 인간학의 영역에 속한다. 그러나 도덕철학으로서의 윤리학은 선천적인 이성학문(apriorische Vernunftwissenschaft)이다. 다시 말해서 윤리학은 보편필연적인 순수 실천이성의 학문이라는 것이다.

칸트는 도덕적 의지의 자율(Autonomie des moralischen Willens)을 최상의 도덕원리라고 한다. 의지의 자율은 윤리성의 근거이자 자유(Freiheit)의 표명이다. 도덕적 의지의 자율이 없으면 자유도 부정당한다. 의지의 자유는 의지의 자율에 의해서 비로소 가능하다. 인간 주체는 도덕법을 따를 의무(Pflicht)를 가지는데, 인간은 그러한 의무를 이행함으로써 보편적 입법(allgemeine Gesetzgebung)의 주인공이 되는 것이다. 그래서 칸트는 의지의 자율(자발성)의 원리를 정언명법(der kategorische Imperativ)과 동일시한다. 그러면 입법의 뜻은 무엇일까?

칸트는 의지를 실천이성이라고 한다. 실천이성은 인간주체에게 있어서 입법하는 역할을 담당한다. 일상적 삶에서 인간은 주관적 욕망, 충동 및 경향에 따르며 그것들의 노예가 되기 쉽다. 이러한 경우 인간 주체로 하여금 의지의 자율에, 곧 정언명법에 따르게끔 입법하는 것이 실천이성이다. 앞에서도 몇 차례 언급했지만 칸트의 의지론은 프

랑스 계몽철학자 루소의 보편의지(volonté générale)로부터 많은 영향
을 받았다. 루소나 칸트에게 있어서 의지는 자율성을 가지고 있으므로
자유롭고 또한 보편필연적이므로 선한 의지이다. 실천이성으로서의
의지는 정언명법을 입법하기 때문에 인간주체는 객관적이고도 보편
적인 도덕법을 따라야만 하는 의무를 가진다는 것이 칸트의 입장이다.

2. 목적의 왕국

칸트의 정언명법, 곧 도덕법에 의하면 이성적 존재(vernünftiges We-
sen)인 인간주체는 목적 자체(Zweck an sich)이다. 칸트는 『윤리형이
상학을 위한 기초닦기』와 『실천이성비판』의 여러 곳에서 도덕법을 변
형시켜서 "언제나 동시에 타인을 너 자신과 마찬가지로 수단으로 대
하지 말고 목적으로 대하라"고 말한다. 인간주체는 도덕적으로 입법
하는 이성적 의지, 곧 실천이성을 가지고 있는 목적 자체이다. 칸트는
목적들의 왕국(Reich der Zwecke)에 대해서 이렇게 말한다: "그러나
내가 이해하는 왕국은 공통의 법칙들에 의한 상의한 이성적 존재들의
체계적 결합(die systematische Verbindung verschiedener vernünft-
iger Wesen durch gemeinschaftliche Gesetze)이다." 그런데 칸트는
목적들의 왕국을 한껏 제시한 후 바로 그것을 가리켜서 "물론 단지 이
상일 뿐(freilich nur ein Ideal)"이라고 덧붙인다.

　칸트가 보기에 도덕적으로 입법하는 의지의 자율을 소유한 인간주
체, 곧 이성적 존재는 세상에서 삶을 영위함에 있어서 목적 자체가 아
닐 수 없고 이러한 목적 자체들(이성적 존재)의 결합은 목적들의 왕
국이다. 보다 더 엄밀하게 살펴볼 경우 목적들의 왕국은 칸트가 살고

있던 18세기 독일 당대의 사회를 직시하는 것이 아니라 오히려 사회
의 역사적 발달을 전제로 삼은 이상적인 사회이다. 즉 활동적으로 행동
하는 목적 자체들로서의 인간주체의 왕국은 하나의 미래지향적인 도덕
적으로 긍정적인 사회이다. 물론 칸트가 보기에 칸트 당시의 18세
기 사회는 충분히 목적들의 왕국을 건설할 수 있는 가능성을 가진 국
가들의 사회였다. 헤겔이 『역사철학』에서 역사의 발전 단계를 아시아
적 상태, 그리스-로마적 상태 그리고 근대 게르만 사회의 상태로 구
분하고 18세기 근대 게르만 사회를 가장 이상적인 역사 발전의 단계
라고 본 역사철학의 입장은 분명히 칸트의 윤리학의 영향을 받은 결
과이다.

정언명법은 모든 이성적 존재들이 물론 준칙들을 근거로 행위할지
라도 그 준칙들이 보편적인 법칙이 되게끔 의지할 수 있도록 당연히
(마땅히) 행동해야만 한다고 명령한다. 이때 정언명법은 실천적인 선
천적 종합 명제(praktischer synthetischer Satz apriori)이므로 이 보
편필연적인 도덕법을 따라야만 하는 것이 인간주체의 당위(Sollen)인
의무(Pflicht)이다.

현실 세계에서 볼 때 물론 목적들의 왕국은 이상(ein Ideal)이라고
할지라도 그 이상의 씨앗은 현실 세계에서 움트고 있기 때문에 인간
주체는 의지의 타율(Heteronomie des Willens)을 과감히 극복하고
의지의 자율(Autonomie des Willens)에 의해서 목적들의 왕국의 씨
앗에 물과 양분을 주어 그것을 실현하려고 노력할 수 있다는 것이 칸
트의 희망사항이다. 칸트의 윤리관은 인간 본성에 대한 성선설을 강
하게 가지고 있다. 이와 같은 성선설은 거의 모든 종교들과 철학들이
공통적으로 가지고 있는 경향이다. 그러나 현실 역사의 진면목을 바라
보면 문제가 그렇게 단순하지 않다는 것을 알 수 있다. 유럽인들은 선

한 신을 내걸고 십자군 전쟁을 비롯해서 아프리카와 남미 그리고 아시아의 식민지 구축을 위해서 악마의 짓을 서슴지 않았다. 현재도 유럽 열강과 중국, 러시아, 미국, 일본 등은 인명학살용 무기 생산과 판매에 모든 힘을 기울이고 민족주의나 국수주의에 몰두하고 있다. 이러한 인간성(윤리성) 상실의 위기에 칸트의 '목적들의 왕국'은 매우 진지하고 심원한 삶의 의미를 깨우쳐 주긴 해도 그것은 너무나도 형식적이며 플라톤 철학과 기독교 신앙에 여전히 뿌리를 박고 있어서 처절하고도 비참한 인간의 악마와도 같은 성품을 제대로 보지 못하고 있다.

칸트는 목적들의 왕국과 아울러 정언명법이 가능한 근거를 자유에서 찾고 있다. 플라톤 이래로 대부분의 서양 철학자들은 자유를 인간의 본성에 속한다고 생각하였다. 물론 구체적인 내용에 있어서는 다양한 자유의 견해들이 있을지라도 의지의 자유가 인간의 본성에 속한다고 하는 것에는 대부분의 서양 철학자들이 동의하였다. 아마도 신(기독교의 하나님)이 절대적으로 자유롭고 따라서 신이 자신의 절대적 자유를 인간에게 닮은꼴로 물려주었다는 것을 근거로 삼아 그러한 동의가 이루어졌을 것이다. 이와 같은 맥락에서 칸트는 실천이성 내지 이성적 존재의 의지는 그 자체를 자유롭다고 여기지 않으면 안 되는데 그 근거는 바로 자유의 이념(die Idee der Freiheit)이라고 한다.

3. 자유의 이념

칸트의 인식론, 윤리학, 미학 중에서, 보다 더 구체적으로 말해서 칸트의 『순수이성비판』, 『실천이성비판』, 『판단력 비판』 중에서 가장 중요하고 의미심장한 것은 어느 것이냐고 누가 묻는다면, 나는 주저하지 않고 윤리학, 곧『실천이성비판』이라고 답하겠다.『실천이성비판』
에서 칸트는 여러 가지 윤리적인 문제들을 다루고 있지만 그 문제들
을 하나로 모아서 말하자면 그것은 다름 아닌 '자유'이다. 나는 칸트
의 윤리학(윤리형이상학)을 자유의 윤리학이라고 부르고 싶다. 인간
은 정신적 존재이고 정신적 존재의 특징은 다름 아닌 자유에 있다. 헤
겔은『역사철학』에서 역사의 이념을 자유라고 말하였다.

　　상식적으로 우리는 "자유는 결코 자유방임이 아니다"라고 말한다.
불교에서도 깨달음을 대자유(大自由), 대자재(大自在)의 상태라고 말
하는 것을 읽은 적이 있다. 자유란 확실히 멋대로 행동하는 것은 아니
다. 학교나 군대에서 "앞으로 10분간 자유시간이다"라고 말하면 학생
들이나 군인들은 환호성을 지르며 달려 나간다. 여기서 잠시 이상
(Ideal)과 이념(Idee)과 주의(Ideologie 또는 -ismus)를 구분해 보자.
이데올로기는 특정 계층 내지 계급의 지배적인 사상이다. 공산주의,
자본주의, 민족주의, 국수주의, 제국주의, … 등이 이데올로기에 속한
다. 이데올로기에 물든 사회에서는 자유가 많이 제한된다. 이상은 희
망사항이나 동경 또는 꿈과 밀접하게 연관된다. 이념은 플라톤의 이
데아에 근접하는 개념(Begriff)의 의미와 함께 이상(Ideal)에 다가가
는 뜻을 가지고 있다고 할 수 있다.

　　칸트가 말하는 자유는 현실적으로 인간주체의 의지의 자율에 의한
행동의 특징을 의미한다. 따라서 칸트에게 있어서 이성적 존재로서의
인간주체는 본성상 자유로운 존재이다. 삶은 자유를 찾기 위한 역사
적 과정이다. 인간주체는 삶의 과정에서 욕망, 충동, 자연적 경향, 다
시 말해서 주관적 준칙에 의해서 실천이성의 윤리적 명령을 어기고
당위(Sollen)로서의 의무를 게을리할 수 있다. 이 경우 실천이성은 의
지로 하여금 정언명법을 따르도록 명령하고 의지의 자율은 도덕법에

의해서 공동체 내에서 모든 이성 존재들(타인들)을 수단이 아니라 목적으로 대함으로써 자유를 실현할 수 있다. 자유의 실현은 바로 목적들의 왕국의 건설이다.

칸트는 자유를 말할 때 '모든 이성적 존재들', 곧 공동체 사회의 인간들을 목적들로 여기면서 행동하는 한에서의 자유를 의미한다. 타인에 대한 배려와 의무 그리고 관심과 관용을 전제로 하지 않는 자유는 결코 자유일 수 없다. 공산주의 사회, 독재 사회, 민족주의 사회 그리고 제국주의 사회 등에서는 자유가 싹트기 힘들다. 아니 그런 곳에서는 오히려 자유가 질식한다. 프랑스인들 자신은 프랑스가 문화대국이요 선진국이며 가장 자유가 보장된 국가라고 자만한다. 흑인노예 사냥을 가장 많이 한 국가들 중 하나가 프랑스다. 인종차별이 가장 심한 나라들 중 하나가 프랑스다. 파리 동부 기차역 건너편 싸구려 호텔의 뚱뚱하고 못생긴 프랑스 여직원이 방 열쇠를 내게 건넨다면서 바닥에 내던지던 기억이 생생하다. 프랑스는 무기 생산과 판매에 혈안이 되어있다. 프랑스혁명의 구호는 "자유, 평등, 박애"이다. 물론 칸트가 말하는 윤리적 자유 역시 현실의 정치적 자유이고 그것은 평등과 박애를 동반하는 자유일 것이다.

일반적으로 정치적 자유는 경제적, 종교적, 문화적 자유를 동반하게 마련이다. 예컨대 만일 중국에서 "지금부터 모든 국민에게 정치적 자유를 허락한다"라고 발표한다면, 국민은 누구나 경제, 종교, 문화의 자유도 함께 얻을 것이다. 중국이나 북한과 같은 공산당 일당 독재 사회는 사실 지옥이다. 마르크스는 무산계급과 유산계급의 계급 차이를 없애고 국민 모두가 노동자가 되어 평등한 공산주의 사회를 만들자고 절규했지만, 내가 보기에 마르크스는 엄청나게 멍청한 두뇌의 소유자였던 것 같다. 왕이 통치하거나 공산당 서기장이 통치하거나 독재체제에서는 최고 통치자 홀로 국정을 다 돌볼 수 없다. 최고 통치자 밑에 최고 통치자를 보좌할 계급들이 필요하고 또 그 밑에는 바로 위의 계급들을 보좌해야 하고 이렇게 계급들이 수직으로 많이 생길 수밖에 없다. 그러면 윗놈은 아랫놈보다 권력이나 돈을 더 많이 가진다. 마르크스는 가진 자와 못 가진 자의 계급을 없애자고 공산당을 만들어야 한다고 절규했는데 엄청나게 많은 계급들이 수직으로 배열되었고, 높고 낮은 공산당원들은 부정부패의 달인들이 될 수밖에 없다. 공산당을 비롯해서 독재 사회는 한마디로 지옥이다. 아프리카, 남미, 중국, 동남아시아, 북한 등은 내가 보기에 지옥이다. 그런데 소위 유럽 선진국들과 미국, 캐나다, 호주 등은 이성적 존재인 인간주체의 자유를 위해서 무엇을 하고 있는가? 국수주의가 판치고 있다. 이와 같은 현대의 정치, 경제적인 상황에서 나는 칸트의 인식론이나 미학 이론보다 특히 윤리학 그리고 윤리학 중에서도 의지의 자유 그리고 한층 더 나아가서 자유의 이념이 얼마나 중차대한 의미를 가지고 있는지 깊이 반성하지 않을 수 없다.

칸트는 임의의 타율(Heteronomie der Willkür)과 의지의 자율(Autonomie des Willens)을 대립시킨다. 인간주체가 실천이성의 명령을 따를 때 의지의 자율이 발동하여 의지의 자유가 실현될 수 있다. 그러나 임의의 타율은 외적, 물리적 필연성에 따르는 행동의 특징이다. 임의의 타율은 자유의 이념을 결여하고 있다. 내 경험을 돌이켜보면, 이승만 정권 때 사람들은 물리적 필연성에 순종해야만 했다. 어렸을 때 나는 뜨거운 여름날 공설운동장에 억지로 끌려가서 현기증을 느끼면서 이승만 대통령 찬가를 불러야만 했다. 어린 나이였지만 "이건 아닌데… 아! 너무 싫어"라고 중얼거렸다. 박정희, 전두환 군사정권 아래서는 언론과 집회 및 결사의 자유가 매우 제한되었다. 택시를 세 사람이상 타면 안 된다는 이상한 법이 있었다. 정부 비판의 여지가 있다나 어쨌다나! 4.19와 5.18 혁명은 자유를 위한 혁명이었다. 칸트 말대로 선천적인 자유의 이념이 있고 실천이성이 이 자유의 이념을 실현하도록 명령했는지도 모르겠다.

칸트는 『윤리형이상학을 위한 기초닦기』에서 다음처럼 표현한다. "이제 나는 이렇게 말한다: 바로 자유의 이념(Idee der Freiheit) 아래에서 행동할 수 있는 모든 존재는 바로 그렇기 때문에 실천적인 관점에서 현실적으로 자유롭다." 이 말은 윤리성의 개념의 뿌리가 자유의 이념임을 뜻한다. 인간주체로 하여금 자신의 준칙이 도덕법이 되게끔 행동하게끔 하는 것은 정언명법이지만, 정언명법이 가능하기 위해서는 반드시 필요한 것이 있으니 그것은 다름 아닌 자유이다. 의지의 자유가 배제된 정언명법은 알맹이가 없는 무의미한 것이다. 우리들은 어떤 조건 아래에서 의무를 위해서 도덕적으로 행동할 수 있을까?

강제적인, 임의의 타율에 의한 의무는 단지 주관적 준칙일 뿐이므로 도덕적일 수 없다. 인간주체, 곧 이성적 존재의 의지인 실천이성은 자유의 이념이라는 조건을 가진 한에 있어서만 인간주체의 고유한 의지일 수 있다는 것이 칸트의 입장이다. 따라서 자유의 이념은 윤리성의 필연적 조건(die notwendige Bedingung der Sittlichkeit)이 아닐 수 없다. 자유가 없다면 이성적 존재인 인간이 살아갈 이유가 어디에 있겠는가? 아프리카와 남미 그리고 동남아의 독재국가들에서 그리고 중국, 북한, 베트남 등 공산 독재국가에서 또 러시아라는 이상한 독재국가에서 그래도 사람들이 죽지 못해서라도 살아가고 있는 이유는 무엇일까? 그런 국가들은 자유가 없는 지옥이다. 그렇지만 그런 국가들의 사람들도 역시 의지의 자유를 가진 인간주체이고 여전히 자유의 이념을 현실적인 자아로 꽃피우고자 하는 희망을 가지고 살아가고 있다고 나는 확신한다. 소위 선진국으로 일컬어지는 국가들이 철저한 자기반성의 계기를 가지고 자기들의 자유를 곱씹어본 후 지옥과 같은 국가들에서 생존을 이어가는 사람들을 위해서 자유의 이념을 환히 불사를 마음가짐을 굳게 가질 필요가 있다.

그런데 칸트는 이성적 존재가 자유롭다는 것에 대한 이론적 증명은 불가능하다고 주장한다. 그렇지만 자유가 이성적 존재에게 불가능하다는 증명도 성립할 수 없다. 이와 같은 이유에서 칸트는 자유(Freiheit), 영혼불멸(Unsterblichkeit der Seele), 신의 존재(Dasein Gottes) 등 세 가지는 실천이성의 요청들(Postulate)이라고 한다. 이 말을 바꾸어 표현하면 자유의 이념에 대한 실천적 필요는 실천이성의 요청들을 불러오게 된다는 것이다. 그래서 실천이성의 세 가지 요청은 자유와 아울러 영혼불멸 및 신의 존재이다.

4. 선택과 결단의 자유

앞에서 우리는 칸트가 실천이성의 요청으로 세 가지 이념들을 제시한 것을 보았다. 세 가지 이념들은 자유, 영혼불멸 그리고 신의 존재이다. 이제 칸트가 『실천이성비판』에서 제시하는 도덕법, 자유의 이념, 의무, 도덕적 선택, 결단의 자유, 덕과 행복 등에 대해서 간단히 살펴보기로 하자. 도덕법은 인간주체로 하여금 의지의 자유를 떠맡도록 한다. 이 말은 도덕법이 자유를 요청한다는 것을 의미한다. 칸트는 당위(Sollen)와 자유(Freiheit), 곧 도덕적 의무와 의지의 자유가 불가분의 관계를 가지고 있음을 말한다. 내가 앞에서도 언급한 것처럼 도덕법과 의무는 복종이나 순종이 아니다. 복종이나 순종은 독재 사회나

가부장제도 사회에서만 가능하다. 다시 말해서 복종이나 순종은 임의
에 따른 행동이고 의지의 자발적인 자유와는 무관하다. 복종이나 순
종은 주관적인 준칙에 지나지 않고 객관적 도덕법에 어긋난다. 그래
서 칸트는 "너는 할 수 있다ㅡ왜냐하면 너는 마땅히 행해야만 하기
때문이다 Du kannst ㅡ denn du sollst"라고 말한다. 여기에서 "너는
마땅히 행해야만 한다"는 정언명법 내지 도덕법에 해당하고 "너는 할
수 있다"는 의지의 자율에 따른 의지의 자유에 해당한다.

　도덕법과 자유 문제를 보다 더 명백히 밝히기 위해 칸트는 『실천이
성비판』 1부 1권 3장에서 사물의 존재(das Dasein eines Dinges)와
자유를 구분한다. 사물의 존재는 현상의 자연필연성의 법칙에 속한
다. 곧 자연필연성의 법칙에 따른 인과율(die Kausalität nach dem
Gesetze der Naturnotwendigkeit)이 사물의 존재를 지배한다. 그러나
자유는 사물 자체로서의 존재(Wesen als Dinge an sich selbst)에게
속한다. 쉽게 말해서 자유나 도덕법 등 윤리적 주제들은 자연법칙의
지배를 받는 것들이 아니고 사물 자체, 곧 본체(noumenon)의 영역에
속한다는 것이다. 좀 더 쉽게 말하자면 사물은 이론적 자연에 속하고
자유는 실천적 행동(또는 요청)에 속한다고 할 수 있다. 나는 앞에서
『순수이성비판』과 『프롤레고메나』에서 제시된 칸트의 인식론을 살펴
면서 칸트의 주관(Subjekt)은 어디까지나 인식주관으로서 객관대상
과 연관된 개념이고 아직 주체로 발전하지 못했다고 말했다.

　그러나 『윤리형이상학을 위한 기초닦기』와 『실천이성비판』에서 칸
트는 인간을 주체(Subjekt)로 파악한다. 실천이성의 주체는 결단하고
선택하는 자유를 행사하는 인격체, 곧 도덕법(정언명법)에 걸맞게 행
동하는 이성적 존재인 인간이다. 내가 생각건대 헤겔의 변증법적 인
간주체라든가, 키르케고르, 야스퍼스, 사르트르 등의 주체는 칸트의

『실천이성비판』에서의 선택하고 결단하는 자유의 소유자인 인간주체
를 뿌리로 삼고 있다고 보아도 큰 무리가 없을 것 같다. 그런데 인간
은 왜 자유로운가? 의지의 자유의 근거는 무엇인가?

인간주체는 자신의 실천이성 자체에 의해서(durch Vernunft selbst)
부여되는 법칙들을 따라서 선택하고 결단할 수 있으므로 자유롭다는
것이 자유의 정립 타당성에 대한 칸트의 설명이다. 자유? 칸트의 도
덕법에 따른 자유의 근거에 관한 해명은 상당히 부자연스럽고 억지가
많은 것 같다. 헤겔의 경우 넓게 보면 역사 자체가 필연적인 절대정신
의 전개이므로 자유가 낄 틈이 없다. 그러나 좁게 보면 인간주체는 모
두 의식의 변증법적인 전개 과정에서 스스로 자신의 삶을 선택하고
결단하므로 모든 인간은 다 자유롭게 행동한다. 스피노자는 자연(자
연=실체=신)은 필연적이라고 했다. 자유에 대한 내 입장? 나는 철
학적 논의가 항상 다양성을 존중하며, 거대담론을 배격하고 미세담론
의 입장을 대변해야 하고, 더 나아가서 역사·문화·사회·환경, 정치,
경제 등의 배경 내지 조건을 고려하여야만 조금이라도 바람직한 논의
결과를 얻을 수 있다고 본다.

칸트는 인간주체의 행동을 자연 현상의 측면, 곧 모든 것이 인과율
이 지배하는 자연법칙에 따르는 측면과 질적으로 이러한 자연 현상과
는 전혀 다른 실천적 자유의 측면 등 두 측면으로 구분한다. 앞에서 이
들 두 세계(측면 또는 영역)에 대해서 여러 차례 언급했지만, 두 세계
는 객관 사물, 곧 자연 현상의 세계와 자유(이념)의 세계이고, 자유의
이념으로부터 영혼불멸의 이념과 신존재의 이념이 동반되어 나온다.

칸트는 "세계에서 최고 선(das höchste Gut)의 실행은 도덕법에 의
해서(durchs moralische Gesetz) 규정될 수 있는 의지의 필연적 객관
(das notwendige Objekt)"이라고 말한다. 이어서 그는 이렇게 표현한

다. "말하자면 최고 선은 선천적으로 오직 영혼불멸의 전제 아래에서만(nur unter der Voraussetzung der Unsterblichkeit der Seele) 가능하다." 실천이성은 실천적인 행동에 있어서 완전하고 절대적인 객관대상을 찾는다. 왜? 인간주체는 덕스러운 행동을 함으로써 행복해지기를 바라기 때문이다. 인간주체는 자신의 삶이 완전하고 절대적으로 행복해지기를 원하지만, 자기 자신이 완전하고 절대적인 존재가 아니라는 것은 너무나도 잘 알고 있다. 앞에서도 언급한 적 있지만 실천이성(의지)은 우선 자유를 요청한다. 다음으로 인간주체의 실천이성은 영혼불멸과 신존재를 요청한다.

실천이성이 요청하는 최고 선(summum bonum)은 덕(Tugend)과 행복(Glückseligkeit)을 포함한다. 인간은 덕을 실행함으로써 행복한 삶을 영위할 수 있고 그렇게 함으로써 최고 선에 접근할 수 있다. 최고 선은 덕의 총체성이고 이것으로부터 결과로서 행복이 나올 수 있다. 물론 덕스러운 행동을 하면 행복하다는 것은 이론이성의 영역, 곧 자연 현상의 차원에서는 결코 증명될 수 없다. 왜냐하면 덕이나 행복, 다시 말해서 선의 문제는 이론이성의 탐구세계를 넘어서는 자유의 실천적 행동의 세계에 속하기 때문이다. 칸트는 자유, 영혼불멸, 신의 존재가 자연대상이 아니고 실천적 행동을 가능하게 하는 실천이성(의지)의 영역에 속하는 이념으로서의 대상들이기 때문에 자유, 영혼불멸 및 신의 존재를 인식의 요소들이라고 하지 않고 요청의 요소들이라고 말한 것이다. 위의 세 가지 이념들은 도덕법과 불가분의 관계를 맺고 있다. 왜냐하면 이것들은 순수 실천이성의 요청(Postulat der reinen praktischen Vernunft)이기 때문이다.

칸트는 여러 곳에서 순수이성은 하나지만 쓰임새에 따라서 이론이성과 실천이성으로 구분된다고 했다. 물론 이론이성(오성이나 이해력)은 자연을 다루고 실천이성(의지)은 자유의 세계를 다룬다. 이 말은 인간은 감각세계(감성세계)에서는 물리적 대상으로 존재하며 지성세계(정신세계)에서는 초감각적인 인간주체로서 존재한다는 것을 뜻한다. 그러니까 자유, 영혼불멸, 신존재의 이념은 초감각적 정신세계의 대상들인 것이다. 최고 선(summum bonum)인 신의 매개에 의해서 인간주체가 덕스러운 행동을 하면 그는 행복해진다. 칸트는 인간주체가 도덕법과의 완전한 일치를 이룰 수 있다고 보았는데 그러한 일치는 성스러움이다.

칸트는『실천이성비판』1부 2권 2장의 IV '순수 실천이성의 요청으로서 영혼불멸'에서 이렇게 말한다: "그러나 도덕법에 대한 의지의 완전한 일치는 성스러움이다 Die völlige Angemessenheit des Willens aber zum moralischen Gesetze ist Heiligkeit." 이 문장에서 나는 칸트의 인간에 대한 무한한 신뢰를 발견한다. 기독교 신앙에서 기도는 완전하고 절대적인 하나님에게 끊임없이 다가가는 것이다. 완전자·절대자에게로 자신을 비우고(가난한 자는 복이 있다) 무한히 달려가는 태도는 바로 성스러움이다. 인간주체가 행복해지기 위해서는 무한히 덕스러운 행동을 실천하지 않으면 안 된다. 왜냐하면 이상적 이념들의 실현은 순간적으로 이루어질 수 있는 것이 아니기 때문이다. 도덕법과의 완전한 일치는 성스러움이자 행복이다. 그러므로 인간주체가 도덕법과의 완전한 일치, 곧 행복 내지 성스러움에 도달하기 위해서는 무한히 연속하는 존재와 인격을 가지지 않으면 안 된다. 실천적 자유의 세계에서 무한히 연속하는 존재와 인격은 다름 아닌 영혼불멸(die Unsterblichkeit der Seele)이다.

도덕법과의 일치는 인간주체의 영속적인 덕스러운 행동의 실천에서 가능하다. 인간주체가 도덕법과 완전히 일치한다는 것은 바로 의지의 자유가 도덕법과 일치한다는 것이다. 그럴 경우 덕스러운 삶을 영위할 수 있으며 그 결과 행복해질 수 있다는 것이다. 칸트는 이성 존재(인간주체)의 전체 존재에 있어서 그의 소원과 의지(Wunsch und Wille)에 따라서 모든 것이 이루어지고 그의 전체 목적에 자연이 일치하며, 더 나아가서 그 자신의 의지의 본질적인 규정 근거에 자연이 일치하는 상태를 일컬어서 행복(Glückseligkeit)이라고 한다. 위의 내용을 간단히 말해보자. 자유에 자연이 조화롭게 따라올 때 행복하다는 이야기이다. 내가 소원하고 의욕하는 것에 따라서, 곧 의지의 자유에 따라서 자연대상(현상)이 모두 순조롭게 따라오면 행복하다는 쉬운 말을 칸트가 어렵게 말한 것이다. 여기에서 칸트는 자연의 궁극적인 원인이 무엇이냐고 묻는다.

칸트는 이렇게 말한다. "말하자면 자연의 최상의 원인이 최고의 선으로 전제되지 않으면 안 되는 한에 있어서 그것은 오성과 의지를 통해서 자연의 원인(따라서 창시자)인 존재, 곧 신이다 Also ist die oberste Ursache der Natur, Sofern sie zum höchsten Gute vorausgesetzt werden muß, ein Wesen, das durch Verstand und Willen die Ursache(folglich der Urheber) der Natur ist, d. i. Gott." 칸트는 『순수이성비판』에서 자아와 신의 존재를 부정적 입장에서 언급했다. 왜냐하면 자아와 신은 이론이성으로 탐구 가능한 객관적인 자연대상이 아니었기 때문이다. 그러나 자유 문제를 다루는 윤리형이상학, 곧 『실천이성비판』에서 선험적 자아와 신의 이념은 도덕법과 불가분의 연관성을 가지면서 덕과 행복을 보장하는 의미 주체로 등장하였다.

칸트는 『실천이성비판』 1부 2권 2장에서 위의 내용과 밀접하게 연관해서 이렇게 말한다. "이 윤리학은 또한 행복학으로 일컬어진다. 왜냐하면 행복학에 대한 희망은 무엇보다도 오직 종교와 함께만 시작하기 때문이다 diese Sittenlehre auch Glückseligkeitslehre genannt werden, weil die Hoffnung dazu nur mit der Religion allererst anhebt." 칸트는 『순수이성비판』에서 객관적 자연 현상을 인식하는 이론이성(사색, 오성 또는 이해력)을 비판하고 이론이성의 한계를 제시하였다. 그는 이론이성의 한계를 극복하기 위해서 『실천이성비판』에서 실천이성(의지)의 궁극적 목적은 최고 선(summum bonum)이 제시하는 인간주체와 도덕법의 일치인 행복임을 밝힌다. 이제 칸트는 행복한 삶이 궁극적으로 오로지 종교와 함께 시작할 수 있다고 말함으로써 『실천이성비판』, 곧 윤리형이상학을 극복하고 종교철학의 영역으로 넘어가고자 하는 자신의 의도를 암시한다. 그러나 칸트가 『오직 이성의 한계 내에서의 종교』(1793)에서 말하는 종교는 성서 종교가 아니고 어디까지나 이성종교이므로, 넓게 보자면 칸트의 종교철학은 윤리학에 속한다고 보아도 큰 무리가 없을 것이다. 헤겔의 『종교철학』에서 알 수 있는 종교 역시 이론적, 변증법적인 종교이므로 그것은 칸트의 종교와는 물론 질적으로 다르긴 해도 여전히 성서 종교가 아니고 철학적인 종교이다.

칸트는 70세가 되던 1794년부터 점차로 기운이 쇠하여 일상적인 산책은 물론이고 지인들과의 모임도 불가능했다. 그럼에도 불구하고 그는 말년의 힘을 다 모아 저술 활동에 몰두하였다. 칸트는 『판단력 비판』 이후 『공법론』, 『영원한 평화를 위해』, 『윤리형이상학』 등을 저술했다. 『영원한 평화를 위해』(1795)와 『윤리형이상학』(1797)은 『윤리형이상학을 위한 기초닦기』(1785)와 『실천이성비판』(1788)을 기초삼아 보다 더 구체적인 윤리와 법에 대해서 다루었다.

5. 영원한 평화

1790년 칸트는 이론이성의 자연법칙과 실천이성의 행동의 자유를 연결하는 인간의 능력으로서 판단력(Urteilskraft)을 제시한『판단력 비판』을 출간했다. 칸트는 이 책에서 미적 판단력과 목적론적 판단력을 상세히 언급함으로써 예술철학(미학)과 존재론의 기초를 다져놓고 있다.『판단력 비판』이후 칸트는 구체적 현실의 실천 문제, 곧 현실의 윤리 문제를 어떻게 이론적으로 접근하고 해결할 수 있는가에 지대한 관심을 가지고 고뇌하였다. 사실 칸트는 세 가지 비판서에서 구체적인 현실사회의 윤리 문제 내지 법의 문제에 대해서는 관심을 보이지 않고 주로 인간 본성에 속하는 사유(사색), 의욕, 감정의 구조, 원리 및 기능 등을 탐구하는 데 심혈을 기울였다. 칸트는 70이 지나면서 노화로 인해서 건강이 쇠약해지기 시작했음에도 불구하고 말년에『공법론』,『영원한 평화를 위해』,『윤리형이상학』같은 구체적 사회 현실과 직접 관련된 저술들을 출간하였다. 칸트는『윤리형이상학』을 1부와 2부로 나누고 1부의 제목을 '법학의 형이상학적 기초 Metaphysische Anfangsgründe der Rechtslehre' 그리고 2부의 제목을 '덕론의 형이상학적 기초 Metaphysische Anfangsgründe der Tugendlehre' 라고 하였다.『윤리형이상학』의 내용은『윤리형이상학을 위한 기초닦기』,『실천이성비판』,『공법론』,『영원한 평화를 위해』등의 내용을 모두 포함하고 있으므로『윤리형이상학』은 칸트 윤리학의 종합이라고 할 수 있다. 물론『윤리형이상학』의 내용은 대부분『영원한 평화를 위해』에 축약된 형태로 포함되어 있으므로 나는 여기에서 주로『영원한 평화를 위해』의 내용을 살펴볼 것이다.

칸트는 1793년 9월 '베를린 월간잡지 Berlinische Monatsschrift'

에『공법론』을 발표했다. 여기에서 그는 도덕, 국가법, 국제법의 발전 과정을 논하면서 개인의 도덕, 정치가의 안녕, 세계시민의 행복과 복지 등이 각각 어떤 것인지, 그것들이 어떻게 실현 가능한지를 법철학적 관점에서 고찰하고 있다. 내가 생각하건대 칸트의『공법론』과『윤리형이상학』은 후에 헤겔의『법철학』이 성립하는 데 지대한 영향을 끼쳤음이 분명하다. 헤겔은 정신의 변증법적 발전을 기초로 삼고 도덕이 가정(사랑), 사회(협동), 국가(법)를 거치면서 정(These), 반(Antithese), 합(Synthese)의 형태를 소유하게 된다고 한다. 그래서 헤겔은 절대정신(신)이 의식의 형태로 전개되는데 그것은 역사의 변증법적 과정을 거치면서 근대 게르만 시민사회에서 성숙한 의식으로 나타난다고 한다. 역사는 아시아적 상태(왕 한 사람만 깨어있는 것 같은 상태), 그리스·로마적 상태(몇 사람의 귀족만 깨어있는 것 같은 상태) 그리고 마지막으로 의식이 무르익은 근대 게르만 시민사회의 단계를 거친다. 헤겔은 근대 게르만 사회에서 역사가 완성된다고 보았다. 20세기 초 히틀러 나치당이 헤겔의 절대정신과 니체의 초인 및 힘에의 의지를 게르만 정신으로 해석하고 이용하였는데, 이에 대해서는 해석의 입장이 분분하다. 어떻든 헤겔의 절대정신이나 니체의 초인과 힘에의 의지는 히틀러 나치당이 게르만 정신으로 이용하기 매우 좋은 주제들이다. 칸트의『공법론』은 40여 쪽에 달하는 짧은 논문이고 칸트는 이 안에서『윤리형이상학』에서 다룰 법학의 문제들에 대해서 스케치하고 있다.

칸트가『공법론』을 출판하기 4년 전 프랑스혁명(1789)이 일어났다. 프랑스혁명은 칸트에게는 엄청난 쇼크였다.『영원한 평화를 위해서』에서 칸트가 제시하는 국제법, 세계시민법, 자유와 평등 그리고 바람직한 정치체제로서 공화제 등은 모두 프랑스혁명으로부터 지대한 영향을 받은 것이 확실하다. 『공법론』에서 칸트는 도덕, 국가법, 국제법 등의 이론을 논하면서 그 이론을 어떻게 현실화할 수 있을지에 대해서 강구한다. 여기에서 칸트는 가르베나 홉스의 군주제 정치제도에 반대해서 인류가 어떻게 하면 최고 선을 실현하는 행복에 도달할 수 있을지에 관해서 해결책을 찾으려고 노력한다. 『공법론』은 인간이 사회, 국가적으로 어떻게 행복에 도달할 수 있는가의 문제 제기에 해당한다. 그런가 하면 『영원한 평화를 위해』는 인류가 행복할 수 있는 과정과 방법을 제시하는 칸트의 해결책이라고 말할 수 있다.

현재 우리가 살고 있는 21세기 지구촌에서는 하루도 그치지 않고 참혹한 전쟁이 여기저기에서 그칠 줄 모른다. 게다가 세계 시민사회의 평화는 고사하고 국제평화마저도 위협하는 각종 재해와 분쟁들, 예컨대 자본, 자원, 기술, 정보, 군사, 환경, 질병, 가난 등 무수히 많은 영역에서 발생하는 난제들이 비일비재하다. 특히 특정 민족이나 국가가 자신만의 이익을 위해서 무력을 동원해서 벌이는 무자비한 전쟁은 궁극적으로는 인류 말살의 결과만 가져올 뿐이다. 같은 독일인이라도 칸트는 하이데거와는 질적으로 다르다. 하이데거는 저승사자요 지옥의 좀비로 히틀러 나치당의 완장을 차고 프라이부르크대학 총장을 했다. 칸트는 일생 동안 윤리형이상학을 다지기 위해서 모든 것을 다 바쳤다. 나는 칸트가 적어도 청년 시절에 프랑스혁명을 체험했더라면 그의 사상이 어떠했을까 하는 생각을 해본다. 또 칸트가 살아생전에 게르만들이 저질러놓은 2차 세계대전이라는 인류 학살의 전쟁을 체험했더라면 그의 윤리형이상학(윤리학)이 어떤 형태를 가질 수 있었을까 하고 생각해 본다. 4천 5백만 명의 인명이 살상당하는 현실 앞에서도 여전히 최고 선(summum bonum)이 명령한 도덕법에 당연히 따르는 의지의 자율에 의해서 인간주체는 행복에 도달하기 위해서 자신의 삶을 결단하고 선택한다고 뻔뻔하게 큰소리칠 수 있을까?

『영원한 평화를 위해』의 정신은 2차 세계대전 이후 국제연맹 성립의 정신에 부합한다. 나는 21세기 국제전쟁과 재해의 위기를 극복하고 세계시민의 평화를 모색하기 위해서라도 『영원한 평화를 위해』의 윤리형이상학적(도덕철학적) 통찰이 필요하다고 생각한다. 이 책 『영원한 평화를 위해』는 두 개의 장, 두 개의 보충 그리고 부록 I, II로 구성되어 있다.

제1장은 국가들 간의 영원한 평화를 위한 예비조항(die Prälimina-rartikel zum ewigen Frieden) 여섯 개를 포함한다. 조항 1, 5, 6은 엄격한 금지 법칙에 해당하고 나머지 셋은 시행이 유보될 수 있는 것들이다. 예비조항 1: 장차 있을 전쟁의 요소를 비밀리에 유보하고 체결한 어떤 평화조약도 평화조약으로 타당치 않다. 예비조항 5: 어떤 국가도 다른 국가의 체제와 통치에 폭력적으로 간섭해서는 안 된다. 예비조항 6: 어떤 국가도 타국과의 전쟁에서 장래의 평화에 대한 상호신뢰를 불가능하게 만들 것이 분명한 적대 행위를 해서는 안 된다.

제2장에서 칸트는 영원한 평화를 위한 확정조항(die Definitivar-tikel zum ewigen Frieden) 세 가지를 제시한다. 영원한 평화를 위한 첫 번째 확정조항: 모든 국가에서 시민적 체제는 당연히 공화적이어야만 한다(Die bürgerliche Verfassung in jedem staate soll repub-likanisch sein). 비록 칸트는 오늘날 우리들이 잘 알고 시행하고 있는 대의민주주의는 몰랐지만 민주적 공화제가 바람직한 국가의 정치체제라고 생각하고 있었다. 시민의 자유를 보장하는 대의민주주의야말로 민주주의의 가장 발전된 정치체제가 아닐 수 없다. 왕정이나 공산주의 체제를 고집하는 국가들의 지도자들은 국가의 안전과 통일된 발

전 등 온갖 이유와 핑계를 대며 전제정치나 독재정치의 정당성을 주
장하고 있지만 그러한 정치체제하에서는 인간주체의 삶이 아니라 좀
비들의 죽음의 행진만 이어질 뿐이다. 소위 독재국가의 지도자들은
무엇보다도 건전한 정신 상태를 결여하고 있다. 프랑스혁명의 구호인
'자유, 평등, 박애'를 한 번만 반성할 수 있어도 독재는 자유와 너무
나도 거리가 먼 죄악임을 알 수 있을 것이다. 칸트의 평화를 위한 첫
째 확정조항은『실천이성비판』과 프랑스혁명의 사상을 기초로 삼고
있다.

영원한 평화를 위한 둘째 확정조항: 국제법은 자유 국가들의 연방
제를 마땅히 기초로 삼아야 한다(Das Völkerrecht soll auf einen
Föderalism freier Staaten gegründet sein). 여기에서 칸트는 영원한
평화를 위해서 지배와 피지배의 관계가 확실해서 전혀 국가 간의 평
등이 불가능한 국제국가의 성립을 배제하고, 국가들 사이에서 평화가
실현될 수 있는 국제연맹(ein Völkerbund)의 필요성을 강조한다. 이
러한 칸트의 생각은 오늘날 UN의 성립을 예견한 것이고 동시에 암암
리에 UN의 성립에 밑거름 역할을 담당했다고 할 수 있다.

영원한 평화를 위한 셋째 확정조항: 세계시민법은 당연히 보편적
인 우호 조건들에 제한되어야 한다(Das Weltbürgerrecht soll auf Be-
dingungen der allgemeinen Hospitalität eingeschränkt sein). 칸트에
의하면 자연법의 권리는 '지구 표면을 공동으로 소유하는 권리'로서
보편적 우호의 조건들을 가능하게 한다. 칸트는 영원한 평화를 위한
정치체제를 민주공화제라고 한다. 칸트는 자유민주주의(freie Demo-
kratie)라는 용어를 아직 접하지 않고 있었지만 그가 말하는 민주공화
제는 바로 자유민주주의일 것이다. 그러나 한 가지 확실히 할 것은,
칸트의 법 사상이 전통적인 기독교 법철학, 곧 대륙법 사상을 기초로

삼고 있다는 것이다.

기독교 법철학을 대변하는 토마스 아퀴나스는 완전하고 절대적인 신법이 있고, 신법에 따르는 우주만물의 자연법이 있으며, 현실의 실정법은 자연법에 따라서 만들어진 것이라고 한다. 칸트의 법 사상은 이와 같은 기독교 법철학의 전통을 충실히 따르고 있다. 그러므로 칸트의 법 사상은 오늘날의 자유민주주의 사상과는 꽤 거리가 있다고 할 수 있다.

『영원한 평화를 위해』의 보충은 첫째 '영원한 평화의 보장에 관해', 둘째 '영원한 평화를 위한 비밀조항' 두 가지로 되어있다. 칸트는 영원한 평화를 보장하는 것을 자연의 합목적성(Zweckmäßigkeit der Natur)이라고 본다. 이 합목적성은 바로 신의 섭리이다. "인간의 불화에 의해서 인간의 의지에 반대되는 일치 자체를 드러내기 위한 명백한 합목적성이 자연의 기계적 과정에서 뚜렷하게 나타난다 … 그 합목적성은 섭리라고 일컬어진다." 칸트는 토마스 아퀴나스의 자연법 사상에 따라서 지구상에서 영원한 평화가 보장될 수 있다고 확신한다. 칸트가 말하는 자연은 물론 외적인 객관 대상으로서의 자연이지만, 그것은 어디까지나 신의 뜻에 따라서 창조된 것이고 따라서 최고선(summum bonum)에 적합한 합목적성을 소유한 것이다.

'영원한 평화를 위한 비밀조항'은, 전쟁을 위해서 무장한 국가들이 철학자들의 준칙들(Maxime)을 충고로 받아들여야 한다는 내용을 담고 있다. 칸트는 철학이 신학의 시녀(ancilla theologiae)라기보다 오히려 신학의 앞에서 횃불을 밝히기 때문에 통치자들이 이성의 자유로운 판단을 존중할 것을 필수사항으로 권고한다.

부록은 'I. 영원한 평화와 관련해서 본 도덕과 정치의 불일치에 관해'와 'II. 공법의 선험적 개념에 의한 정치와 도덕의 일치에 관해'

두 부분으로 되어있다. 칸트는 성서를 인용한다. "정치는 뱀처럼 영리하라고 말하며, 도덕은 (제한하는 조건으로서) 비둘기처럼 오류를 가지시 말라고 보태서 말한다 Die Politik Sagt: Seid klug wie die Schlangen; die Moral setzt ⟨als einschränkende Bedingung⟩ hinzu: und ohne Falsch wie die Tauben." 정치적 도덕가와 도덕적 정치가는 국가법, 국제법 그리고 세계시민법에서 서로 갈등한다. 왜냐하면 정치적 도덕가는 국가 정략에만 신경 쓰고 도덕적 정치가는 도덕의 준칙에만 신경 쓰기 때문이다. 그러나 칸트는 정치와 도덕의 일치를 강조한다. 칸트는 정치와 도덕의 일치는 공법의 선험적 개념에 의해서만 가능하다고 한다.

칸트는 타인의 권리에 관계된 모든 행위는 그 준칙이 공법과 일치하지 않으면 정의롭지 못하다고 한다. 준칙은 개인의 주관적인 도덕 원리이다. 따라서 준칙은 객관적이며 보편필연적인 도덕법(Moralgesetz 또는 Sittengesetz)을 따를 때 비로소 가치가 있다. 도덕법의 예로 '타인을 수단으로 대하지 말고 항상 너 자신과 마찬가지로 목적으로 대하라'를 말할 수 있다. 도덕법과 불가분의 관계를 맺고 있는 것은 선의지와 의무 개념이다. 의무(Pflicht)는 선천적으로 주어진 것이므로 당위(Sollen)이다. 칸트는 너는 할 수 있기 때문에 당연히 해야 하는 것이 아니라, 너는 당연히 해야 하기 때문에 할 수 있다(du kannst, denn du sollst)라고 말한다.

칸트가 국가법, 국제법, 세계시민법에서 공개의 원리를 강조하는 이유는 어디에 있는가? 선천적 도덕법을 근거로 삼은 개인 및 국가의 의무와 권리는 공명정대해야 하며, 그러한 한에 있어서만 공법에서 영원한 평화가 가능하다는 것을 제시하려는 것이 칸트의 의도이다. 칸트가 말년에 출판한 『윤리형이상학』은 세 비판서들과 『영원한 평화

를 위해』를 기초로 삼고 쓴 저술이다.『윤리형이상학』은 국가법, 국제
법, 세계시민법에서 영원한 평화가 어떻게 가능할 것인가에 대해서
칸트 나름대로 숙고한 철학적 기획 내지 윤리형이상학적 기획이다.
우리는 지금, 이곳에서 개인, 사회, 국가, 국제관계에서 항상 죽음을
초래하는 무수한 크고 작은 갈등과 전쟁에 직면하여 있다. 우리는 어
떤 제도, 법, 체제에 의해서 평화가, 그것도 지속적인 평화가 가능할
수 있는지 고민하지 않을 수 없다. 그와 같은 고민을 위해서 칸트의
『영원한 평화를 위해』와 아울러『실천이성비판』과『윤리형이상학』은
우리에게 큰 도움을 주리라 믿는다. 나는 이 5절의 내용 일부를 내가
번역한『영원한 평화를 위해』(지만지 출판사)에 쓴 해설에서 해당 부
분을 인용했음을 밝힌다.

6. 칸트의 종교관

칸트의 윤리형이상학은 이제 철학적 종교, 곧 이성적 종교로 확장된
다. 칸트는『실천이성비판』에서 이렇게 말한다. "그와 같은 방식으로
도덕법은, 순수 실천이성의 대상이며 궁극목적으로서의 최고 선의 개
념을 통해서 종교로, 곧 신적 명령으로서의 모든 의무의 인식으로 움
직인다 Auf solche Weise führt das moralische Gesetz durch den Be-
griff des höchsten Guts, als das Objekt und den Endzweck der rein-
en praktischen Vernunft, zur Religion, d. i. zur Erkenntnis aller
Pflichten als göttlicher Gebote." 물론 칸트는 도덕이 종교를 전제로
하지 않는다고 생각한다. 즉 인간은 자신의 의무를 알기 위해서 신의
이념을 필요로 하지 않는다는 것이다. 왜? 인간주체는 도덕법에 따라

서 자유롭게 행동함으로써 의무를 수행할 수 있기 때문이다. 그렇지
만 인간은 어떻게 그리고 무엇과 함께 행복할 수 있을까?

칸트에 의하면 행복에 대한 희망은 가장 먼저 오직 종교와 함께
(nur mit der Religion) 시작한다. 이제 윤리적인 도덕법은 행복에 대
한 희망 때문에 종교로 향한다. 자연적 질서와 도덕적 질서가 조화를
이룰 때 인간주체는 행복하다. 칸트는『오직 이성의 한계 내에서의
종교』머리말에서 이렇게 말한다. "도덕은 말하자면 불가피하게 종교
로 향하는데, 그렇게 함으로써 도덕은 인간 이외의 힘을 가진 도덕적
입법자의 이념으로 확장된다 Moral also führt unumgänglich zur Re-
ligion, wodurch sie sich zur Idee eines machthabenden moralischen
Gesetzgebers außer dem Menschen erweitert." 여기서 도덕적 입법
자의 개념은 다름 아닌 신이다. 자연적 질서와 도덕적 질서의 조화는
오직 신의 힘에 의해서만 가능하다는 것이 칸트의 생각이다.

인간주체의 두 가지 영역, 곧 자연 인과율의 영역과 의지 자유의 영
역은 서로 관계가 없다. 이들 두 영역을 궁극적으로 조화시킬 수 있는
것은 신의 힘이다. 그렇지만 칸트는 인간에게도 자연과 자유를 연결
하는 다리 역할을 하는 인식능력이 있다고 본다. 오성으로서의 이론
이성은 자연대상을, 곧 자연 형식의 합목적성을 인식한다. 윤리적 실
천이성은 행동에 있어서 의지의 자유를 인식한다. 칸트는 이론이성
(오성)과 실천이성을 매개하는 인간의 인식능력을 반성적 판단력이
라고 부른다. 판단력은 미적 판단력과 목적론적 판단력 두 가지로 구
분된다. 두 가지 판단력 모두 특수를 보편에 귀속시키는 판단력이다.
칸트는 명백히 밝히지 않았지만 내가 보기에 미적 판단력보다 목적론
적 판단력이 더 본질적이다. 이 문제는 다음 장에서 논의하기로 하자.

칸트가 보기에 가장 힘 있는 도덕적 입법자는 신이다. 그래서 칸트

는 도덕의 종교로 향할 수밖에 없다고 한다. 칸트는 『오직 이성의 한계 내에서의 종교』에서 "우리들의 모든 의무를 위해 우리들이 신을 예배해야 할 보편적 입법자로 여긴다는 것 daß wir Gott für alle unsere Pflichten als den allgemein zu verehrenden Gesetzgeber ansehen"에 모든 종교가 성립한다고 말한다. 칸트 역시 신을 예배해야 한다고 말한다. 왜? 인간은 의무를 수행하여야 하기 때문이다. 무엇에 따르는 의무인가? 정언명법(der kategorische Imperativ), 곧 도덕법을 따르는 것이 의무이다. 도덕법의 입법자는 신이다.

칸트가 생각하는 참다운 신앙은 어떤 것인가? 그것은 도덕적 삶이다. 신이 입법자로서 입법한 도덕법을 따르는 의무를 의지의 자율에 따라서 수행하는 삶이 칸트가 말하는 참다운 신앙이다. 그래서 칸트의 종교는 철학적 종교라고 할 수 있다. 칸트의 신학은 가톨릭이나 개신교의 성서신학이 아니고 철학적 신학이라고 할 수 있다. 물론 앞에서도 수차례 언급한 것처럼 칸트가 플라톤 철학과 아울러 기독교 신학의 영향을 받은 것은 사실이다. 그렇지만 칸트는 윤리형이상학(윤리학)에 대한 장기간에 걸친 숙고 끝에 실천이성으로부터 종교로 이행하긴 했지만, 그가 전개하는 종교관은 철학적 종교 내지 도덕적 종교라고 할 수 있다.

칸트는 '종교의 광기(Religionswahn)에 대립되는 종교의 도덕적 원리'에서 도덕적 삶, 곧 도덕법에 따르는 삶만이 종교의 광기를 물리칠 수 있다고 본다. 보통 기독교 신자들 사이에서 볼 수 있는 태도로서 하나님을 즐겁게 하기 위해서 행하는 예배 형태들을 가리켜서 칸트는 "단지 종교의 광기이며 신의 거짓 숭배(bloßen Religionswahn und Afterdienst Gottes)"라고 날카롭게 지적한다. 나는 칸트의 이러한 지적을 대하면서 한국인의 종교 신앙을 되돌아보지 않을 수 없다.

입시철만 되면 교회나 사찰 앞에 '수능 백일기도'라는 플래카드가 나부낀다. 많은 신자들이 교회나 사찰에 가서 건강을 빌고, 결혼이나 직장 또는 사업이 잘되기를 빈다. 왜 교회에 나가는가? 유한하고 죄 지은 인간이 완전하고 절대적인 하나님에게 가까이 다가감으로써 선해지기 위해서 교회에 나간다. 왜 사찰에 가나? 중생심 불심을 깨닫기 위해서, 나를 비우고 깨달음을 얻기 위해서 사찰에 가서 예불한다. 그렇지만 한국 교회와 사찰은 뼈 깎는 개혁과 혁신이 절실히 필요하다. 한국의 교회와 사찰에 종사하는 사람들은 잠시 조금이라도 칸트의 철학적 신학을 엿보고 그것이 진심으로 인간의 가슴을 울리는 심원한 의미를 전달하고 있음을 각성했으면 한다.

칸트의 종교관은, 실천이성의 확장이 바로 종교이기 때문에 종교는 합리주의적일 뿐만 아니라 도덕주의적이지 않으면 안 된다고 보는 것이다. 의무에 대한 의식은 엄연히 신이 현존한다는 것에 대한 의식이다. 왜냐하면 의무란 도덕법을 당연히 행하는 것이고 도덕법의 최고의 입법자는 신이기 때문이다. 칸트는 『실천이성비판』 결론의 첫 부분에서 이렇게 말한다. "내 위에는 별이 빛나는 하늘 그리고 내 안에는 도덕법 der bestirnte Himmel über mir und das moralische Gesetz in mir." 이 말은 인간주체가 당연히 지켜야 할 도덕법과 그 도덕법을 입법한 신을 지적한다. 칸트가 실천이성의 영역인 윤리형이상학을 종교로 확장하면서 그는 철학적 신학의 입장을 취할 수밖에 없었다. 왜냐하면 칸트 자신은 어디까지나 정언명법으로서의 도덕법을 따라서, 다시 말해서 "너는 당연히 해야 하기 때문에 할 수 있다 du Kannst, denn du sollst"를 따라서 행동하는 것을 인간주체의 의지의 자율이라고 보기 때문이다. 반복해서 말하지만 도덕법을 입법한 최고선은 바로 신이다.

7. 비판적 고찰

정언명법 내지 도덕법을 인간주체가 지켜야 할 최상의 도덕의 원리로 제시하는 칸트의 윤리형이상학은 현실의 다양하고 복잡한 구체적 실천 문제와 거리가 있는, 다분히 추상적인 형식주의 윤리학의 특징을 보여주고 있다. 뜬금없는 이야기처럼 들릴지 몰라도 현대 한국인의 시민의식을 보면 그것은 이론적·형식주의적이라기보다는 매우 구체적이면서 동시에 실용주의적이다. 칸트의 윤리형이상학(윤리관)은 물론이거니와 그의 종교관(철학적 신학) 역시 추상적, 형식적인 측면이 강하다. 종교란 이론보다는 오히려 실천적 신앙을 근본적인 토대로 삼는 것이 아닐까? 키르케고르의『이것이냐, 저것이냐』는 믿을 것인지 아니면 안 믿을 것인지를 결단할 것을 묻는다. 한국인의 윤리관도 추상적 형식에 치우치기보다는 구체적 현실에 충실한 측면이 강한 것 같다.

칸트는 의지의 자율, 자유, 의무, 당위(Sollen) 등의 근거를 보편필연적인 도덕법에서 찾고 있는데, 과연 선천적인 도덕법이 인간주체의 내면에 필연적으로 존재하는지? 2차 세계대전 때 독일에 의해서 4천 5백만 명 이상의 생명이 사라졌고, 또 일본에 의해서 2천 5백만 명 이상의 목숨이 희생된 지옥의 비극은 어떻게 선천적인 도덕법에 의해서 설명될 수 있을까? 나는 도덕법이 필요하다고 본다. 어떤 도덕법? 끈질긴 담론과 끊임없는 의사소통에 의해서 형성될 수 있는 도덕법이 필요하다. 역사, 문화, 정치, 경제, 법, 환경… 등 인간의 삶의 수많은 조건들을 참조한 한에 있어서 인류에게 바람직한 가치관으로서의 도덕법이 반드시 필요하다고 본다. 칸트의 윤리형이상학은 거대담론 (grand discours)에 속하며 그것은 분명히 닫힌 사회를 약속한다.

왜? 칸트의 윤리관은 도덕법이라는 오직 하나의 만능키 내지 요술방
망이 이외의 다른 선택지는 허용하지 않기 때문이다.

칸트의 종교관 역시 폐쇄된 종교관이다. 비록 그의 종교관이 철학
적 신학이라고 할지라도, 칸트가 말하는 종교 및 신앙은 어디까지나
형식적인 도덕법에 묶여있다. 비록 신이 도덕법을 입법했다고 할지라
도 말이다. 내가 수없이 칸트의 여러 저술들을 읽고, 이렇게 내 철학
비빔밥을 요리하기 위해서 칸트의 생각들을 다듬어서 비빔밥 재료로
만들고 있다고 해도 여전히 궁금하고 답답한 것이 있다. 인식론에서
칸트는 감성의 직관형식(공간, 시간)이 표상을 만들고, 이 잡다한 표
상들을 오성이 개념으로 만든다고 했다. 그러면 감성과 오성은 주관
의 것들일 텐데, 주관은 자아(Ich), 곧 나 아닌가? 칸트는 분명히 자
아는 사물 자체(Ding an sich)이므로 알 수 없다고 했다. 내 물음은
이것이다. 알 수 없는 물자체인 '나'가 자연 현상을 인식하고, 더 나
아가서 알 수 없는 '나'가 윤리적 주체로서 의지의 자율에 의해서 도
덕법을 따라서 행동한단 말인가?

알 수 없는 자아(나)가 영혼불멸과 신을 요청하고, 그렇게 요청한
영혼불멸과 신이 존재하고, 또 알 수 없는 '나'가 자연과 자유를 연결
하는 매개 역할을 하는 판단력도 소유하는가? 한 가지 짚고 넘어갈
것이 있다. 칸트는 교수취임논문 「감성세계와 지성세계의 형식과 원
리들에 대하여」에서 감성세계를 직관형식으로 인식하고, 곧 현상
(Phänomenon)을 인식하고 지성세계를 지성(intellectus)에 의해서
인식한다고 해서 현상과 본체(Noumenon), 곧 실체 내지 물자체를
인식한다고 했다. 그러나 『순수이성비판』에서는 이론이성이 오직 자
연 현상만을 인식할 수 있다고 해서 10년 전 견해를 폐기처분했다. 그
렇지만 『실천이성비판』에서는 실천이성의 요청에 의해서 『순수이성

비판』에서는 단지 이념(Idee)으로만 사유되었던 세계, 영혼불멸, 신
의 존재를 오히려 자연 현상을 규제하는 대상들로 인정하였다. 칸트는
자신이 죽였던 본체계의 좀비들을 『실천이성비판』에서 되살려 냈다.
그리고 그는 『판단력 비판』에서도 본체계의 이념들을 여전히 되살리
고 있다.

　이론이성에 의해서 인식 불가능했던 세계, 영혼(불멸), 신의 존재
가 실천이성(의지)의 요청에 의해서 인식된다는 칸트의 주장은 다분
히 억지에 가깝다. 사유도 인식하고 의지도 인식하며 감정(판단력)도
인식한다는 칸트의 말은 많이 정리되어야 할 부분이 있다.

9

우리는 무엇을 희망해도 되는가

1. 자연으로부터 자유로의 이전

칸트는 교수취임논문 「감성세계와 지성세계의 형식과 원리들에 대하여」(1770)를 발표한 후 만 10년간 침묵하면서 세 가지 비판서들, 곧 『순수이성비판』, 『실천이성비판』, 『판단력 비판』 등의 집필을 계획하고 있었다. 『순수이성비판 A판』(1781)과 이것을 요약한 『학문으로 등장할 수 있는 미래의 모든 형이상학을 위한 입문』(1783)에 대해서, 그리고 『윤리형이상학을 위한 기초닦기』(1785)를 기본 설계도로 미리 출판하고 이것을 기본 삼아서 칸트가 『실천이성비판』(1788)을 출판한 사실에 대해서는 앞에서 이미 설명했다. 앞의 두 저서에서 칸트는 자연을 탐구하였고 뒤의 두 저서에서는 자유를 탐구하였다. 칸트는 유럽의 전통철학의 발자취를 밟으면서 유럽 철학의 전통적인 세 가지 주제들, 곧 지(知), 정(情), 의(意)의 의미와 보편타당한 근거를 확립하는 것을 자신의 가장 근본적인 철학적 과제로 삼았다.

그래서 칸트는 비판철학 시대에 들어서면서 본격적으로 순수 이론이성(사유)에 의해서 사연대상을 탐구하고자 했다. 다음으로 그는 이론이성의 대상이 될 수 없는 행동에 있어서의 의지의 자유 문제를 실천이성에 의해서 탐구하려고 하여 『윤리형이상학을 위한 기초닦기』와 『실천이성비판』을 집필하였다. 이 두 가지 윤리형이상학(윤리학)에 밀접히 연관된 칸트의 말년의 저서들로는 『영원한 평화를 위해』와 『윤리형이상학』이 있다. 나는 지금까지 나 나름대로의 편한 입장에서 칸트의 자연과 자유 탐구의 입장을 살펴보았다. 칸트는 자연과 자유를 인간주체에게 있어서 서로 질적으로 다른 대상으로 생각하였다. 그가 보기에 자연대상은 공간과 시간에 의해서 측정 가능한 현상이다. 그렇지만 의지의 자유는 자연대상처럼 측정 가능한 대상이 아니다. 의지의 자유는 인간주체가 도덕법에 따라서 의지의 자율에 의해서 행동할 때 비로소 나타날 수 있는 인간주체의 윤리적 특징이다. 칸트는 자연과 자유를 이어줄 수 있는 연결고리를 판단력(Urteils-kraft)에서 찾는다.

칸트에 의하면 자연으로부터 자유로의 이전은 판단력에 의해서 가능하다. 자연은 특수이고 자유는 보편인데, 이 특수를 보편에 속하게 하는 마음(Gemüt)의 능력이 바로 판단력인 것이다. 칸트는 『실천이성비판』에서 이성(Vernunft)은 하나인데 쓰임새에 따라서, 곧 자연대상을 이론적으로 탐구하느냐 또는 자유로운 행동을 의지의 의욕에 의해서 행하는가에 따라서 『순수이성비판』에서 말하는 순수 이론이성과 『실천이성비판』에서 말하는 순수 실천이성으로 구분된다고 하였다. 칸트가 비판철학 시대에 접어들어서 자주 쓰는 순수한(rein), 선험적(transzendental) 또는 선천적(apriori)과 같은 용어는 '경험에

서 나오지 않은' 또는 '보편필연적인' 등의 의미와 동일하다고 보면
된다.

『순수이성비판』에서 이론 인식은 오직 자연 현상, 곧 자연 인과율
의 세계만 탐구할 수 있다. 칸트는 『순수이성비판』에서 이론 인식의
가능성과 한계를 규정한다. 그렇지만 칸트는 인간주체에게는 전혀 자
연 인과율에 구속되지 않고 자유로우며 동시에 자율적인 의지의 세계
가 있음을 제시하였다. 경험세계와 지성세계, 곧 자연 인과율의 세계
와 자유의 세계는 서로 분리되어 있어서 아무런 연결고리도 없다. 그
러나 칸트는 『판단력 비판』에서 이들 두 세계를 연결하는 고리로 판
단력(Urteilskraft)을 제시한다. 칸트에 의하면 판단력은 특수로서의
자연 인과율 세계를 보편으로서의 자유의 세계로 이전시키는, 달리
말해서 경험세계(특수)를 지성세계(보편)에 포섭되게 하는 인간주체
의 인식능력이다.

앞에서 칸트가 이성이 원래는 하나지만 사용에 따라서 이론이성과
실천이성 두 가지로 구분된다고 말한 것을 살펴보았다. 그렇다면 이
제 판단력을 마주 대할 경우 우리는 칸트의 속마음을 미루어 알 수 있
다. 즉 이성은 원래 하나지만 쓰임에 따라서 이론이성, 실천이성 그리
고 판단력(판단이성?) 등 세 가지로 구분될 수 있다. 칸트는 판단력
을 미적 판단력(ästhetische Urteilskraft)과 목적론적 판단력(teleolo-
gische Urteilskraft)으로 구분한다. 나는 칸트의 『판단력 비판』이 미
학과 아울러 존재론을 다룬다고 본다. 왜냐하면 미적 판단력은 미학
에 해당하고 목적론적 판단력은 존재론에 해당하기 때문이다.

미학은 인식론, 형이상학(존재론), 윤리학, 논리학 등과 함께 철학
의 한 분과이다. 그런데 아름다움을 탐구하는 철학의 한 분과가 미학
(aesthetica)이라는 명칭을 얻은 것은 바움가르텐(Alexander Gottlieb

Baumgarten, 1714~1762)에 의해서이다. 바움가르텐은 라이프니츠-볼프학파의 한 사람으로서 이론 인식을 연구하는 논리학에 대립하여 아름다움을 감각 인식에 의해서 연구하는 분야를 미학(aesthetica)이라고 불렀다. 이 용어는 감각지각(aisthesis)이라는 그리스 단어를 근거로 삼는다. 물론 미학의 학문적인 시초는 아리스토텔레스의 『시학』(Poetica)이며 아리스토텔레스는 종합예술로서의 시(poiesis)의 형식과 본질을 상세히 논하였다. 중세, 근대 그리고 바움가르텐 이후의 미학은 모두 아리스토텔레스의 『시학』으로부터 지대한 영향을 받았다. 칸트는 『판단력 비판』에서 미학의 본질만 논의하였고, 미학의 상세한 내용은 칸트 이후 셸링과 헤겔을 거치면서 구체적으로 탐구되었다. 셸링은 자연미와 예술미를 모두 다루면서도 그러한 연구 분야를 일컬어서 예술철학(Kunst Philosophie)이라고 불렀다. 헤겔에 이르러서 미학은 거의 형식과 내용이 제 모양을 갖춘다. 헤겔은 『미학』(Ästhetik)에서 절대정신(absoluter Geist)이 자연, 예술 및 철학으로 자기전개를 하는데 예술이 변증법적으로 미술에서 음악으로 그리고 다시 문학으로 어떻게 발전하는지 어마어마한 자료를 제시하면서 논의하고 있다. 나는 헤겔의 변증법 철학의 중요한 뿌리들 중 하나는 칸트의 『순수이성비판』의 오성범주들이며 또한 『순수이성비판』, 『실천이성비판』 및 『판단력 비판』 역시 헤겔 변증법 성립에 있어서 매우 중요한 역할을 행사했다고 본다.

2. 인지능력, 판단력 그리고 욕구능력

칸트는 『판단력 비판』의 서론 마지막 부분(LVIII)에서 마음의 전체

능력을 세 가지로 구분하고 각각의 인식능력과 선천적 원리들과 적용 대상을 도표로 표시하고 있다. 이 표를 자세히 보면 감정이 인지와 욕 망을 매개하며 두 가지가 연결되게끔 다리를 놓고 있음을 알 수 있다. 나는 다음에서 칸트가 제시한 마음의 능력들에 대한 도식을 그대로 인용할 것이다. 우리들은 이 도식을 통해서 감정이 인지(인식)와 욕 망(욕구)을 매개하는 능력임을 알 수 있을 것이다.

상위의 영혼능력의 목록
Tafel der oberen Seelenvermögen

마음의 전체 능력 (Gesamte Vermögen des Gemüths)	인식능력 (Erkenntnisver- mögen)	선천적 원리들 (Principien apriori)	적용대상 (Anwendung auf)
인식능력 (Erkenntnisver- mögen)	오성 (Verstand)	적법성 (Gesetzmäßig- keit)	자연 (Natur)
쾌와 불쾌의 감정 (Gefühl der Lust und Unlust)	판단력 (Urteilskraft)	합목적성 (Zweckmäßig- keit)	예술 (Kunst)
욕구능력 (Begehrungsver- mögen)	이성 (Vernunft)	궁극목적 (Endzweck)	자유 (Freiheit)

위의 도식 중 마음(Gemüt)은 영어의 마인드(mind)에 해당한다. 나는 칸트의 베를린판 독일어 원전(1912)을 그대로 인용했기 때문에 마음(Gemüth), 원리(Princip)처럼 근대 독일어 철자를 그대로 썼다. 칸트가 제시한 인식능력 세 가지로 오성, 판단력, 이성이 있는데 오성 (Verstand)은 이론이성을 그리고 이성(Vernunft)은 실천이성을 말한

다. 선천적 원리들 중 적법성은 자연법칙에 따르는 것을 의미하고 합목적성은 존재자들이 목적에 알맞게 존재한다는 것을 뜻한다. 궁극목적은 노력법과 아울러 도덕법을 입법하는 신을 뜻한다.

이제 인식능력을 조금 더 살펴보자. 오성, 곧 이론이성은 자연을 인식한다. 판단력은 예술을 인식한다. 무엇에 의해서? 쾌와 불쾌의 감정에 의해서. 실천이성은 욕구(의욕) 능력에 의해서 자유를 인식한다. 좀 더 쉽게 말하자면 판단력은 예술을 판단하고 실천이성은 자유를 실행한다. 왜냐하면 실천이성은 의지이기 때문이다. 칸트 신도들은 이와 같은 칸트의 마음의 전체 능력에 대한 도표를 거의 다 이해할 경우 손뼉 치며 감탄할 것이다. 그런데 칸트는 자아(나)가 사물 자체(Ding an sich)이기 때문에 알 수 없는 X라고 했다. 칸트의 알 수 없는 자아는 인간의 마음의 전체 능력을 모두 빠삭하게 알고 있어서 위와 같은 도표를 만들 수 있는 것일까?

이제 다시 칸트의 『판단력 비판』으로 되돌아가보자. 칸트의 『판단력 비판』은 『순수이성비판』의 특수가 『실천이성비판』의 보편에 귀속한다는 것을 논의한다. 즉 자연(특수)이 자유(보편)에 속한다는 것을 논의함으로써 칸트는 자연을 자유에 속하게끔 하는 인간의 능력이 판단력(Urteilskraft)이라는 것을 해명하고자 한다. 그런데 칸트는 구체적으로 『판단력 비판』이 자연의 아름다움(die Schönheit der Natur)과 아울러 자연의 합목적성(die Zweckmäßigkeit der Natur)을 탐구한다고 한다. 여기에서 두 가지 사항을 알 수 있는데, 하나는 자연의 인과필연성이고 다른 하나는 아름다움과 합목적성이다. 인과필연성은 자유에 대응하며 아름다움과 합목적성은 자유에 대응한다. 하나는 감성적 자연 현상을 그리고 다른 하나는 지성적 본체세계를 말한다. 이 두 가지 영역을 연결해 주는 고리가 바로 판단력이라는 것이 칸트의 입장이다.

3. 미적 판단력 비판

『판단력 비판』의 구성은 크게 1부 미적 판단력 비판(Kritik der ästhe-tischen Urteilskraft)과 2부 목적론적 판단력 비판(Kritik der teleolo-gischen Urteilskraft)으로 되어있다. '미적 판단력 비판'은 다시 1절 미적 판단력의 분석론과 2절 미적 판단력의 변증론으로 되어있다.

　1절의 1권 '아름다움의 분석론'에서 칸트는 기호판단(맛 판단, Ge-schmacksurteil)의 네 가지 계기를 다룬다. 2권 '숭고함의 분석론'에서는 수학적 숭고함과 자연의 역학적 숭고함이 고찰된다. 칸트는 2부 '목적론적 판단력 비판'에서 주로 자연의 객관적 합목적성(objektive Zweckmäßigkeit der Natur)을 다루는데, 2부는 목적론적 판단력의 분석론(Analytik der teleologischen Urteilskraft)과 목적론적 판단력의 변증론(Dialektik der teleologischen Urteilskraft)로 나뉜다. 미리 말하지만 칸트의『판단력 비판』에서 내가 아쉬운 것은 적어도 칸트가 아리스토텔레스의『시학』은 철저히 연구하고『판단력 비판』의 1부 '미적 판단력 비판'을 작성할 수 있었더라면 하는 점이다. 예컨대 헤겔의『미학』은 엄청난 예술사적 지식, 특히 고대로부터 근대에 이르기까지 예술작품의 여러 장르에 걸친 구체적인 지식을 동원하면서 변증법적 예술철학을 전개하고 있다. 물론 헤겔의『미학』역시 거대담론의 한 예로서 예술의 다양성을 보지 못하고 있지만 그럼에도 불구하고 구체적 예술작품들과 추상적, 관념적 변증법 철학을 동시에 가지고 있다. 그러나 칸트의『판단력 비판』은 문학에 대한 칸트의 약간

의 지식만 보여줄 뿐이고, 미술이나 음악에 대한 칸트의 지식은 거의
보여주지 못하고 있다.

그럼에도 불구하고 칸트는 사강사 시절에 「아름다움과 숭고함
의 감정에 대한 고찰」(Beobachtungen über das Gefühl des Schönen
und Erhabenen, 1764)에서 아름다움과 숭고함의 감정에 대한 사색
의 싹을 키웠고, 이 싹을 이십여 년 가다듬은 결과 『판단력 비판』의
미적 판단력 비판이라는 꽃을 피웠다고 할 수 있다. 물론 「아름다움과
숭고함의 감정에 대한 고찰」은 논문다운 논문이 되지 못하고 아름다
움과 숭고함의 감정에 대한 스케치 내지 에세이에 지나지 않는다. 나
는 약 30년 전 칸트의 「아름다움과 숭고함의 감정에 대한 고찰」을 읽
으면서 칸트가 "흑인은 채찍으로 매질해서 사냥해야 한다"고 말하는
구절을 읽고 칸트가 『실천이성비판』에서 인간을 가리켜서 목적 자체
(Zweck an sich)라고 수없이 되뇌는 모습을 떠올리면서 칸트 역시 하
이데거와 같은 게르만 민족주의자인가 하고 생각해 보았다.

하이데거는 『칸트와 형이상학』(Kant und Metaphysik)에서 칸트가
자신의 존재론에 영향을 미친 점을 기술하고 있다. 칸트나 하이데거
의 철학 이론에서는 히틀러 나치의 색깔을 찾기 힘들다. 그러나 하이
데거의 "존재자를 존재자이게끔 하는 존재" 그리고 칸트의 도덕법의
입법자로서의 최고 선(summum bonum)을 세계를 지배하는 게르만
민족과 연관시켜서 잠시 생각할 경우 현실적, 실천적으로 매우 위험
한 발상이 생길 가능성도 있지 않겠느냐는 생각이 든다. 사실 칸트 전
집 중 내가 발견할 수 있었던 몇 군데에서는 독일인의 지적 능력이 뛰
어나다는 칸트의 말들이 있었다. 「아름다움과 숭고함의 감정에 대한
고찰」에서 칸트는 분명히 게르만 민족과 아울러 유럽인들을 우수하다
고 보고 있으며, 아랍이나 중국 및 아시아인들을 어느 정도 비정상적

민족들로 보고 있고, 특히 아프리카 흑인들은 아예 짐승만도 못하게 보고 있다.

다시 미적 판단력과 목적론적 판단력의 문제로 돌아가기로 하자. 칸트는 이렇게 말한다. "그러나 자유개념(der Freiheitsbegriff)은 자신의 법칙에 의해서 부여된 목적(최고 선)을 감각계에서(in der Sinne Welt) 현실적으로 만들어야 하기 때문에, 자연 또한 자연형식의 합목적성이 적어도 자유법칙에 따라서 자연에서 작용하는 목적의 가능성에 일치하는 것으로 생각되지 않으면 안 된다 … 따라서 그 개념이 어떤 것의 원리에 대한 사고방식을 다른 것의 원리에 대한 사고방식으로 이행하게끔 하는 통일의 근거(Grund der Einheit)가 존재하지 않으면 안 된다." 오성(이론이성)이 획득한 개별 개념(Einzelbegriff)을 실천이성이 구성한 보편개념(Allgemeinbegriff)에 종속시키는 또는 이행시키는 판단력은 오성과 이성 사이의 인식능력(Erkenntnis Vermögen zwischen Verstand und Vernunft)이다. 칸트는 이러한 판단력의 능력을 구체적으로 표현해서 반성하는 판단력(reflektierende Urteilskraft)이라고 한다.

칸트가 말하는 미적 판단력과 목적론적 판단력을 아주 간단히 표현하면 그것들은 어떤 것인가? 칸트는 『실천이성비판』의 서론 VIII '자연의 합목적성의 논리적 표상에 대해서'에서 경험대상의 합목적성은 대상형식이 인식능력에 일치하는 방식으로 표현된다고 한다. 이때 대상형식은 대상 표현에서(표상에서) 생기는 쾌(Lust)의 근거이다. 그리고 이러한 경우 우리가 가지는 판단이 미적 판단이다. 미적 판단에서 대상은 아름다우며, 표상을 동반하는 쾌감을 근거 삼아 보편적으로 판단하는 능력은 다름 아닌 기호(Geschmack, 맛)이다. 그런가 하면 경험대상의 인식이 사물 자체(Ding an sich)의 가능성에 일치할 경우의 판단은 목적론적 판단이다. 경험대상의 형식이 표상에 일치할 때 미적 판단이 성립하고, 경험대상의 형식이 물자체의 가능성에 일치할 때 목직론적 판단이다.

칸트에 의하면 인간주체는 두 가지 방식으로 쾌감(쾌락)을 충족시킨다. 우선 우리는 어떤 대상을 지각함으로써 쾌감(Lust)을 느낀다. 다음으로 우리는 표상을 특정한 개념에 연관시킬 경우 쾌감을 느낀다. 『순수이성비판』에서 직관형식에 의한 표상의 성립 그리고 오성범주에 의한 개념의 성립을 생각해 보자. 첫 번째는 표상의 지각에 의해 쾌감을 느끼고, 두 번째는 개념에 의해 쾌감을 느낀다. 첫 번째 경우 만족의 대상은 미적인데, 이것은 아름다운 것(das Schöne)과 숭고한 것(das Erhabene) 두 가지를 다 포함한다. 두 번째 경우, 곧 개념에 의해 쾌감을 느낄 경우의 대상은 객관적인 합목적적인 것(das objektive Zweckmäßigkeit)을 소유한다. 그렇다면 『판단력 비판』은 자연의 아름다움과 아울러 자연의 합목적성을 탐구한다고 할 수 있다. 앞에서도 여러 차례 언급했지만 칸트가 말하는 '비판'은 '철저한 탐구' 정도로 이해하면 무리가 없을 것이다.

4. 아름다움과 숭고함의 분석

칸트는 『판단력 비판』 1부 '미적 판단력 비판' 1절 '미적 판단력의 분석론'(Analytik der ästhetischen Urteilskraft)을 1권 '아름다움의 분석론'과 2권 '숭고함의 분석론'으로 나누어 다루고 있는데, 여기서는 이 내용을 간단히 살펴보기로 하자. 아름다움을 판단하는 인간주체의 능력은 기호(Geschmack, 맛)이다. 우리가 흔히 기호식품이라고 하는 것은 맛있게 먹는 식품을 말한다. 대상이 언제, 어떻게 아름다울 수 있는지 알기 위해서는 기호판단이 무엇인지를 우선 알지 않으면 안 된다.

『순수이성비판』에서 직관의 다양성을 결합하는 능력은 구상력(Einbildungskraft)이었다. 오성은 표상들을 개념으로 통일시키는 능력이었다. 기호판단(Geschmacksurteil)은 구상력의 자유로운 유희와 아울러 오성의 자유로운 유희를 기초로 삼아서 아름다움의 개념을 형성한다. 칸트는 질, 양, 관계, 양태 등에 따라서 기호판단의 네 가지 계기들에 의한 아름다움을 분석한다. 앞에서도 말한 것처럼 기호판단은 아름다움을 판단하는 능력으로서 아름다움의 개념을 형성하기 때문에 기호판단을 분석하면 대상이 언제, 왜 아름다울 수 있는지를 밝힐 수 있다. ① 첫 번째 계기: 질(Qualität)에 따라서 모든 이해관계 없이 마음에 드는 것(was ohne jedes Interesse gefällt)은 아름답다. 다시 말해서 이해관계 없는 만족(interesseloses Wohlgefallen) 또는 공평무사한 만족에서 아름다움을 맛볼 수 있다. 우리는 유쾌함으로부터 그리고 선함으로부터(von dem Angenehmen und dem Guten) 공평무사한 만족을 구분한다. 왜? 유쾌함(쾌적함)은 내 감각이 요구하는 대상이고 또한 인간주체는 자기 안의 도덕법칙 때문에 선을 욕구함으로 유쾌함과 선함은 이해관계와 연관되어 있고 따라서 아름다울 수 없다. ② 두 번째 계기: 양(Quantität)에 따라서 개념을 안 가지고 보편적으로 마음에 드는 것(was ohne Begriff allgemein gefällt)은 아름답다. 아름다움에 있어서 인간주체는 이해관계를 떠난다. 그러므로 만일 내가 어떤 대상을 아름답다고 할 경우 나는 다른 대상에 대해서도 동일하게 느낄 것이라고 기대한다. ③ 세 번째 계기: 관계(Relation)에 따라서 목적에 대한 표상을 가지지 않고 형식에 따라서 합목적적으로 여겨지는 것(was ohne Vorstellung eines Zweckes für zweckmäßig der Form nach angesehen wird)은 아름답다. 칸트는 고유한 아름다움(die eigentliche Schönheit), 즉 자유로운 아름다움(die freie Schönheit)을 종속적 아름다움(die anhängende Schönheit)으로부터 구분한다. 예컨대 꽃이 아름다운 것은 꽃의 고요한 본질에 대한 어떤 개념도 필요로 하지 않는다. 우리는 그저 꽃을 바라보기만 하고 꽃의 표현 본질에 대한 개념과는 상관없이 꽃이 아름답다고 느낀다. 자유로운 아름다움은 우리들의 인식능력의 형식과 대상 형식의 조화를 기초로 삼는다. 그럼 종속적 아름다움은 무엇인가? 아름답게 느껴지기 위해서는 개념을 필히 전제로 하는 대상에서 종속적 아름다움이 발견된다. 칸트는 예컨대 인간, 말과 같은 짐승, 교회나 궁전과 같은 건축물의 아름다움을 종속적 아름다움이라고 부른다. 이와 같은 아름다움은 대상과 개념의 일치인 이상(ein Ideal)을 나타낸다. 다시 말해서 이러한 종속적 아름다움은 특정한 완전성을 나타낸다.

④ 네 번째 계기: 기호판단의 네 번째 계기는 대상에 대한 만족의 양태(Modalität des Wohlgefallens an den Gegenständen)에 따른 것이다. 개념 없이 필연적으로 만족을 일으키는 것은 아름답다는 사실이 성립한다. 필연적인 만족은 개념에 의해서가 아니라 감정(Empfindung)에 의해서 규정 가능한 공통감각(Gemeinsinn)을 전제로 삼는다. 여기서 우리는 칸트가 아름다움을 분석하면서 질, 양, 관계, 양태에 따라서 기호판단의 네 가지 계기들에 따른 아름다움을 논의하는 것을 보았다. 『순수이성비판』의 '분석론'에서처럼 12개의 오성범주에 따라서 아름다움을 나누어 설명할 수도 있는데 왜 단지 양, 질, 관계, 양태에 따라서만 아름다움을 논의하는가라고 우리가 물을 수 있다. 칸트가 양, 질, 관계, 양태 네 가지 기호판단의 계기에 따라서 아

름다움을 논의한 것은 칸트의 맘에 따른 것이다(?) 이제 '숭고함의 분석론'을 살펴보기로 하자. 칸트가 미적 판단론을 아름다움의 분석론과 숭고함의 분석론으로 구분한 것을 좀 영리한 눈치로 살펴볼 경우 우리는 칸트가 아름다움을 예술미와 숭고미로 구분했음을 알 수 있다.

『판단력 비판』의 1부는 '미적 판단력 비판 Kritik der ästhetischen Urteilskraft'이고 이 1부의 1권은 '아름다움의 분석론 Analytik des Schönen'이며 2권은 '숭고함의 분석론 Analytik des Erhabenen'이다. 칸트의 어색하고 껄끄러운 표현법을 제쳐버릴 경우, 아름다움의 분석과 숭고함의 분석 모두 미적 판단력에 속함을 분명히 알 수 있다. 칸트의 속마음을 엿보자면 예술미는 인정하지만 숭고미는 화끈하게 인정하기 힘들다는 엉거주춤함이 남아있다. 칸트는 '숭고함의 분석론' §23 '아름다움의 판단능력으로부터 숭고함의 판단능력으로서의 이전'에서 숭고함을 분석한다.

칸트는 숭고한 것(das Erhabene, 숭고함)을 수학적 숭고함(das Mathematisch-Erhabene)과 역학적 숭고함(das Dynamisch-Erhabene)으로 구분한다. 칸트는 숭고함이 아름다움에 대립되는 특수성을 가지고 있다고 한다. 아름다움의 분석과 숭고함의 분석은 두 가지다 미적 판단력에 속하므로 아름다움과 숭고함은 한편으로는 서로 일치하며 다른 한편으로는 서로 구분된다. 숭고함은 아름다움과 마찬가지로 그 자체로 인간주체의 마음에 든다는 측면에서 서로 일치한다. 우리의 만족은 숭고함에 있어서 특정한 인상 또는 특정한 개념에 좌우되지 않으며, 또한 아름다움에 있어서도 우리의 만족은 특정한 인상이나 개념에 의해서 좌우되지 않는다. 이러한 점에서 숭고함은 아름다움과 일치한다. 그러나 다른 한편으로는 숭고함이 아름다움과 구분된다.

어떤 점에서 숭고함은 아름다움과 구분될까? 자연의 아름다움은 제약된 아름다움이다. 즉 자연의 아름다움은 제약된 대상형식이다. 구름이 아름답다거나 산 또는 강이 아름답다고 할 경우, 제약된 자연 대상형식이 아름다움이다. 숭고함은 제한된 형식을 가지지 않은 대상에서 발견된다. 망망대해를 바라볼 때, 아니면 높은 산에 올라가서 한없이 넓고 푸른 하늘을 우러러볼 때 숭고함을 느낄 수 있다. 대상의 무제약성은 숭고한 아름다움을 느끼게 한다. 아름다움은 주로 질(Qualität)에 좌우되고, 숭고함은 주로 양(Quantät)에 좌우된다는 점에서 숭고함은 아름다움과 구분된다. 수학적 숭고함은 연장의 크기(Größe der Ausdehnung)에서 온다. 여기에서 연장이란 길이, 넓이, 부피 등을 말한다. 숭고함에는 수학적 숭고함과 아울러 역학적 숭고함이 있는데, 역학적 숭고함은 힘의 크기(Größe der Kraft)에서 온다.

그림을 보거나 음악을 들으면 우리는 직접 쾌감(Lust)을 얻고 아름다움을 느낀다. 그렇지만 망망대해를 바라볼 경우, 우리는 순간적으로 삶의 힘을 방해하는 감정을 갖게 되어 불쾌감(Unlust)을 느낀다. 그렇지만 우리는 불쾌감을 통해서 쾌감을 얻게 됨으로써 숭고함을 느낄 수 있다. 이러한 경우, 곧 숭고함을 느낄 때의 쾌감은 아름다움의 경우보다 훨씬 강한 경탄과 외경의 감정을 나타낸다. 이상과 같이 볼 때 아름다움은 현상세계의 형식에 해당한다고 할 것 같으면, 숭고함은 규정되지 않은 이념(Idee)의 표현이라고 할 수 있다. 여기에서 우리는 칸트가 성숙한 비판철학 시기에 와서도 교수취임논문「감성세계와 지성세계의 형식과 원리들」에서 가졌던 현상계(Phänomenon)와 본체계(Noumenon)의 생각을 완전히 폐기처분하지 못하고, 보이지 않게 밑바닥에서 여전히 끌고 가고 있음을 알 수 있다. '목적론적 판단력 비판'에서 이 사실을 더 확실히 알 수 있다. 물론『실천이성비판』에서의 영혼불멸과 신존재의 요청 그리고『오직 이성의 한계 내에서의 종교』에서의 자유, 영혼불멸, 신의 요청은『판단력 비판』의 아름다움으로부터 숭고함으로의 이전 및 목적론적 판단력의 본바탕에 매우 묵직하게 단단히 자리 잡고 있다. 이러한 점은 칸트가 플라톤 철학과 기독교 사상을 근본적으로 철저히 따르고 있다는 것을 보여준다.

칸트가 사강사 시절 쓴「아름다움과 숭고함의 감정에 대한 고찰」(1764)에 커다란 영향을 미친 것은 버크(Edmund Burke)의「숭고함과 아름다움에 대한 우리들의 관념의 기원에 대한 철학적 고찰」(Philosophical Inquiry into the Origin of Our Ideas of the Sublime and the Beautiful, 1756)이다. 칸트는 버크의 숭고함과 아름다움에 대한 연구가 경험적이며 생리학적인 측면에 지나치게 치우쳐 있다고 비판했다. 그래서 칸트는 버크의 입장을 "단지 숭고함과 아름다움에 대한 경험적 설명 eine bloß empirische Exposition des Erhabenen und Schönen"이라고 비판한다. 경험적 설명은 칸트가 찾는 선천적 미적 판단력을 보장하지 못한다. 칸트는 어디까지나 학문으로서 성립할 수 있는 보편필연적인 미적 판단력을 찾고자 하기 때문에 숭고함과 아름다움의 감정을 구분하는 버크의 견해를 받아들이면서도 버크의 경험론적 입장은 반대한다.

칸트는 아름다움과 마찬가지로 숭고함에 대해서도 양(Quantät), 질(Qualität), 관계(Relation), 양태(Modalität) 등 네 가지 계기에 따라서 고찰한다. ① 양에 따라서, 단지 큰 것 또는 다른 모든 작은 것에 비해서 큰 것은 숭고하다. 숭고한 것으로 표현된 대상에 의해서 우리의 구상력은 전체성의 이념(Idee der Totalität)을 형성하려고 애쓴다. 인간주체의 내면에 있는 숭고함의 감정은 이 전체성의 이념을 초감각적인 것으로 평가한다. 이 경우 대상이 숭고한 것이 아니고, 우리가 대상으로 향할 경우 가지는 정신의 분위기가 숭고하다. 칸트는 이렇게 말한다. "단지 마음의 능력을 생각할 수 있다는 것을 증명하는 것, 감각의 모든 척도를 초월하는 것은 숭고하다 Erhaben ist, was auch nur denken zu können ein Vermögen des Gemüts beweist, das jeden Maßstab der Sinne übertrifft." ② 질에 따라서, 우리는 무한자 (das Unendliche)를 파악하기에 불충분하기 때문에 숭고함은 우선 불쾌를 자아낸다. 예컨대 우리는 무한한 하나님의 개념을 직면하면 쾌감을 느끼지 못하고 놀라고 당황하며 불쾌에 부딪힌다. 그러나 우리는 이성의 탁월함을 느끼고, 자연의 크고 위대한 힘에 대해서도 우리들 자신이 마음껏 자유로운 존재라는 것을 느낀다. 그래서 인간주체는 뭐라고 말할 수 없는 쾌감을 느낀다. ③ 관계에 따라서, 숭고함은 어떤 힘으로 나타나는데, 그 힘을 뛰어넘을 수 있을 정도로 그 힘보다 더 탁월하다고 느낀다. 화산이 폭발할 때, 태풍이 몰려올 때 우리들은 뭐라고 표현할 수 없는 숭고함의 감정을 느끼면서도 우리들 자신은 그 대상들이 소유한 엄청난 힘보다도 더 탁월하다고 느낄 수 있다. ④ 양태에 따라서, 모든 사람들은 아름다움에 대해서 필연적으로 일치된 감정을 느낀다. 양태에 따를 경우 아름다움의 경우와 마찬가지로 숭고함은 모든 사람들의 일치를 요구한다. 칸트는 숭고함에 대한 판단은 아름다움에 대한 판단과 달리 특징한 문화적 배경을 필요로 한다고 본다. 아름다움의 감정은 인간들에게 보편적으로 형성된다고 보는 것이 칸트의 생각이다.

그럼에도 불구하고 숭고함에 대한 판단은 아름다움에 대한 판단과 마찬가지로 보편적이며 인간적인 본성을 근거로 삼는다. 이 말은 아름다움과 숭고함의 판단이 도덕적 이념을 목적으로 삼는 감정으로 향하는 경향을 가지고 있다는 사실을 뜻한다. 칸트는 『순수이성비판』에

서 이론적 자연을 탐구하고,『실천이성비판』에서 윤리적(도덕적) 자
유를 탐구하며『판단력 비판』에서는 자연(특수)을 자유(보편) 아래로
종속시키는, 다시 말해서 자연과 자유를 연결하는 판단력에 대해서
논의하고 탐구한다. 칸트가 말하는 '비판'은 쉽게 말해서 탐구이다.

　그러나 이 시점에서 짚고 넘어가야 할 한 가지가 있다. 칸트는『판
단력 비판』에서 아름다움의 판단과 아울러 숭고함의 판단은 궁극적으
로 도덕적 이념(moralische Idee)을 목적으로 삼고 있다고 분명히 말
한다. 그렇다면 나는 칸트의 입장을 이렇게 정리하고 싶다. 칸트의 판
단력은 자연과 자유를 연결시키는 고리 역할을 하는 것이 확실하지
만, 판단력의 근거는 어디까지나 자유이다. 왜냐하면 칸트에게 있어
서 자유가 가능한 것은 바로 영혼불멸과 신 등 도덕적 이념의 존재 때
문이다. 그런데 잠시 다원론적 입장에서 볼 때, 예컨대 무신론의 입장
에서 볼 경우 칸트의 실천이성(의지)은 물론이고, 판단력과 아울러
순수 이론이성도 모두 의미를 상실하게 된다. 왜냐하면 무신론의 입
장에서는 칸트철학의 근거 자체가 붕괴되기 때문이다.

5. 예술적 천재

19세기만 해도 예술은 예술적 천재(Künstlerische Genie) 때문에 가
능하다는 이론이 거의 절대적이었다. 그러나 20세기에 들어와서 천재
론은 소멸되었다. 아도르노는『미학』에서 예술을 사회적 사실(fait so-
ciale)이라고 했다. 미리 말하지만 이해관계 없는(interesselos) 아름다
움을 언급함으로써 미적 판단력으로서의 아름다움의 판단을 논의한
칸트의 미학 역시 지나치게 형식적이며 안목이 좁은 이론에 지나지

않는다고 할 수 있다. 마르크스주의 미학의 창시자인 플레하노프(G. V. Plekhanov, 1856~1918)는 물질적 생산관계를 하부구조로, 그리고 생산관계를 바탕으로 성립하는 정치, 법, 경제, 종교, 예술 등을 상부구조로 보았다. 그렇다면 그에게 있어서 예술이란 정신적 천재의 산물이라기보다 오히려 물질적 생산관계의 부산물에 지나지 않는다. 물론 플레하노프의 마르크스주의적 예술관은 극단적인 견해이긴 하지만 현대에 와서 예술은 말할 것도 없고 천재론 역시 다양한 미세담론의 대상이다. 우리들은 전통적 관점에 따라서 학문과 종교 및 예술을 문화의 대표적 구성요소들로 볼 수 있으며, 천재론 역시 이러한 입장에서 고찰하는 것이 큰 무리가 없을 것으로 생각할 수 있다.

삶의 철학 및 실존철학 양쪽에 큰 영향을 미친 니체는 현대철학에서 천재론을 강변한 마지막 사상가에 해당한다. 힘에의 의지, 초인, 영원회귀, 운명애 등 니체의 중요한 개념들과 아울러 철학자-예술가(Philosoph-Künstler)와 같은 니체의 새로운 개념을 볼 때 니체야말로 예술적 천재론을 외칠 만하다고 생각할 수 있다.

우스갯소리 한마디. 보통 우리는 아기가 세상에 태어나서 처음으로 엄마, 아빠라고 소리치면 "애는 천재야, 우리 아가는 분명히 천재야"라고 외친다. 아이가 유치원에 들어가서 노래도 잘하고 춤도 잘 추며 놀이도 잘하는 것을 보고 부모는 "우리 아이는 천재는 아닐지라도 이렇게 영특한 것을 보면 역시 수재급이야"라고 웅얼거린다. 아이가 초등학교 5, 6학년이 되어 말썽 부리기 시작하면 부모는 "우리 아이는 그래도 우수한 학생에 속해"라고 속으로 중얼거린다. 아이가 중학교 2, 3학년이 되어서 사춘기의 방황과 질풍노도의 성격을 보이기 시작하면 부모는 자기들의 아이가 천재가 아닐까 했던 생각을 까마득하게 잊기 마련이다. 나와 함께 근무했던 물리학과 교수의 아들이 유소년

기에 천재로 소문나서 2, 3년간 신문에서 난리법석이었다. 그 아이는 성장해 지방대학에 다니면서 평범한 모범 대학생이 되어있었다는 소문을 들었다.

칸트의 천재론으로 돌아와보자. 어떤 것을 능동적으로 행하는 행동 (Tun)은 단순한 작용(Wirkung)과 구분된다. 칸트에 의하면 이러한 부분은 마치 예술이 자연으로부터 구분되는 것과 같다. 자연은 단순한 자연을 산출함에 비해서 예술은 예술작품을 성숙시킨다. 아름다운 예술에 관여하는 것들은 구상력, 오성, 정신, 기호(Einbildungskraft, Verstand, Geist, Geschmack) 등이다. 특히 천재(Genie)는 예술에 관여하는 그러한 것들의 능력을 가지고 있다.

칸트는 예술과 천재의 불가분의 관계를 확신하고 있다. 그래서 그는 "천재 없이는 결코 아름다운 예술이 가능하지 않다 Ohne Genie keine schöne Kunst möglich."라고 말한다. 칸트에게 있어서 천재는 "미적 이념의 능력 Vermögen ästhetischer Idee"이며 "자연을 통해서 예술에 규칙을 부여하는 것"이기도 하다. 천재는 모방정신에 대한 반대(Gegensatz zum Nachahmungsgeist)로서 자신의 독창성(Original-ität)에 의해서 예술을 가능하게 한다. 계속해서 천재에 대해서 이렇게 말한다. "천재는 예술에 규칙을 부여하는 재능(Talent)이다. 재능은 예술가 자신의 본유적 생산적 능력으로서 본성에 속하므로 우리는 또한 천재란 본성이 그것을 통해서 예술의 규칙을 부여하는 본유적 마음의 소질(ingenium)이라고 표현할 수 있다."

우리들은 보통 예술가와 예술평론가를 구분한다. 예술가란 직접 예술작품을 창작하는 사람들이다. 예술평론가는 미학 또는 예술철학적 기본지식을 가지고 예술작품을 비판하고 평가하는 사람들이다. 칸트는 예술비평가(Kunstkritiker)와 예술창조자(Kunstschöpfer)를 구분한다. 그래서 그는 이렇게 말한다. "아름다운 대상 자체의 평가에는 기호(Geschmack)가, 그러나 아름다운 대상의 산출에는 천재(Genie)가 요구된다." 물론 칸트는 예술창조자 역시 기호를 가지고 있어야 함을 알고 있지만, 예술비평가는 기호로써 충분함에 비해서 예술창조자는 필히 천재를 소유해야만 예술작품을 창작할 수 있다고 생각하였다. 그러나 최근에 와서는 고릴라나 침팬지가 붓으로 그림을 그리고 심지어는 개까지 그림을 그리는 것을 볼 수 있다. 특히 예술성에 논란을 불러일으키는 것은 인공지능(AI)이 그림을 그리는 것이다.

6. 목적론적 판단력 비판

『판단력 비판』의 2부 '목적론적 판단력 비판'을 살펴보기에 앞서서 1부 '미적 판단력 비판' 마지막 부분인 1부의 2절 '미적 판단력의 변증론 Die Dialektik der ästhetischen Urteilskraft'을 간략히 살펴보기로 하자. 왜냐하면 '미적 판단력 비판'으로부터 '목적론적 판단력 비판'으로 넘어가는 근거를 칸트가 짚고 넘어갈 필요가 있다고 생각하기 때문이다. 칸트는 『순수이성비판』에서도 '선험적 변증론'이라는 제목 아래에서 영혼불멸이라든가 신의 존재가 이론이성의 차원에서 논의할 경우 모순이나 이율배반을 범하므로 선험적 이념(transzendentale Idee)으로 남는다고 하였다.

어떤 개념을 논의할 경우 그 개념이 증명되지 못하고 단지 이념으로 남음으로 모순이나 이율배반을 범할 여지가 많기 때문에 보다 바람직한 해결책을 찾고자 하는 탐구의 방안을 가리켜서 변증론(Dialektik)이라고 할 수 있다는 것은 이미 앞에서 『순수이성비판』의 내용을 다루면서 밝힌 일이 있다. 미적 판단력의 변증론은 기호(맛)에 대해서 모순되는 판단을 다룬다. 독일어의 기호(Geschmack)는 영어의 맛(taste)에 해당하는데 보통 '좋아함'으로 이해해도 될 것이다.

　기호에 대해서 서로 모순되는 두 명제는, 가) 기호에 대해서는 논쟁이 되지 않는다와 나) 기호에 대해서는 논쟁이 된다로 말할 수 있다. 이것을 좀 더 자세히 살펴보자. ① 정립: 기호판단(das Geschmack-surteil)은 개념을 근거로 삼지 않는다. 왜 그런가? 만일 기호판단(맛 판단)이 개념을 근거로 삼는다면, 기호판단은 개념과 불가분의 연관을 맺고 있는 한에 있어서 논쟁의 대상이 되기 때문이다. ② 반정립: 기호판단은 개념을 기초로 삼는다. 만일 기초판단이 개념을 기초로 삼지 않는다면 기호판단은 전혀 논쟁거리가 되지 않기 때문이다.

　칸트는 위의 정립과 반정립의 명제들이 명확하지 않다고 생각해서, 두 명제를 보다 더 분명하고 예리하게 표현함으로써 두 명제가 서로 모순된다는 것을 밝힌다. ① 정립: "기호판단은 특정한 개념을 근거로 삼지 않는다." 이것은 '좋다'거나 '아름답다'는 판단은 '그냥 이유 없이 좋아'처럼 어떤 특정한 개념을 필요로 하지 않는다는 것이다. ② 반정립: "그렇지만 기호판단은 비록 무규정적이지만 어떤 개념을 (말하자면 초감각적 현상의 기체[Substrat]에 대한 개념을) 근거로 삼는다. 이 말은 기호판단이 어떤 특정한 개념을 필요로 하지 않는다고 할지라도, 적어도 이념(Idee)으로서의 최고 선(summum bonum)이나 신(Gott)을 필요로 한다는 것을 의미한다."

　칸트는 미적 실재론(ästhetischer Realismus)을 반대하고 미적 관념론(ästhetischer Idealismus)의 입장을 편든다. 미적 실재론은 미적 판단력의 대상을 사물 자체라고 한다. 칸트에게 있어서 미적 판단력의 대상은 예술작품이거나 자연 현상이다. 그런데 칸트의 미적 판단력의 핵심은 무엇일까? 칸트는 아름다움과 숭고함의 규정 근거가 바로 마음(Gemüt) 내지 영혼(Seele)에 있다고 본다. 이 점에서 칸트는 미적 관념론의 입장을 지니고 있다. 이러한 칸트의 견해는 독일 관념론의 거장 헤겔의 관념·변증법적 『미학』을 가능하게 하는 토대가 된 것이 확실하다.

이제 칸트의 '목적론적 판단력 비판'을 살펴보기로 하자. 칸트에 의하면 자연 현상의 사물들은 예외 없이 객관적이고도 실질적인 자연 합목적성(Natur zweckmäßigkeit)을 보여준다. 앞에서 이미 살펴본 것처럼 자연 사물(대상이나 현상)을 지각해서 쾌감(Lust)을 가질 경우 우리들은 그 사물이 아름답다고 느낀다. 이때의 판단력을 미적 판단력이라고 한다. 그렇지만 자연 사물들이 모두 합목적정을 가지고 있다고 자연 사물에 대한 개념을 가질 경우, 우리들의 판단력은 목적론적 판단력이다. 자연 사물은 두 가지 종류의 합목적성, 곧 외적 합목적성(die äußere Zweckmäßigkeit)과 내적 합목적성(die innere Zweckmäßigkeit)이 있다. 물론 칸트는 자연 사물들이 우리들의 인식능력과 밀접하게 연관되어 있는 한에서는 주관적으로 합목적적이라고 보지만, 주관적인 우리의 인식능력을 떠나서 볼 경우 객관적이거나 실질적인 자연의 합목적성이 분명히 존재한다고 본다. 그래서 그는 객관적 내지 실질적인 자연의 합목적성에 대한 탐구를 일컬어서 '목적론적 판단력 비판'이라고 부른다. 칸트의 목적론적 판단력은 자연 합목적성을 외적 합목적성과 내적 합목적성으로 나누어서 논의한다.

과학적 인식으로 표현된 감각세계와 도덕 경험에 의해서 얻은 초감각적 세계가 연결될 때 우리는 쾌감을 느끼는데 이 경우의 판단력이 바로 미적 판단력이다. 그런데 바로 앞에서 본 것처럼 칸트는 형식적인 목적론적 판단과 실질적이며 객관적인 목적론적 판단을 구분한다. 형식적인 목적론적 판단은 다시 주관적이고 형식적인 목적론적 판단과 객관적이고 형식적인 목적 판단으로 나뉜다. 주관적이고 형식적인 목적론적 판단은 주로 표상에 관계하고 판단하는 개인의 감정에 의해서 좌우되기 때문에 주관적이다. 칸트는 수학적 판단이 객관적이며 형식적인 목적론적 판단의 대표적인 예라고 한다.

다음으로 칸트는 실질적 목적론적 판단을 주관적인 실질적 목적론적 판단과 객관적인 실질적 목적론적 판단으로 구분한다. 주관적인 실질적 목적론적 판단은 인간의 목적과 연관된 한에 있어서 합목적성을 가질 수 있다. 그러나 자연 전체의 목적과 연관된 한에 있어서의 합목적성은 객관적인 실질적 목적론적 판단의 대상이 된다. 예를 들어서 소, 말, 양 등이 존재해야만 한다면 풀 역시 자라야만 할 것이다. 그런데 여기에서 볼 수 있는 합목적성은 인간을 목적으로 삼은 것이다. 이러한 판단은 주관적인 실질적 목적론적 판단이다.

다음의 예를 보자. ① 나무는 유(Gattung)에 따라서 생기고 자란다. ② 나무는 나무 나름의 고유성을 가지고 성장하며 존재한다. ③ 성장하는 나무에게 있어서 나무의 각 부분은 나무 전체 없이 성립할 수 없고 또한 나무의 전체는 부분 없이 존재할 수 없다. 따라서 한 나무의 성장에 있어서 나무의 각 구성 부분은 수단이면서 동시에 목적이 아닐 수 없다. 칸트는 『판단력 비판』 §66에서 이렇게 말한다. "유기적으로 조직된 자연의 산물은, 그 안에서 모든 것이 상호 목적이며 수단인 것이다. 그 사물에는 쓸모없는 것, 목적 없는 것이 전혀 없으며 또한 자연기계론(Naturmechanism)으로 돌릴 것이 아무것도 없다." 이 말은 자연이 보편필연적 합목적성을 가지고 있다는 것을 뜻한다. 여기에서 칸트가 뜻하는 자연의 목적의 이념은 구성적 이념이 아니고 어디까지나 규제적(regulativ) 이념이다. '구성적'은 '인식적'과 같은 뜻을 가지는데, 보편필연적 합목적성은 인식 차원이 아니라 규제 차원에서 이해되어야 한다는 것을 암시한다.

칸트는 왜 객관적인 실질적 목적론적 판단력의 중요성을 역설하는 것일까? 자연 사물들 내지 자연적 존재자들의 특정 종들을 위해서 초감각적 원리의 통일, 다시 말해서 자연의 합목적성이 가치 있으며, 한 걸음 더 나아가서 체계로서의 자연 전체를 조화롭게 유지하는 데 있어서도 필연적으로 요구된다. 자연의 합목적성의 원리는 반성적 판단을 규제하는 이념이라고 할 수 있다. 그러면 조금 더 나아가 보자. 자연에 있어서의 목적 개념을 살펴볼 경우 우리는 ① 목적들의 체계로서의 자연 전체라는 개념을 알 수 있고 다음으로 ② 지성적(정신적) 자연의 원인인 최고의 원인(eine höchste Ursache) 개념을 알 수 있다. 그런데 우리들은 여기에서 칸트의 그야말로 위대한 휴머니즘을 접할 때 경탄을 금할 수 없다. 물론 자연의 합목적성에 있어서 최고의 원인은 신이다. 칸트는 신이 왜 우주를 창조하고 유지하는가라고 묻는다. 그리고 그는 『판단력 비판』 §86 '윤리신학에 대해서 Von der Ethikotheologie'라는 제목 아래에서 다음처럼 답한다. "인간 없이는 전체 창조가 단지 사막일 뿐이며, 쓸모없고 또한 궁극목적이 없을 것이다 ohne den Menschen die ganze Schöpfung eine bloße Wüste, umsonst und ohne Endzweck sein würde." 신의 자연 창조의 목적은 무엇인가? 궁극목적은 인간이다. 어떤 인간? 도덕적 인간이다. 그래서 칸트는 성서신학(Bibeltheologie)이 아니라 도덕신학, 곧 윤리신학을 말하는 것이다.

칸트는 상식적인 물리적 신학(physikotheologie)이 결여하고 있는 질서와 조화를 보충하기 위해서 윤리신학을 제시한다고 볼 수 있다.

이렇게 윤리신학을 제시할 수 있는 칸트의 근거는 역시 목적론적 판단, 그것도 객관적인 실질적 목적론적 판단에 있다. 칸트는 물리적 질서(자연)와 도덕적 질서(자유)를 연결하는 고리로서의 판단력을 제시함으로써 무엇을 찾고자 하는가? 칸트는 도덕적 인간을 찾고자 한다. 어떤 인간이 도덕적인 인간인가? 인간이 행복할 수 있는 목적의 왕국(Reich der Zwecke)을 실현할 수 있는 인간상을 확립하고자 하는 것이 목적론적 판단의 궁극적 목적이다.

칸트는 『판단력 비판』 §91 '실천적 신앙을 통한 참다운 자세의 방식에 대해서' 중에서 다음처럼 말한다. "(행동이 아니라 몸가짐으로서) 신앙은 이론 인식으로는 얻을 수 없는 것을 참답게 유지하는 데 있어서 이성의 도덕적인 사유방식이다 Glaube (als habitus, nicht als actus) ist die moralische Denkungsart der Vernunft im Führwahrhalten desjenigen, was für das theoretische Erkenntnis unzugänglich ist." 인간의 이론이성은 자연 현상만 탐구하고 알 수 있으며 초감각 세상, 곧 본체계 내지 물자체 세계는 알 수 없다. 그러나 칸트는 과감히 실존적 의지를 가지고 실천이성(의지)에 의해서 최고 목적이자 최고 선인 신을 신앙할 수 있다고 강변한다. 칸트는 억지를 부린다. 그러나 그와 같은 억지에서 칸트의 위대한 인간상을 엿볼 수 있다.

7. 비판적 고찰

나는 이 책의 마지막 장인 9장에서 칸트의 『판단력 비판』에 대해서 나 나름대로 『판단력 비판』의 핵심적인 내용만 골라서 비교적 간략하게 살펴보았다. 글을 쓰면서도 무수히 잡다한 상념들이 주마등처럼 스쳐

지나갔다. 이미 오래전 고인이 된 친구 한국화가 한풍렬 화백 생각이
났다. 그는 그림을 섬세하게 잘 그렸다. 같은 중고등학교 친구 홍용선
화백은 나이 먹은 지금도 그림 잘 그리고 있는지 궁금하다. 대학 시절
동고동락하면서 같이 지내던 작곡가 노봉식은 미국에서 여전히 작곡
과 지휘 활동을 계속하고 있는지 역시 궁금하다. 나도 고등학생 때는
인천 중국인촌 거리에 자주 가서 그림 그린답시고 미술반 친구들과
잠시 어울렸던 추억이 어른거린다.

　자, 다시 칸트의 '우리는 무엇을 희망해도 되는가 Was dürfen wir
hoffen'로 돌아가 보자. 칸트는 인간의 삶의 바탕을 자연으로 보고 있
다. 자연의 토양 위에서 인간주체는 인간의 지유를 가지고 살아가고
있다는 생각이 칸트의 기본 생각이다. 칸트는 개별적인 자연을 특수
로 그리고 일반적인 의지의 자유를 보편으로 본다. 인과법칙이 지배하
는 자연을 탐구하는 인간의 능력은 순수 이론이성이다. 의지의 자유는
자연과 연관 없는 인간주체의 윤리적 자율성을 규정하는 것으로서 이
것을 탐구하는 인간의 능력은 순수 실천이성이다. 칸트는 서로 상관없
는 자연과 자유를 연결해 주는 고리로서 판단력을 생각해 내었다.

　간단히 말해서 자연의 아름다움을 판단하는 능력이 미적 판단력이
고, 자연의 합목적성을 판단하는 것은 목적론적 판단력이다. 비판철
학 시대에 들어선 칸트는 세 가지 비판서들을 작성하면서 나름대로
매우 정교한 건축 설계도처럼 자신의 사상의 건축물 설계도를 구상하
고 있다. 이론이성을 넘어서서 실천이성의 영역으로 넘어온 다음에
마지막으로 이들 두 가지 이성을 연결해 주는 고리로서의 판단력을
제시함으로써 칸트는 자신의 철학의 대단원을 장식하고 있다. 그런데
『실천이성비판』이나 『판단력 비판』에서 자연세계에서의 궁극목적은
어디까지나 인간이다. 자연의 아름다움도 그리고 자연의 합목적성도

모두 이성적 존재로서의 인간을 궁극목적으로 삼는다. 칸트에게 있어서 자연의 제1원인은 신이고 신의 창조의 궁극목적은 인간이다. 칸트는 인간이 행복한 삶을 누릴 수 있는, 인간이 목적 자체가 될 수 있는 목적들의 왕국을 실현하고자 한다. 그래서 그는 세계와 인간을 창조한 신에 대한 신앙을 주장할 때 성서신학이 아니라 윤리신학(Ethiko-theologie), 곧 도덕신학의 입장에서 그러한 주장을 강변한다. 이와 같은 칸트의 입장은 많은 동조를 얻을 수 있지만, 사실 도덕적 신앙은 논란의 여지가 많다. 칸트의 신은 성서의 신이 아니라 어디까지나 윤리적인 신이므로 과연 인간이 그러한 신을 자신의 삶을 구원해 줄 수 있는 신으로 신앙할 수 있을지 의심된다.

칸트의 미적 판단론과 목적론적 판단론에 있어서 판단론의 주체는 인간이고, 인간은 어디까지나 신의 창조물이며 인간의 삶은 신의 뜻에 따른 도덕법(정언명법)에 의해서 의지의 자율로 자유롭게 당위로서의 의무를 수행할 때 비로소 행복할 수 있다. 칸트는 미적 판단론을 논의할 때 이해관계 없는, 공평무사한 기호판단을 통해서 자연 사물에서 쾌감을 느낄 때 미적 판단력이 작용한다고 했지만, 과연 그와 같은 순수한 형식미와 그것에 의해서 생기는 쾌감이 가능한지에 대한 의심의 여지가 많다. 또한 목적론적 판단력을 논의함에 있어서, 비록 윤리적(도덕적) 신학의 입장이지만 신이 인간과 세계를 자연의 궁극목적으로서 창조했다는 것은 다분히 칸트가 플라톤과 기독교 사상의 전통에 물들어 있다는 것을 엿볼 수 있게 해준다.

칸트는 여전히 거대담론의 틀을 벗어나지 못하고 있다. 그렇긴 해도 우리들이 플라톤, 헤겔, 마르크스 등 거대담론의 대가들의 사상에서 값진 사상의 뿌리들을 뽑아내어 긍정적인 재료로 사용할 수 있는 것처럼, 칸트의 거대담론에서도 매우 고귀한 사상의 뿌리들을 뽑아낼 수 있다고 생각하지 않을 수 없다. 물론 논란의 여지가 많긴 해도, 나는 칸트의 비판시대의 세 가지 비판서들 속에서 윤리 문제들, 곧 가치 문제들을 가장 중요한 영양분으로 선택해서 내 생각에 뿌려주고 싶다. 왜? 다른 어떤 것을 제아무리 풍요롭게 갖추고 있다고 할지라도 인격체로서의 가치관(도덕성), 곧 윤리관이 결여된 인간은 전혀 살 가치가 없기 때문이다. 나는 9장을 쓰면서 베를린판『실천이성비판』(1912)과 내가 번역한 프리틀라인의『서양철학사』그리고 코플스턴의『서양철학사』해당 부분을 인용하고 참조했음을 밝힌다.

나이 팔십이 넘어서 아도르노(Theodor W. Adorno)의 『미학 이론』 (Ästhetische Theorie)을 다시 들춰본다. '차례'가 없으니 머리말, 서론, 장, 절 등이 전혀 없고 단지 '미학 이론', '보충', '초기 서론'의 세 부분으로 이루어진 544쪽의 방대한 책이다. 붉은 볼펜으로 독일어 단어를 처음부터 끝까지 찾아본 내 글씨가 가득하다. 900쪽에 달하는 라캉의 『에크리』(Écrit)를 가득 채운 내 붉은 볼펜 자취가 어지럽다. 아도르노의 『음악 철학』, 그리고 에른스트 블로흐(Ernst Bloch)의 『음악 철학』을 펼친다. "나는 아침 길을 산책하면서 물방울 소리를 듣는다. 나는 무엇을 듣는가? 나는 나를 듣는다." 블로흐의 말이다.

로크, 흄, 러셀, 비트겐슈타인, 퍼어스, 듀이가 아련하다. 플라톤, 아리스토텔레스를 기웃거리다가 유학 시절 플로티노스 그리스-독일어 대역판 전집을 사고 잠 못 이룬 일이 떠오른다. 원효 때문에 고생 깨나 했다. 이능화의 조선불교통사, 하인리히 침머(H. Zimmer)의 인도철학과 종교, 프랑스와 독일인들의 불교 연구서에 묻혀 꼬박 2년을 헐떡였다. 프로이트 전집과 라캉 전집을 깡그리 읽느라고 기운 뺐다. 헤겔, 포이에르바하, 마르크스, 키르케고르, 니체, 베르그송 등의 전집 통독에 밤새우는 날이 많았다. 노자, 장자, 주자, 퇴계, 율곡… 최한기까지 곁눈질해 보고, 늙어서 『바가바드기타』와 나가르쥬나를 늘 책상 위에 올려놓고 있다. 칸트는 60년 이상 틈틈이 들춰보는 중이다.

지금 나는 칸트를 다시 읽고 칸트에 대해서 쓴다. 무엇이라고 했는가? 실은 이렇게 말한다: "나는 나를 읽고 나를 쓴다." 다시 한번 말해보시게. 그래 다시 한번 말하지: "나는 너를 읽고 너를 쓴다." 뭐라고? 좀 더 분명히 말하지: "나는, 아니 우리는 우리를 읽고 우리를 쓴다." 한국인의 정에 관해서 할 말이 많다. 한국인의 정은 실은 칸트의 비판철학을 넘어선다. 정은 공동체 정신과 배려와 염려 그리고 관심을 모두 담고 있는 한국인의 특수한 얼이다. 나는 정 가득 담긴 한국인의 얼로 칸트의 비판철학을 어떻게 어루만져줄 수 있을까 곰곰이 생각에 잠겨본다. 동서고금의 모든 철학자들은 예외 없이 각자가 세상의 모든 문제들을 다 속 시원하게 절대적이고 완전하게 해결했다고 큰소리치며 으스댄다. 예수는 자신이 길이고 진리이며 생명이니 자기를 따르라고 한다. 석가모니는 자기를 따라서 깨달으라고 한다. 소크라테스는 영원불변한 정의를 실현하면 행복하다고 한다. 공자는 하늘의 뜻을 따라서 이상 인간인 성인군자가 되자고 한다. 플라톤 이래로 소위 유명하다는 동서고금의 무수한 철학자들이 진리의 발견자요 수호자라고 외친다. 나도 육십 년 이상 철학자들의 수많은 책들을 쉬지 않고 읽었다고 떠들었다. 그런데 지금 팔십 넘은 내가 혼자 속으로 뇌까리는 말은 다음과 같다: "가능한 한 책을 많이 읽지 말게. 실천적인 행동을 중요시하고, 여유가 있으면 항상 깊고 예리하게 생각하는 습관을 기르게." 솔직히 말해서 엄청나게 많이 읽은 철학자들의 책들 안에 들어 있는 내용을 지금의 나는 거의 다 망각하고 있다. 나의 다독은 거의 모두 헛수고였다. 습관적인 다독은 끔찍한 후회를 가져다주고 있다.

이 책을 쓰면서 펠릭스 마이너(Felix Meiner)판 『실천이성비판』을 다시 펼쳐보고 깜짝 놀랐다. 첫 페이지부터 끝까지 빨간 볼펜 메모가 가득 있었다. 분명히 내 기억은 서론 몇 쪽들만 읽은 것이었는데 책의 마지막까지 표시가 되어있었다. "책만 읽으면 혀만 발달하고 정신이 흉측해질 뿐이다"는 내 나름대로의 저주가 떠올랐다. 칸트를 다시 읽고 쓰면서 나 자신의 철학 비빔밥, 아니 나 자신의 생각과 삶의 비빔밥을 만들어보려고 했다. 그래서 이 책의 각 장 마지막에는 '비판적 고찰'의 절을 만들고 거기에서 자유로운 내 생각을 내 멋대로 펼쳐 보이려고 했다.

칸트 전집을 다 읽는 일은 사실 미친 짓이다. 철학에 관심 있는 사람이라면 세 비판서를 읽기만 해도 족할 것이다. 그러나 칸트 자신이 일반 독자에게 친절한 철학자가 아니어서 그의 저술을 직접 읽기 전에 칸트 소개서나 해설서를 일단 정독하고 칸트 책을 접하기를 권한다. 칸트나 헤겔과 같이 독자에게 불친절한 철학자들의 철학이 제아무리 깊이가 있고 가치가 있다고 할지라도 그들에게서는 정 넘치는 인간미를 찾기 힘들다. 자칭 칸트주의자라고 말하는 프리드리히 카울바하 교수와 스위스에서 며칠간 함께 지낸 일이 있었다. 내 지도교수 루돌프 베를링거 교수의 동료였던 것으로 안다. 도시 이름은 지금 생각이 안 나지만 실스마리아 호수가 바라보이는 니체하우스가 있는 도시에서 유럽 니체학회가 있었고 여덟 명의 학자들이 발표했다. 나는 카울바하 교수 다음 차례로 '쇼펜하우어의 의지'에 대해서 발표했다. 1970년대 후반 당시 카울바하 교수는 70 후반의 나이였다. 그는 학술 발표를 시작하면서 "나는 칸트주의자로서 Ich als ein Kantianer"라고 첫마디를 했다. 당시 나는 좀 헷갈렸다. 아직 독일에는 칸트주의자가 있구나라고 속으로 생각했다. 허나 지금 생각하면 많이 아쉽고 안타깝다는 생각이 든다. 왜? 카울바하 교수는 오늘날 칸트학회의 회원 교수처럼 칸트 신도였으니 말이다.

나의 이 책은 칸트 신도들이 절대로 읽지 말기를 바란다. 이 책에서 보이는 칸트 해설은 내 입장이 강하므로 내가 나의 철학 비빔밥의 재료로 삼아서 자르고 삶은 칸트철학이지 칸트 그대로의 철학이 아니니까 말이다. 칸트철학의 이해에서 칸트를 죽기 살기로 이해하려는 노력도 중요하지만, 나는 내 생각의 그릇에 담기 좋게 칸트철학을 손질해서 담았으니 칸트 신도는 이 책을 읽지 않는 것이 그의 정신 건강에 좋을 것이다. 나는 칸트의 일생을 읽다 보면 그저 놀라울 뿐이다. 물론 칸트가 사는 동안 쾨닉스베르크시에는 큰 소란이 없었다. 그렇다고 해서 팔십 평생 동안 한 번도 쾨닉스베르크로부터 멀리 떠난 일이 없이 그저 연구만 하고 교육하고 집필했다는 것은 실로 드문 일이다. 이 사실 하나만으로도 나는 작은 거인 칸트 앞에 머리를 숙이게 된다. 나는 어떤가?

해방, 육이오 전쟁, 부산 피난, 인천 거주, 사일구 혁명, 서울 이사… 벌써 내 젊은 시절은 다사다난이다. 대학 철학과 교수는 다섯 명이었다. 박종홍 교수는 대학원장으로 너무 유명하고 고매하고 바빠서 한 학기에 2~3시간 강의하고 거의 휴강. 최재희 교수는 경성제국대학 조교 출신으로 칸트『순수이성비판』한 학기에 한 페이지 반 강독. 독일어 단어 몇 격이냐고 자주 물었고 본인도 독일어가 시원치 않아 주로 일본어 번역 참고. 김준섭 교수는 항상 고급 양복에 테 없는 비싼 안경 착용. 미국 프린스턴 철학박사라면서 본인이 쓴 과학철학 가지고 강의하던 중 막스 플랑크의 양자역학에 대해서 역사적 배경과 물리학적 기초 지식 그리고 양자역학의 물리학 공식 등에 대해서 상세히 설명해 달라니까 전혀 알지 못하고 우물거리다가 강의 끝. 김태

길 교수는 건대 전임강사, 미국 존스홉킨스 박사, 연세대 교수 하다가 서울대로 왔는데 당시 사십 초반으로 주로 흄의 『인간 오성론』 강독. 나는 영미철학에 별로 관심 없었음. 허나 시간에 자주 질문해서 김태길 교수와 친해지고 그분이 돌아가시기 얼마 전까지 분당 불곡산 등산에서 가끔 뵈었다. 박홍규 교수는 일본에서 그리스어와 불어 배우고 학사 자격으로 불문과 교수로 채용되었으나, 어떤 이유인지 철학과 교수로 플라톤 강독을 했다. 그리스-독일어 대역본을 가지고 학생 3~5명 정도 앞에 놓고 두 시간 꼬박 혼자 일본식 발음으로 플라톤 대화편을 그리스어와 독일어를 때때 때때 읽다가 칠판에 그리스어 단어를 가득 써놓고 실은 자기 공부를 했다.

대학 졸업 후 나는 방황하다가 철학 공부를 본격적으로 해볼까나 하고 마음먹고 고대나 연대에 내가 배울 만한 지도교수가 있을지 알아보기 시작했다. 1920년 초 독립운동 하다가 독일 뷔르츠부르크로 망명해서 독일과 프랑스에서 20여 년 공부한 정석해 교수를 알게 되었다. 찾아가서 공부하고 싶다고 하니 독일어, 불어 할 줄 아느냐고 하셔서 책은 겨우 읽는다고 해서 공부 허락받고 석·박사 과정 통합 9년을 대학이 아니라 이대 뒤 정석해 교수 댁에서 개인 교습을 받았다. 돌이켜 보면 정 교수는 애국지사요 독립운동가였다. 철학은 주로 베르그송과 러셀에 박식했고 책을 정확히 읽는 것을 가르쳐주었다. 그분은 철학보다는 사회학, 정치학에 관심이 많았고 주로 프랑스에 거주했던 것 같다. 프랑스어가 유창했고 독일어나 영어로는 회화가 불가능했다. 1889년생인 정 교수를 내가 독일 유학에서 돌아와서 햇수로 6년 만에 찾아뵈니 나를 기억하지 못했다. 나는 돌아서면서 눈물을 훔쳤다.

독일 유학 가서 루돌프 베를링거 교수를 지도교수로 모셨다. 서양

철학을 지금까지 16년간 공부했으니 학위논문으로 한국 사상가에 관해서 쓰라고, 베를링거 교수는 명령조로 말했다. "강 군이 16년 이상 플라톤부터 현대 프랑크푸르트학파의 하버마스까지, 그리고 하이데거까지 거의 다 공부하고 석사논문으로 베르그송의 시간에 관해서 썼으면 이젠 한국 철학에 대해서 쓰고 그것을 유럽에 소개하는 것이 당연한 길이야! 알아들었나?" 귀국해서 취직과 밥줄은? 그러나 베를링거 스승의 말이 백 번 옳았다. 한 달 생각 후 "원효 철학에 대해서 논문을 쓰되 소크라테스 이전 물활론자들과 독일의 신비주의 철학자들의 사상을 많이 대비하면서 쓰겠고, 부록으로는 쇼펜하우어의 의지의 철학에 대해서 첨부하겠습니다."라고 해서 허락받았다. 후회? 없다. 만 2년간 불교철학의 늪에 빠져서 밤낮으로 허우적거렸다. 논문 쓴 후 다시는 불교를 쳐다보고 싶지 않았다. 또 다른 이유? 삼국시대의 사상에 대한 기록이 거의 없는데 원효 전집 22권을 내가 다 읽고 논문 쓴 후 그 전집의 출처가 자꾸 의심이 갔다. 아예 의심을 누르고 헤겔, 마르크스, 프로이트, 리오따르, 푸코, 보드리야르, 들뢰즈, 후설, 하이데거 등에 몰두했다. 학위논문만으로는 찝찝해서 친구 쾨닉스하우젠 교수가 교수 되기 전부터 하던 출판사에 학위논문 완성하고 한 달 반을 또 밤새워 쓴『명상으로의 길 Der Weg zur Meditation』을 써서 주고 출판 후 귀국했다.

팔십이 넘은 지금까지 많이 쓰고 많이 번역했다. 그러나 돌이켜 보면 작은 벌레만도 못한 한 인생이 여기저기 뿌려놓은 잡초와 먼지들이 아닌가 하는 생각도 든다. 나의 지극히 작은 흔적이 칸트가 말하는 도덕적 가치에 보이지 않는 지극히 작은 힘이 될 수 있을까? 21세기 현 시점에서 나는 칸트의 비판철학을 되씹어본다. 21세기 첨단 과학 시대에 칸트의 비판철학이 우리들에게 가르쳐 줄 방향이 있을까? 물론 있다. 그의 헷갈리는 이성은 큰 의미가 없다. 순수이성이니 실천이성이니 판단력의 이성이니 등은 정말 헷갈린다. 프로이트나 라캉은 인간의 마음을 의식이라고 했고(후설도), 프랑스 몽펠리에의 실존주의자이자 현상학자인 메를로퐁티는 "나는 내 몸으로 의식한다"고 했다.

칸트의 『순수이성비판』의 인식론은 매우 정교하고 체계적이며 철저한 것 같아도, 그것은 러셀이나 비트겐슈타인의 수리논리에 비하면 매우 허술하고 억지가 많다. 선천적, 선험적, 종합적, 분석적 등과 같은 개념들은 칸트의 만능키이자 요술방망이이다. 헤겔이나 마르크스의 만능열쇠이자 요술방망이는 변증법적 발전이라는 개념이다. 나는 『순수이성비판』에서 칸트가 보여주는 문제에 대한 분석과 비판 그리고 종합의 정신을 높이 산다. 그러나 내가 보기에 선천적 직관형식이니 오성형식(범주)이니 하는 것은 어디까지나 억지다. 보편필연적인 앎(인식)은 어디까지나 희망사항이고, 우리는 그런 희망사항을 전제로 해놓고 수시로 시행착오를 거치면서 삶의 길을 걸어가야 한다. 칸트는 완전하고 절대적인 삶을 놓지 못하고 그것들에 목매고 있다. 플라톤의 완전성과 기독교의 절대성은 희망사항이다. 그것들은 수시로 변하므로 결국 불완전하고 상대적인 것들이다.

21세기와(다가올 22세기도 마찬가지이겠지만) 그 이후의 첨단과학 만능주의에 대해서 칸트는 어떻게 생각할까? 고집 센 칸트는 여전히 첨단과학의 선천적 인식근거를 확립할 수 있다면 첨단과학이야말로 참답게 순수한 철학으로의 형이상학이라고 말하겠지. 반도체, 인공지능, 정보기술 등의 첨단과학과 아울러 상업주의 예·체능이 엄청나게 즐겁게 놀라울 정도로 병행하고 있다. 점차 메말라 빠진 인간상(인격주체)의 모습이 좀비처럼 비틀거린다. 어떻게 인간미 넘치는 공동체 사회가 가능한가? 어떻게 인간을 인간답게 만드는 정이 넘치는 사람들의 모임이 가능할 것인가? 나는 칸트의 『실천이성비판』에서 이런 물음에 대한 답의 실마리를 찾을 수 있다고 본다.

칸트는 비판철학의 체계를 완성하기 위해서 서로 떨어져 있는 자연과 자유를 연결하기 위해서, 곧 순수이성(이론이성)과 실천이성(자유이성)을 연결하기 위해서 그가 생각하기에 확실한 연결 고리가 되는 판단력(판단의 이성?)을 제시한다. 그의 설명은 그럴듯하다. 예컨대 내가 진흙이라는 자연적 재료를 가지고 나의 자유의지에 의해서 그 흙을 잘 손질하고 가다듬으면 나는 멋진 칸트 조각상을 만들 수 있다. 그래서 그는 판단력을 미적 판단력과 목적론적 판단력으로 구분한다. 칸트는 직관형식과 오성형식이 선천적이므로 순수이성이 역시 선천적이라고 한다. 그는 또한 도덕법과 자유의지에 따르는 실천이성 역시 인간의 마음(Gemüt)에 경험과 상관없이 주관 안에 본래부터 있었기 때문에 선천적이라고 한다. 판단력도 인간 주관의 마음 안에 순수이성이나 실천이성과 마찬가지로 원래부터 있었기 때문에 선천적이라고 한다. 칸트는 막바지에 가서는 '선천적'이라는 도깨비방망이 내지는 만능키를 자랑스럽게 내민다. 『판단력 비판』에서 칸트가 자기 나름대로 예술에 대한 자신의 지식을 최대한 보여주려고 해도 셸링의 『예술철학』에 비해 칸트의 예술에 대한 지식이 매우 부족함을 느끼지 않을 수 없다. 헤겔의 『미학』이나 아도르노의 『미학 이론』을 읽다 보면 그들의 예술 전반에 걸친 해박한 지식을 접하고 기절할 지경이다.

그럼에도 불구하고 나는 『실천이성비판』에서 언제나 보석처럼 빛나는 칸트의 윤리관을 높이 사지 않을 수 없다. 제아무리 경제적으로 윤택하고 첨단 과학 문명이 최고도로 발달해서 땅과 바다와 하늘에서 자율주행 자동차, 배, 비행기가 날아다녀도 인간이 인간다움을, 곧 인격주체를 상실한다면, 그리고 인간의 삶이 소위 정을 모두 상실한

다면 그러한 세상에는 오직 좀비들만 설칠 것이다. 도덕적인 삶, 윤리
적인 사회는 결국 인류가 인격주체로서 살아갈 수 있는 마지막 보루
이다. 나는 조심스럽게 거대담론을 배제하고 미세담론을 택한다. 더
나아가서 나는 독단주의를 배제하고 다원주의를 택한다. 나는 공동체
사회의 끊임없는 의사소통을 끝까지 지지하며, 그렇게 해서 열린 도
덕과 열린 사회를 향해서 나아가자고 말한다.

　이제 나는 어설프지만 수많은 비빔밥 재료들을 손질해서 비비기 시
작한다. 칸트의 비판철학에서 내가 택한 재료들은 그의 비판철학 정
신과 아울러 그의 윤리관이다. 이 두 가지 재료는 내 비빔밥 재료들
중 가장 중요하고도 참신한 재료들이다. 고금동서에 널려있는 비빔밥
철학 재료들은 헤아릴 수 없이 많다. 내 비빔밥을 위해서 나 역시 재
료들을 취사선택하지 않을 수 없다. 칸트의 『순수이성비판』과 아울러
『판단력 비판』을 나는 과감하게 폐기처분한다. 나는 이미 말한 것처
럼 칸트의 비판정신과 윤리관을 받아들인다. 그리고 나는 어떤 무엇
보다도 칸트의 『실천이성비판』 중 자유, 그것도 의지의 자유를 내 비
빔밥 철학의 가장 소중한 재료들의 한 가지로 택한다. 나는 칸트가 자
유를 제시한 것을 그의 가장 탁월한 업적으로 꼽는다. 윤리적 자유,
곧 의지의 자유가 없다면 인생은 살 의미가 없다. 나는 내 능력이 허
락하는 한도 안에서 이 책을 어설프게 꾸며 보았다. 나이 팔십이 넘어
이제 살날이 얼마 안 남았지만 아직 내 비빔밥 철학을 비비는 솜씨가
서툴기 짝이 없다. 그것은 아마도 내가 소위 철학이라는 고매한 학문
에 선천적으로(?) 워낙 소질이 없기 때문일 것이다. 고백하건대 나는
팔십 넘은 이 나이까지 그저 취미로 놀이 삼아 철학을 가지고 비빔밥
을 비벼왔다. 나 자신은 결코 한순간도 내가 철학자나 사상가라고 생
각한 적이 없다. 나는 언제나 단순하게 지혜를 사랑하는 가난하고

초라한 보잘것없는 떠돌이 선비에 지나지 않았다. 이 책을 쓰기 위해
서는 많은 세월의 준비가 필요했다. 나는 베를린의 칸트 전집, Felix
Meiner판 칸트 저술들 그리고 R. Eisler의 Kant-Lexikon에서 많은
부분을 인용하고 참조하였다.

칸트의 『실천이성비판』 결론의 첫머리에 있는 다음 글귀가 늘 가슴
에 남는다.

"내 위에는 별이 빛나는 하늘 그리고 내 안에는 도덕법칙 der
bestirnte Himmel über mir und das moralische Gesetz in mir."

|ㄱ|

가언명법 229, 231-2

가정교사 22, 28-32, 40, 53, 63-4, 87, 92

감각(sensus) 83, 125, 188

감각경험 67, 75, 85, 130, 142-5, 150, 153-6, 170, 187

감각성질/감성(Sinnlichkeit) 51, 103, 126-9, 139-43, 152-6, 174-7, 184

감각세계(감각성질의 세계/감성세계/ 감성계) 34, 125-35, 139-42, 255, 294

감각지각(aistheis) 43, 82, 100, 176, 276

감각직관 143-7, 183

감성적 인식 128-31

감정 103, 116-9, 155, 189, 219, 237, 258, 271, 277-8, 286-8, 295

개념 81-5, 90, 94, 96, 101, 108-12, 126-35, 142-57, 161, 170-95, 198-202, 209-13, 216-7, 222, 229, 232-3, 247, 250-2, 263-6, 270, 281-5, 292-4, 296

거대담론(grand discours) 44, 56, 68, 160, 165, 181, 211, 253, 269, 279, 299, 309

검증 14, 89, 216

게르만 민족 17, 42, 280

경건주의 기독교 23-4, 26, 28-9, 35

경험 51, 67, 75, 82, 85-92, 100, 130, 141-6, 149-50, 153-9, 163-5, 170-8, 184-9, 192-3, 197-200, 214, 287, 294, 308, ☞ 감각경험

경험론 23, 38, 41, 43, 52, 81, 84-9, 91-2, 98, 101, 105-6, 116, 122, 136, 142, 151, 235, 287

경험세계 187, 193, 275

계몽 81, 84, 105, 235, 244

계시종교 218

고전 윤리학 215-6

공간 28, 51, 67, 75, 80, 87-8, 109, 126, 129-31, 134-5, 141-4, 147-58, 161, 164, 173-81, 186-91, 196-7, 209, 270, 274
공감(sympathie) 131, 147-8, 157
공법 224, 257-60, 263-4
공산주의 사회(과학적 사회주의 사회) 19-20, 41, 166, 198, 248
관계 83, 88, 178-85, 193, 196-7, 200, 216-7, 236, 283-8
관념론 36, 38, 40, 52, 75, 84, 98, 100-1, 131, 142, 202, 293-4
관용 97, 207, 241, 248
관찰 89, 92, 118, 168
교부철학 84
교부철학자들 159
교수취임논문 25, 33, 40, 43, 79, 110, 120, 124-42, 155, 176, 180-2, 188, 270, 273, 286
교육 49, 235, 240-3
구상력(Einbildungskraft) 90, 148, 156, 161, 174-7, 181-6, 201-2, 213, 239, 283, 287, 291
구상력과 통각 174, 181, 201, 213
국가법 259-60, 264-5
국제법 259-65
국제연맹 261-2
권리 207, 215, 262, 264
그린(Joseph Green) 66-8
근접성(contiguity) 90, 175
기도 25-6, 35, 255
기독교 사상 57, 95, 104, 136, 193, 198, 287, 299
기독교 신앙 19, 23-29, 35, 246, 255
기독교 신학 18, 20, 102, 104, 168, 230-1, 234, 267
기독교의 신 35, 109, 113-4, 158, 238
기호(Geschmack) 281-2, 291-3
기호판단 279, 283-4, 293, 299
깨달음 103, 113-4, 122, 136, 151, 247, 268

|ㄴ|
'나' 196, 236, 270, ☞ 자아
나토르프(Paul G. Natorp) 163
노예 26, 100, 241, 243, 248
논리학 12, 19, 28-33, 36, 39, 50, 56, 70, 74, 106-12, 141-2, 148, 151, 157, 184, 191-3, 216, 275-6
뉴턴 28, 51, 98, 108-9, 116, 130-1, 136
느낌(Fühlen) 88, 141, 149, 165, ☞ 감정
능력 84, 99, 106-7, 127-9, 139-49, 165, 175-7, 183, 188-9, 200, 209-11, 222, 239, 258, 274-8, 281-5, 288, 291, 298
능산적 자연(natura naturans) 97
니체 20-1, 34-5, 40, 45, 53, 68, 72, 75, 80, 87, 95, 100, 113, 147, 189, 198, 259, 290, 301

|ㄷ|
단자(monas) 31, 37, 98-102, 109

당위(Sollen) 227, 229, 231-5, 245, 247, 251, 264, 269, 299

대륙 합리론 84-5, 88, 91, 98, 101, 105-6, 136

대상 43, 85, 88, 91, 94, 108, 117, 125, 128-30, 133-5, 139, 142-7, 150-5, 158, 163-6, 169-71, 174-88, 192-201, 209-11, 215-9, 254-5, 265, 271, 274, 281-8, 292-5

~인식 40, 146, 151, 169, 171, 174, 182, 185, 200, 211, 217

~ 중심의 인식론 108

덕(Tugend) 81, 97, 118, 215, 224, 251, 254-8

데모크리토스 19, 27, 35, 98-9, 136

데카르트 14, 28, 42, 51-3, 87, 91-7, 99-103, 108-9, 128, 155-7, 176, 189, 196, 201

도그마(dogma) 110

도덕 12, 80, 110-2, 116-24, 128-9, 215, 226-38, 243-5, 250-1, 259-69, 288-9, 294-7, 306, 309

~의 원리 224-34, 243, 264, 269

~의 준칙 224-7, 264

~적 신앙 299

~적 이념 288-9

도덕법/도덕법칙 43, 103, 112, 116-8, 129, 215-6, 223, 226-47, 250-7, 260, 264-70, 274, 278, 280, 283, 299, 308, 310

도덕신학(윤리신학) 296-9

도덕철학 32, 39, 140, 243, 261

독단론 24, 43, 91, 107, 110-1, 120, 148-51, 160-2, 181, 192-4, 211

독단적/독단론적 형이상학 44, 110, 112, 116, 120-4, 141, 153, 162-3, 193-6

독일 관념론 38, 40, 52, 84, 101, 294

독재국가 236, 250, 262

듀이(John Dewey) 215, 301

|ㄹ|

라이프니츠 14, 22, 28, 42-4, 51-3, 87, 91, 98-104, 107-9, 130, 155, 159, 162, 169, 191, 197, 276

라이프니츠-볼프 28, 101, 159, 162, 169, 197, 276

라캉 32, 61, 64-5, 189, 202, 301, 307

람페(Martin Lampe) 44-5

러셀 45, 70, 80, 84, 131, 307

로크 42, 85, 87-9, 91, 95, 101, 142

루소 45, 51, 64, 80, 89, 116, 122, 225, 235, 244

루크레티우스 24, 26

리츨(Friedrich W. Ritschl) 20

릭케르트(Heinrich J. Rickert) 163

|ㅁ|

마르부르크학파 163

마르크스 18-20, 32-5, 40-1, 60-1, 65, 113, 166, 190, 198, 248-9

마음(Gemüt, mind) 51, 85, 87-9, 132, 146, 149, 165, 183, 209-11, 235, 274-8, 288, 291, 294, 307-8

마이스터 에크하르트 136
맛(taste) ☞ 기호
멘델스존(Moses Mendelssohn) 105,
112
명석판명한 관념(idea clara et distinc-
ta) 93-6, 100, 113, 176, 189,
196, 201
목적 104, 172-3, 199, 211, 229,
231-3, 244-8, 256-7, 264-5, 277-
84, 288-9, 295-9
~들의 왕국 244-8, 297-9
목적론 140, 150, 152, 170
~적 판단 282, 295, 297
~적 판단력 74, 112, 258, 266,
275, 279-81, 286-7, 292-9, 308
~적 판단론 299
~ 형이상학 70, 107
무어(G. E. Moore) 65, 70
물리-신학적 신 증명 115
물리학 28-9, 36, 50-1, 54, 56, 74,
106, 108-11, 116, 130, 136, 142,
152-4, 158-9, 161, 216
물자체 ☞ 사물 자체
물질 94-9, 102, 155, 196, 290
물체 95-7, 107-8, 111, 172, 190
미세담론 68, 253, 290, 309
미술 73-4, 276, 280
미적 관념론 293-4
미적 실재론 293
미적 판단력 74, 116, 258, 266, 275,
279-82, 285-9, 292-4, 298-9, 308
미적 판단론 285, 299

미학 12, 19, 36, 44, 74, 140, 152,
170, 216, 246, 249, 258, 275-6,
279, 289-91, 294, 301, 308

|ㅂ|
바지안스키(E. A. Ch. Wasianski)
53-5
박애 97, 137, 225, 248, 262
반성적 판단력 266
방법론적 회의 93-4, 157
배려 207, 248
버크(Edmund Burke) 287
범주 83, 90, 101-3, 129, 141 50,
156-164, 170-88, 193-4, 198-
201, 210, 213, 219, 276, 282, 284
범주표 178-80
법철학 36, 56, 259, 262-3
베르그송 48, 80, 131, 147-8, 157,
305-6
베를링거(Rudolph Berlinger) 49,
60, 76, 159, 198, 203, 303, 305-6
베이컨(Francis Bacon) 41, 85-7, 93
변증법/변증론(dialektikē, Dialektik)
40, 111-3, 135, 153, 158, 163,
188-97, 214-7, 226, 252-3, 257,
259, 276, 279, 292-4, 307
변증술(dialektikē epistēmē) 190-2
보편필연성 142, 173, 204, 231
본유관념(innate idea) 87, 89-90, 94
본체/본체세계(Noumenon, noumena)
43, 82, 125, 128-9, 132, 135, 176,
181, 187, 252, 270, 278, 286, 297

볼프(Christian Wolff)   22-8, 42-4,
  51, 81, 87, 98, 101-6, 110-2, 159,
  162, 169, 186, 191, 197, 276
볼프의 존재론   101
부동심(ataraxia)   27
부크(Johann Friedrich Buck)   32
분석판단   171-3
불가지론   186
불교철학   38, 56, 203-4, 306
불쾌감(Unlust)   117, 286
브루노(Giordano Bruno)   96, 136
블로흐(Ernst Bloch)   80, 301
비트겐슈타인   15, 40, 64-5, 70, 149,
  301, 307
비판(Kritik)   14, 83, 91, 101, 106-
  10, 114-6, 120, 124, 136, 148-51,
  159-67, 170, 181, 185, 193-9,
  211-2, 241, 257, 282, 287-91, 307
비판정신   108, 131, 138, 160, 166-7,
  309
비판철학   34, 40-4, 57, 79-80, 83-4,
  87-9, 92, 95-8, 105-7, 120-5,
  134-41, 148-52, 162-9, 173, 181,
  184, 194-6, 200, 207, 210, 219,
  222, 274, 286, 298, 306, 308-9
빈델반트(Wilhelm Windelband)   163

|ㅅ|
사람 됨됨이   14, 59, 66, 76, 228
사물 자체(Ding an sich)   83, 88,
  127-9, 147, 157, 163, 171, 174-7,
  181, 186-9, 193, 197, 200-4, 252,
  270, 278, 281-2, 293, 297
사변(Spekulation)   91, 110, 115,
  185, 195-8, 209, 217-21, 224
사상가   12, 14, 32, 64, 103, 136, 309
사유(Denken)   83, 88, 94-7, 101,
  139-46, 149-52, 159, 163-5, 176-
  7, 180-3, 186-9, 193-4, 196-8,
  201, 204, 219, 233, 239, 258, 274
  논증적 ~   156
  ~형식   178, 181
삶   81, 154, 217-8, 223-4, 243-4,
  247, 253-7, 267, 286, 298-9, 307-9
삶에의 의지(Wille zum Leben)   147,
  157
삶의 철학   290
삶 자체(la vie même)   48, 147-8, 157
삼위일체   13, 151
서남독일학파(Südwestdeutsche Schu-
  le)   163
선(善, bonum)   81, 133, 205, 207,
  215-6, 222-3, 230, 283
  ~의 이데아   133, 215, 235, 238
  ~의지   112, 219, 222-3, 232, 264
선천성   156-7, 204
선천적(a priori)   67, 87, 141-4, 148,
  150, 155-6, 164, 172-3, 184-6,
  192, 210-1, 213, 230, 235, 238,
  245, 264, 274, 277-8, 287, 307-8
  ~ 분석판단   172
  ~ 인식능력   170, 192
  ~ 종합판단   152, 154, 161, 172-4,
  177-8, 182, 184, 186, 201

선험적(transzendental) 145, 148, 157, 184, 220, 274
~ 가상 195-6
~ 감성론 126, 129-30, 148, 152-7, 163, 178
~ 구상력 181, 186
~ 논리학 126-9, 132, 135, 148, 153, 157, 174-8
~ 변증론 135, 153, 158, 163, 188-9, 192-7, 217, 292
~ 분석론 153, 163, 174-8
~ 시간도식 182
~ 이념 149, 193-200, 292
~ 통각 175-7, 186
~ 형이상학 153, 157
성서신학 267, 296, 299
성스러움 255
세계 82, 95-101, 104-5, 109, 115, 125-6, 129, 132, 142, 145-9, 153-5, 159-71, 185-200, 204, 211, 217, 245, 253-5, 262-5, 271, 275, 294, 297-9
세계시민법 259, 262-5
셸링 12-3, 40, 49, 52, 74-5, 84, 159, 189, 192, 276, 308
소산적 자연(natura naturata) 97
소크라테스 13-4, 18, 26, 53, 65, 81-2, 137, 179, 190, 192, 302, 306
소피스트 82, 136, 190, 192
속성 93, 97, 130, 183, 194, 315
쇼펜하우어 21, 32, 36, 64, 147, 157, 218, 303, 306

수학 87, 92-6, 106, 108, 111-2, 142, 151-9, 161-4, 279, 285-6, 295
~ 명제 94, 161
순수 ~ 152-8, 161-3, 184
순수 실천이성의 요청 254-5
순수 오성 개념 182, 185-6
순수 오성의 원칙 178, 182-5
순수의식 201-2, 204
순수이성(이론이성) 91, 107, 116, 134, 146, 149-50, 152-3, 170, 195, 198, 210, 228, 254, 308
『순수이성비판』 34, 39-44, 52, 67-8, 75, 79 80, 83, 87, 105-7, 112, 120, 124-36, 139-201, 204, 207-13, 217, 219, 222, 233, 246, 252, 256-7, 270-8, 282-4, 288, 292, 304, 307, 309
순수 통각 176
순수 형상 43, 83-4
술어개념 171-3
숭고한 것/숭고함 23, 69, 74, 116-9, 137, 241, 279-82, 285-9, 294
숭고함의 판단 285, 288-9
슈펭글러(Oswald Spengler) 217
슐츠(Franz Albert Schulz) 23-32, 73
스베덴보리 122-4
스콜라철학 84, 93, 108-11, 120
스콜라 철학자들 159
스피노자 14-5, 87, 91, 95-7, 100-3, 215, 235, 253
시 33, 56, 74, 276
시간 28, 75-6, 80, 83, 88, 102, 126,

129-31, 134-5, 141-4, 147-58, 161, 164, 173-8, 180-8, 194, 197, 209, 270, 274, 306

신(Deus)/하나님 19, 29, 35, 43-4, 55, 84, 87, 93-105, 109, 113-5, 129, 133-4, 146, 149, 151-4, 157, 159, 163, 169, 185, 188-204, 215, 217, 230, 237-8, 246, 251, 254-6, 263-71, 278, 287-9, 292-3, 296-9

신 개념(der Begriff Gottes) 112, 157

신법 263

신앙 11, 19, 25-6, 29, 35, 73, 96, 110, 151, 196, 199, 236-7, 246, 255, 267, 269-70, 297, 299

신의 시간 48

신의 이념(Idee des Gottes) 198, 256, 265

신의 존재 198, 251, 254, 256, 271, 280, 292

신존재 증명 32, 104, 110-15, 198-9

신존재 증명 비판 32, 198-9

신칸트학파 163

신플라톤주의자 84

신학의 시녀(ancilla theologiae) 27, 263

실재(Realität) 82, 84, 101, 128, 130, 153-5, 159, 163, 176, 180-7, 198, 215, 293

실정법 263

실존철학 225, 233, 290

실천이성 102-3, 116, 134, 150, 170, 200, 209-17, 219-22, 228-9, 233-

5, 238-40, 243-58, 265-8, 271, 274-8, 281, 289, 297-8, 307-8

『실천이성비판』 42, 52, 80, 112, 116, 120, 128, 134, 136, 139-40, 150, 165, 193, 200, 207-34, 239-58, 262, 265-71, 273-4, 276-81, 286, 289, 298, 300, 303, 308-9

실천적 자유 200, 204, 224, 253, 255

실체(ousia, substantia) 83-4, 88, 90, 95-7, 102, 132-3, 153, 159, 162, 180-1, 187, 194, 196, 201, 253, 270

실체의 도식(das Schema der Substanz) 183

실험 89, 168, 316

심령술사 120-4

심리학적 형이상학 163

심신 상호작용설 95, 101, 103

심신평행설 101, 104

|ㅇ|

아도르노 68, 76, 289, 301, 308

아름다운 감정 117

아름다운 것 23, 69, 74, 116-8, 282

아름다움 12, 103, 116-9, 137, 150, 174, 211, 241, 275-89, 294, 298

아름다움의 판단 285, 289

아리스타르쿠스 168

아리스토텔레스 26, 30, 42-4, 57, 73, 81-6, 95, 101-2, 106, 108, 110-4, 144, 155, 158, 160, 162, 169, 191-2, 215, 276, 279, 301

아베로에스주의 96

아우구스티누스 48, 84, 113-4, 131, 133, 159

아퀴나스 84, 93, 113, 159, 263

아테네의 신들 113

악(das Böse) 207, 215-6, 230-1

안셀무스 115, 198-9, 203

야스퍼스(Karl Jaspers) 61-2, 252

야하만(Reinhold Bernhard Jachmann) 55, 59, 62

양(Quantität) 83, 110-2, 173, 178-9, 183-4, 283-7

양태 88, 97, 178-85, 283-8

에너지 99, 113, 190, 202, 204

에이어(A. J. Ayer) 13-4

에피쿠로스 19, 26, 35

엘레아학파 82, 190

엥겔스 20, 41, 60-1, 64-5

역사철학 36, 245, 247

연상법칙(law of association) 90, 175

열 개의 범주들 83

열두 범주 83, 87, 164

영국 경험론 23, 38, 41-3, 81, 84-8, 98, 101, 105-6, 116, 122, 136, 142

영원한 지금 48

영원한 평화 225, 257-65, 274

영혼(Seele) 82, 87-8, 94, 101-4, 120-1, 124, 139, 149-51, 165, 169, 185, 188-200, 204, 211, 217, 235, 271, 294, ☞ 마음, 정신(지성)

영혼능력 139, 190, 277

영혼불멸 55, 93, 96, 103, 106, 134, 138, 153-4, 157-9, 163, 204, 215, 251, 253-5, 270-1, 287, 289, 292

예배 24-6, 29, 35, 114, 267

예수 13, 53, 55, 65, 92, 114, 146, 302

예술 13, 36, 56, 73-4, 87, 137, 155, 258, 276-9, 285, 289-93, 308

예술가 13, 74, 87, 290-1

예술철학 49, 56, 74, 258, 276, 279, 291, 308

예술평론가 291

예정조화설 101, 103-4, 109

오류추리(Paralogismen) 158, 163, 197, 199

오성(Verstand) 72, 75, 97, 104, 118, 129, 139, 141-53, 163, 175-88, 194, 198-201, 209-13, 239, 254-7, 266, 270, 277-8, 281, 283, 291

오성개념 174, 178

오성범주 147, 156, 159, 174, 183-5, 210, 276, 282, 284

오성인식 105

오성형식 102-3, 156-9, 163-4, 170-4, 177-8, 181, 186-8, 192-4, 199-202, 209, 213, 219, 307-8

완전성 104-5, 128-9, 146, 160, 236, 238, 284, 307

욕구 97, 104, 139, 141, 189, 219, 229, 276-8, 283

욕망 85, 104, 190, 202, 220, 224, 232, 234, 243, 247, 277

용기 207

우상 41, 86

우주론 104, 109-11, 194-9, 217
우주론적 신 증명 115
운명애(amor fati) 147, 290
원자 27, 43, 82, 99, 102
원자론(자) 27, 82
원칙들의 분석론(Die Anlytik der Grundsätze) 153
위(僞)디오니시우스 192
유물론자 35, 99, 113, 136, 202
유사성(resemblance) 90, 175
유쾌함 283
윤리 124, 141, 152, 154, 204, 207-11, 215-7, 221, 223, 226, 229-34
윤리관 208, 211, 235-8, 240-2, 245, 269-70, 300, 308-9
윤리신학 ☞ 도덕신학
윤리의식 235, 242
윤리적인 신 299
윤리적 자유 210, 220, 248, 309
윤리학 12, 19, 21, 27, 32, 38, 44, 75, 89, 97, 104-5, 140, 207-17, 224-6, 231, 234-5, 238, 241-9, 256-60, 267-9, 274-5
윤리형이상학 150, 152, 209, 213, 215, 232, 235, 238-40, 242, 247, 256-7, 260-1, 265, 267-9, 274
음악 22, 33, 35, 65, 72-4, 276, 280, 286, 301
의무(Pflicht) 223, 243-5, 264
의식 88, 98-103, 113, 155, 160, 176-7, 189-90, 201-4, 253, 259, 307
의욕(Wollen) 189, 219

의지 36, 97, 103, 214, 217-24, 227-30, 233-4, 239-47, 250, 256, 263, 266, 271, 278, 297
~의 자발성 233
~의 자유 215, 218-23, 230-3, 235-8, 240, 243, 246, 249-56, 266, 274, 298, 309
~의 자율 213, 220-3, 228-9, 232-49, 252, 260, 267-70, 274, 299
~의 타율(die Heteronomie des Willens) 213, 234, 245
이념(Idee) 103, 129, 134, 149, 153-9, 187, 193-200, 214-7, 238, 246-56, 265-6, 271, 286-96
이데아(idea) 82, 133
이데아의 세계 82
이데올로기 247
이론이성 116, 129, 146, 152-3, 199-200, 207-12, 216-9, 221-4, 239, 254-8, 266, 270-1, 274-8, 281, 289, 292, 297-8, 308
이모티비즘 89, 215-6
이상(Ideal) 238, 247
이성(nous, ratio, Vernunft) 82, 84, 104, 146, 150, 209, 221, 274, 277
~능력 165
~적 존재 214, 222, 231-3, 244-52, 299
~적 종교 218, 265
인간 51, 54, 82-91, 95-9, 102-7, 116-8, 125, 129, 138-41, 144-59, 163-71, 174-5, 185-190, 192,

197-200, 204-11, 215, 218-25,
228-35, 238-60, 263, 265-9, 278,
280, 284, 288, 295-303
인간 본성 245, 258
인간의 시간 48
인간주체 228, 230, 233, 235, 240,
243-57, 260, 262, 265-9, 274-5,
282-8, 298
인간학 32, 39, 50, 53, 141, 224, 243
인과성(causality) 90, 175
인과율 90, 96, 180, 183, 194, 252-
3, 266, 275
인상 59-60, 89-90, 142, 155-7, 185,
210, 285
인식 89, 93-6, 106, 111, 120-9,
134-5, 140-1, 147-8, 153-65,
170-82, 186-9, 192-7, 210-3,
217-21, 239, 257, 265-6, 270-1,
277-8, 283
~기능 163
~능력 82, 104, 106, 125, 134, 146,
150-3, 163, 166, 170-1, 182,
185-8, 192-3, 197, 210-3, 216-
7, 266, 275-8, 281, 284, 294
~단계 94
~대상 163, 198-9, 204, 210
~원리 154
인식론 12, 19, 21, 28, 32, 38-44,
48, 75, 81-9, 92, 96-101, 108-
111, 124, 130-1, 135, 140-51,
157-60, 164-5, 168-70, 174-8,
181-2, 185-6, 191-2, 194, 201,

204, 207, 210-2, 216, 246, 249,
252, 270, 275, 307
인지 89, 131, 181, 204, 211, 276
일자(unum, 하나) 132-3, 190
임의 220, 227-8, 231-4, 249-52

|ㅈ|
자기의식 99, 102-3, 176-7
자아 33, 87, 94, 134, 151, 156-9,
176, 194-204, 250, 256, 270, 278,
288
자연 14, 51, 86, 96-9, 102, 121,
124, 130, 146, 152, 158, 161,
174, 207, 210, 222, 239, 252-6,
263, 266, 270, 273-82, 286-9,
291, 294-9, 308
~과학 27, 86-7, 92, 109, 111,
117, 142-3, 152-3, 157-9, 161,
163-4, 184
~대상 88, 210-1, 217, 219, 224,
254, 256, 266, 274
~법칙 51, 215-6, 220, 230, 252-
3, 258, 262-3, 278
~신학 32, 39, 104, 110, 112, 120
~의 아름다움 278, 282, 286, 298
~ 인과율 266, 275
~주의 윤리학 215
~지리학 32, 39, 50, 56
~ 현상 14, 100, 116, 146, 177-8,
184, 187, 199-200, 207-9, 239,
253-4, 257, 270-1, 275, 278,
293-4, 297

자연 형이상학 54, 70, 83, 107, 116, 142, 152-3
자연학 93, 160, 162, 216
자유 14, 55, 103, 106, 134, 138, 153-7, 174, 200, 204, 210-21, 224-6, 233-4, 239, 242-63, 266, 269-70, 273-8, 287-9, 297-9, 308-9
자유 형이상학 70, 83, 107, 152
자율의 원리(Princip der Autonomie) 234
재료 84, 144
전문 철학자 48, 75
절대성 146, 160, 236, 238, 307
절대자 151, 199, 255
정신(Geist, spirit) 43, 75, 88, 95, 97-9, 103, 113, 120, 124-5, 132, 139, 149-50, 165, 189, 247, 253, 259, 276, 291, 296, ☞ 지성
~의 능력 139, 149
정신분석학자 32, 61, 65
정신세계 ☞ 지성세계
정언명법(Kategorischer Imperativ) 227-39, 242-7, 250-2, 267-9, 299
정의 81, 97, 190, 207, 211, 215, 264, 302
정치가 259, 264
제1질료 83-4
제임스(William James) 215
존재 82-90, 100-2, 111-9, 132, 145, 149, 159, 162, 166, 180, 183, 189-92, 207, 214-5, 222, 231-3, 242-56, 278-80, 288-92, 296, 299

존재론 12, 83, 98, 100-2, 107, 111, 119, 162, 166, 182, 190-1, 225, 258, 275, 280
존재론적 신 증명 115, 198-9
종교 13-4, 19, 26, 35-6, 73, 80, 96, 100, 113-4, 131, 137, 146, 198, 218, 224, 256-7, 265-8, 290
~관 224, 265-70
~의 광기 267
~적 시간 131
~철학 36, 56, 113, 225, 234, 257
종합판단 152, 154, 161, 171-4, 177-8, 182-6, 201
주관 85-6, 91, 94, 127, 130, 139-41, 144-50, 153-60, 169-75, 178, 187, 192-200, 204, 211, 219-20, 224, 227-8, 231-4, 239-40, 243, 247, 250, 252, 264, 270, 294-5, 308
~적 원리들 139
~ 중심의 인식론 108
주어개념 172-3
주체 233, 252, 270, 299, ☞ 주관
준칙(Maxim) 219-20, 224-35, 245, 247, 250, 252, 263-4
지각 88-90, 126-7, 132, 175, 177, 184, 282, 294
지구중심설 168
지능(Intelligentia) 84, 102-3
지리학 32, 39, 50, 56, 106, 111, 168
지성(intellectus) 84, 102, 125, 127-9, 132-5, 146-51, 176, 181, 188, 270, 296, ☞ 정신

지성세계(정신세계/지성계) 25, 33-
 4, 39-40, 43, 79-80, 96, 105, 110,
 125-7, 135-40, 167, 176, 180,
 188, 255, 270, 273-5, 286
지성 인식 129, 132-5
지식 81-2, 85-91, 93, 96, 100, 103,
 152-3, 160, 172, 178, 191
지혜(sophia) 81-2, 103, 162, 164-5,
 169, 213-4, 309
 ~에 대한 사랑 ☞ 철학
직관 80, 96, 129-31, 134-5, 140-1,
 143-8, 150-7, 169, 174-5, 177,
 180-8, 283
직관주의 윤리학 215
직관형식 13, 75, 102, 126, 129-30,
 138, 143-52, 155-9, 164, 170-81,
 184-8, 192-4, 198-202, 209-10,
 213, 219, 239, 270, 282, 307-8
질 173, 178-84, 189, 283-4, 287-8
질료 83-4, 99, 144-5
질풍노도(Sturm und Drang) 67

|ㅊ|
천재, 천재론 289-92
천체론 109, 168
철학 11-4, 21, 24-31, 42, 48-52,
 56-7, 93-5, 101, 107, 110-2, 120,
 124-5, 128, 162-9, 173-4, 201,
 212-6, 265, 267, 273-4, 303
 ~적 신학 267-70
 ~적 종교 265, 267
철학자 12, 81-2, 85-9, 91, 96, 98,

101-5, 113-6, 119, 159, 189-90,
 194, 214, 244, 246, 263
체계철학 138, 140
초감각적 실체 159
초월적(transzendent) 145, 153
초월적 대상 163, 185-7, 192, 198
초월적 형이상학 153
초인(Übermensch) 147, 189, 259,
 290
최고 선(summum bonum, das höchs-
 te Gut) 253-5, 257, 260, 263,
 265, 268, 280-1, 293, 297
추리 12, 85, 93, 101, 108, 111, 115,
 149, 170, 173, 193-7, 201, 221
충동 220, 243, 247
침머(Heinrich Zimmer) 301

|ㅋ|
카시러(Ernst Cassirer) 163
카울바하(Friedrich Kaulbach) 56,
 60, 303-4
칸트의 비판철학 ☞ 비판철학
코지마(Cosima Wagner) 35, 45, 53
코페르니쿠스 108, 167-9
 ~적 전회(Kopernikanische Wen-
 dung) 108, 168
 ~적 혁명(Kopernikanische Revolu-
 tion) 167-9
코헨(Hermann Cohen) 163
쾌감(Lust) 117, 281-8, 294, 299
쾌락 97, 282
쾨닉스베르크(Königsberg) 17, 21,

30, 55, 63, 66-70, 304
쾨닉스베르크대학 18, 27-33, 39, 52-
6, 63, 75
쿠자누스 136, 192, 203
크누첸(Martin Knutzen) 26-9, 32
클라크(Samuel Clarke) 130
키르케고르 18-9, 32, 40, 45, 252,
269, 301

|ㅌ|
타율 213, 234, 245, 249-50
태양중심설 167
토인비(Arnold J. Toynbee) 217
통각(Apperzeption) 148, 156, 161,
174-7, 181, 185-6, 201-2, 213, 239

|ㅍ|
파라켈수스 136
판단 85, 94, 101, 107-12, 144, 149,
152, 161, 170-86, 201, 221, 227,
235, 263, 278-85, 292-9, 308
판단력(Urteilskraft) 14, 74, 102,
134, 150, 170, 189, 209-11, 258,
270-8, 281, 289, 294-9, 307-8
~ 형이상학 83
『판단력 비판』 42, 44, 52, 74, 80,
112, 116, 134, 136-40, 150, 165,
224, 246, 257-8, 271-82, 285-9,
292, 295-8, 308-9
판단론 170, 285, 299
판단형식 171, 178
퍼어스(C. S. Peirce) 301

편견 86, 93
평등 41, 118-9, 133, 137, 166, 225,
248, 259, 262
평화론 225
포이에르바하(Ludwig A. von Feuer-
bach) 100, 113, 301
표상 90, 94-6, 99-100, 130, 141-7,
156, 170-82, 186-7, 201-2, 209-
10, 219, 222, 229, 270, 281-3, 295
프랑스혁명 47, 225, 248, 259-60, 262
프로이센 왕국 17, 31
프로이트 32, 34-5, 39, 53, 61, 100,
113, 160, 189, 202, 301, 306-7
프리데리카눔 신학교 23-7
프톨레마이오스 168
플라톤 42-4, 57, 71, 73, 81-5, 95-6,
99, 102, 104, 106, 113-4, 128,
132-3, 136, 153-4, 158, 171, 181,
189-93, 215, 246-7, 267, 287, 299
플레하노프(G. V. Plekhanov) 290
플로티노스 84, 102, 113, 192, 301
피히테 19, 28, 52, 75, 84, 101, 192

|ㅎ|
하나님 ☞ 신
하이데거 12, 50, 60-2, 80-1, 102,
111, 162, 189, 280
하이덴라이히(Heydenreich) 24-7
함만(J. G. Hamann) 67
합리론 43, 52, 81, 84-5, 87-8, 90-2,
98, 100-1, 105-6, 108-9, 111,
131, 136, 142, 151, 185, 195-7

합리적 심리학 195-7, 217
합리적 우주론 195, 197, 217
합리주의 98, 148, 268
합목적성 104, 199, 263, 266, 277-9,
　281-2, 294-6, 298
행복(Glückseligkeit) 30-1, 81, 100,
　103, 105, 154, 218, 223-4, 229,
　234, 251, 254-7, 259-60, 266,
　297-9, 302
헤겔 36, 40, 52, 75, 84-5, 111-4,
　189-92, 217, 226, 243-7, 252-3,
　257, 259, 276, 279, 294, 306-8
헤겔 변증법 112, 276
헤라클레이토스 82, 190
헤르더(J. G. Herder) 51, 67
헤르츠(Marcus Herz) 139
현대철학 290
현상 12, 82, 86-8, 97, 101, 104,
　129-33, 139, 144-6, 154-5, 163,
　171-8, 181, 184-8, 191-200, 207,
　210, 220, 239, 252-7, 270-1,
　274-8, 293-4
현상세계(Phaenomenon) 43, 125,
　133, 171, 184, 286
현상학 40, 163, 202, 307

형상 43, 83-4, 144-5, 162
형식논리 101, 108-12, 117, 191-2
형이상학(Metaphysik) 12, 40-4, 81-
　9, 91-107, 110-6, 120-30, 141-4,
　150-9, 161-70, 173-7, 181-6,
　192-7, 201, 212
　~적 윤리학 215, 235
　~적 인식론 130, 135
혼돈(Chaos) 36, 109, 217-8
홉스 85, 215, 260
회의론자 43, 91
후설 48, 160, 163, 202, 306-7
후천적(a posteriori) 141, 145, 172-
　3, 186, 214
　~ 분석판단 172-3
　~ 종합판단 172-3
휴머니즘 118, 208, 218, 296
흄 23, 28, 42-3, 51, 72, 80, 85, 87-
　91, 95, 101, 116, 124, 142, 156,
　175, 301, 305
히틀러, 히틀러 나치당 41-2, 61, 86,
　102, 119, 138, 225, 259-60, 280
힘 88, 99, 113, 190, 202, 288
힘에의 의지(Wille zur Macht) 13,
　103, 147, 189, 198, 259, 290